U0115855

贛文化通典

民俗卷　第六冊

第一章 | 總論

第二章 | 農業生產習俗

第三章 | 商業組織與商事習俗

第六章 | 飲食民俗

第十三章|結語

第十二章 民間藝術

江西自古人傑地靈，文化鼎盛，早在一千多年前，就被唐代著名才子王勃譽為「物華天寶、人傑地靈」之地而聞名天下。千百年來，江西人民創造了輝煌燦爛的歷史文明，民間文化繁榮發達，其中以工藝、美術、文學、音樂、戲劇、曲藝、游藝等為主的民間藝術更是豐富多彩。這些民間藝術不僅反映了本地區的社會發展歷程，也是其重要的歷史文化遺產。

這些民間藝術的外在活動形式多樣、門類廣泛、內容豐富。由於人口、地理環境等各方面的因素影響，江西民間藝術在長期發展過程中，其中一些與吳越、湘楚、閩粵及中原地區的民間藝術存在相同、相似之處，但更多的是受本地區社會經濟、文化、地理等歷史發展狀況的影響，從而產生了具有濃郁地域特色和風情的本土民間藝術形式，其外在表現和活動形式構成了江西民俗文化的重要組成部分。

第一節 ▶ 民間工藝美術

民間工藝美術，是勞動人民在長期生產和生活過程中利用掌握的手工技藝進行創作、加工的一種傳統技藝，通常表現為民間藝術品的形式。這種藝術品一般由地方民眾就地取材，主要是為了滿足自身的物質生活和精神生活需要，因而具有一定的地域性和實用性；它在民眾之間世代相傳，並隨著地方經濟和技術水平的發展而不斷發展演變，因而具有一定的傳承性和變異性。

民間工藝美術既來源於人們的現實生活，又服務於人們的現實所需，類別豐富，具有濃厚的地域色彩和鄉土氣息，寄托了人們的心理觀念和精神思想，蘊含著豐富的地方民俗文化內涵，是地方民俗文化的一種表現形式。

江西民間工藝和美術形式多樣、內容豐富，其發展和演變不僅反映了本區域各地區的民間傳統技藝水平，而且也是各地區傳統民俗文化價值的重要體現。在長期的社會發展進程中，許多地區形成了具有濃厚地方特色的工藝美術品，成為國家級、省級非物質文化遺產（詳見附錄）。

江西民間美術歷史悠久，其源頭可追溯至五萬餘年前的舊石器時代。根據考古發現，距今五萬餘年左右的舊石器時代，江西地區已經出現了原始的藝術形態[1]，到距今一萬至五千年左右的新石器時代，則是江西民間工藝美術形成發展的雛形期。

江西民間美術表現出與民間工藝緊密結合的特點，通過對形

1　如今樂平市湧山岩遺址，據專家考證，屬舊石器時代遺址，見黃萬坡、計宏祥《江西樂平「大熊貓——劍齒象」化石及其洞穴堆集》，《古脊椎動物與古人類》一九六三年第二期。

形色色的手工藝品的裝點修飾，體現出地方民間美術的風格與魅力。民間美術和工藝都依附於民間工藝品的物質載體，前者通過民間工藝品的形態表現自己，後者則是民間工藝品的表現過程。江西民間美術形式多樣，內容豐富，有馳名中外的景德鎮陶瓷藝術、古樸醇厚的贛南建築木雕、多姿多彩的贛繡工藝等等，其創作思想和表現形式，都與地方民眾的思想感情和生活習慣緊密相連，反映出江西「一方水土一方人」、「一方水土一方情」的生活理念與風俗民情。

一、陶瓷美術

江西陶瓷業歷史悠久，工藝發達。今樟樹市吳城商代遺址出土的陶器上刻有方格紋、雲雷紋、網結紋、編織紋、S 形紋、水波紋、席紋等紋飾，成為江西地區陶瓷美術的最早見證。[2]在長期的發展歷程中，江西地區的陶瓷美術主要表現在瓷器畫、瓷板畫和刻瓷等方面。

（一）瓷器畫

是指彩繪在瓷器上的圖畫，指的是在瓷器胚胎上用經過處理

2 江西省博物館等：《江西清江吳城商代遺址發掘簡報》，《文物》一九七五年第七期；江西省博物館、清江縣博物館：《江西清江吳城商代遺址第四次發掘的主要收獲》，《文物》一九七九年第二期；江西省文物考古工作隊、清江縣博物館：《清江吳城遺址第六次發掘的主要收獲》，《江西歷史文物》一九八七年第二期；等等。

的特殊顏料進行著色，在初步燒制成型的器物上描繪各色圖案，再經過高溫或低溫燒制後，成為瓷畫合一的藝術形式。這種瓷畫技巧也稱為「畫紅」、「加彩」、「彩繪」。景德鎮瓷器畫是其中的代表。自宋代以來，景德鎮瓷器發展迅速，開始聞名天下。宋代該地瓷器主要是以青、白瓷為主，彩繪主要是青、白色，元代瓷畫藝術得到飛躍發展，主要體現是青花、釉裡紅瓷器的燒成，另外還有卵白釉、紅釉、藍釉等顏色釉的燒成，標志著這一時期瓷畫藝術的新水平，也促進了景德鎮瓷器的發展。

明清以來，景德鎮瓷器在過去的單一釉下彩繪的基礎上，創造出了鬥彩、五彩、古彩、粉彩、玲瓏等各種釉上彩的新裝飾藝術，紋飾圖案也比過去增多，特別是如「富貴牡丹」、「松鶴延年」、「雙龍戲珠」、「五子登科」、「百鳥朝鳳」、「安居平安」等傳統象徵性吉祥圖案的運用，極大地豐富了瓷器的裝飾畫面，也標志著這一時期瓷畫藝術的成熟。清末時期，景德鎮出現了王琦、王大凡、鄧碧珊、汪野亭、田鶴仙、程意亭、劉雨岑等八位繪瓷名家，號稱「珠山八友」。

（二）瓷板畫

是指在燒好的瓷板上繪制各色人物、花鳥蟲魚、山水風光和傳統吉祥圖案，再經低溫燒制而成的藝術形式。這種畫一般作為家庭擺設，常用來裝飾床、屏風等。

江西瓷板畫出現於清代中期，至清末時期盛行，當時「珠山八友」之一的著名繪瓷名家鄧碧珊開創了瓷板畫像的技法，將西洋畫法與中國傳統陶瓷彩繪相結合，並運用乳香油和雲香油進行調色，使得繪制的畫像形神兼備，影響巨大。隨後工藝美術大師楊厚興在此基礎上進行革新，創造了彩色畫像瓷板畫，成為馳名國內外的工藝美術品。其中南昌市瓷板畫尤為著名，在二〇〇六年六月被列入江西省第一批省級非物質文化遺產名錄，在二〇〇八年六月又被列入第二批國家級非物質文化遺產名錄。

（三）刻瓷畫

是指在燒好的瓷器上用毛筆繪製圖案，再依照其紋路用金剛鑽刀或鋼刀進行雕刻的藝術形式。刻瓷畫的產生歷史較短，形成於清末時期，其淵源可追溯至宋代的製瓷雕刻技藝。刻瓷畫追求的是瓷面的光滑整潔，其雕刻線條大多細細如絲，因而瓷畫精美，惟妙惟肖，體現了高超的瓷畫美術藝術。

二、剪紙藝術

剪紙，顧名思義，主要是以剪刀鉸出為主，是中國民間藝人創造的一種藝術形式，又被稱為剪花、窗花和刻紙。其內容取材廣泛，多反映地方民俗風情，過去大都是出自農家婦女之手，現在則已超出此局限。作為一種鄉土藝術，它在民間藝術中經久不衰，保存著濃郁的鄉土氣息，表現了群眾的審美愛好，極大地美化了人們的生活，成為中國最普及的民間傳統裝飾藝術之一。

江西剪紙藝術歷史悠久，在中國傳統剪紙藝術中有著重要地位。宋代江西吉安的永和窯（即「吉州窯」）所燒製的黑褐釉瓷器中，有許多採用剪紙作為花紋的器品，也是首例民間運用剪紙與制陶工藝相結合的新穎裝飾技法。它先將瓷胎施上一層黑釉，然後將剪紙花樣貼在瓷坯上，再施上一層釉水，在高溫的燒製下，釉色發生變化，使器物釉色與黑褐色的紋樣形成深淺相映、動靜相輔的對比效果，讓其花紋保留了清新活潑、自然樸實的江西剪紙的獨特風格。吉州窯陶瓷裝飾紋樣大多見有龍、鳳、花、蝶等圖飾。這些紋飾也代表了我省現今所發現的最早剪紙樣式，也反映了江西民間剪紙作為裝飾藝術的實用價值。[3]

江西各地的剪紙以繡花紙樣最為普遍，最具代表性的是九江市瑞昌市、贛州市定南縣和吉安市新干縣的剪紙藝術。

（一）瑞昌剪紙藝術

瑞昌剪紙歷史悠久，其起源至少可追溯至一千多年前的漢、晉之間，一九七二年在該市碼頭鎮境內發掘的西晉古墓墓磚的紋飾及陪葬陶器上的紋飾圖案，與今天當地民間剪紙常用的花紋十分相似，展示了該地剪紙工藝的歷史雛形。[4]剪紙專業藝人早在宋代便已出現，據周密《武林舊事》記載，當時的杭州有「剪字」、「剪鏃花樣」、「鏃影戲」等專門從事剪紙或同剪紙有關的手工業。[5]

瑞昌地處吳頭楚尾故地，宗教文化盛行，剪紙藝術與之緊密

---

3 中國硅酸鹽學會編：《中國陶瓷史》，文物出版社一九八二年版，第270頁。

4 程應林：《江西瑞昌馬頭西晉墓》，《考古》一九七四年第一期。

5 （宋）周密：《武林舊事》卷六《小經紀（他處所無者）》，浙江人民出版社一九八四年版。

相連，其宗教性、神秘性色彩十分突出，表現出信仰重於審美、講究象徵暗示、功能趨向綜合等地域民俗傳承特徵。可以說，瑞昌剪紙與宗教文化幾乎同時期出現在瑞昌大地上。尤其是一個關於「鄒氏太婆」的美妙動人的剪紙神話，讓瑞昌剪紙藝術更具神秘性，並與宗教文化結下不解之緣。

瑞昌剪紙的藝術風格與其特殊的地理位置和民間風俗有密切關係。瑞昌地處南北交會點，經過漫長的南北文化相互浸潤與滲透，瑞昌剪紙採取陰陽互交、虛實相生的手法，同時又匠心獨運地採取「非鏤空」的反常技法，融合了南方的花巧和北方的粗獷，形成了粗細有致、剛柔並濟的獨特藝術風格。其作品精巧、嚴謹、含蓄、雋永，具有陰柔之美，又富有古樸豪放的陽剛之氣。[6]

瑞昌剪紙內容極為豐富，古代主要應用於宗教、祭祀、婚喪、制衣等領域，逢年過節、喜慶之日，心靈手巧的藝人們則用精巧的剪紙裝扮現場，烘托氛圍，表達自己的美好祝願或寄托某種情懷。發展到後來，以其豐富的藝術形式和廣泛的用途與人們的生活緊密地結合在一起。常見的品種有窗花、團花、喜字花、燈彩花、花邊、戲劇道具、靈屋花圈等。內容上大致有龍、鳳、麒麟等傳統圖騰；獅、虎、猴、兔等吉祥動物。還有花、鳥、蟲、魚、神話戲劇人物等。這些內容都有美好的寓意，如蓮花表

6 蔡勳：《剪出萬物四時同──瑞昌剪紙》，《創作評譚》二〇一一年第一期。

示清正廉潔，牡丹表示大富大貴，鯉魚表示有利有餘，松樹表示長壽，竹子表示高潔等。而「觀音送子」、「八仙過海」、「龍鳳呈祥」、「百鳥朝鳳」、「仙人採桂」、「喜鵲登梅」、「鯉魚戲蓮」、「福祿壽」等題材，表達了人們對美好生活的嚮往和追求。宗教題材豐富了剪紙內容，把瑞昌剪紙引入到一個新的境地。如諸路菩薩、灶神、門神、天花娘娘、令公娘娘、土地公、土地婆等，都是剪紙愛好者的獻藝對象。福神、善神如此，即便是煞神、瘟神也是如此。如放荷燈、送瘟神、送災星，民間的能工巧匠，各路剪紙高手，雲集一起，大展身手，各顯神通，使這些宗教活動成為一次次剪紙藝術活動，也充分展示出瑞昌剪紙的獨特魅力。

剪紙的工具，一般只用一把小剪刀，有的職業藝人則用特制的刻刀刻制，稱為刻紙。剪紙藝術的製作過程分起稿、剪刻、黏貼、揭離和成品的調整修改。其中剪是最重要的一環。剪紙作品要求繪畫、構圖圖案化，形象要概括、變形、簡練清晰，講究虛實對比，層次交錯，變化繁複，有韻律感，線條規整流暢，彩色對比強烈、明快。

長期以來，瑞昌剪紙深受美術界、民間藝術界專家學者的關注和推崇，被譽為充滿泥土芳香的中國民間藝術瑰寶。瑞昌先後被文化部、江西省文化廳授予「中國民間藝術之鄉」、「剪紙之鄉」的榮譽稱號。二〇〇六年六月，瑞昌剪紙被列入江西省第一批省級非物質文化遺產名錄，其後在二〇〇八年六月又被列入第一批國家級非物質文化遺產擴展項目名錄。

（二）定南剪紙藝術

定南民間剪紙起源於何時無可考證，但剪紙藝術在民國年間已進入千家萬戶，成為定南人民美化生活、寄托理想的一種藝術形式。民國時期的剪紙作品如今已難見到，但鄉村中七八十歲的剪紙藝人技巧嫻熟高超，世代相傳的剪紙技藝傳承不衰。定南位於江西南端，地處山區，交通不便，民間藝人與外界交流甚少，相對封閉的地域環境形成了固有的審美情趣。

定南民間剪紙作品的內容大都以生活為依據，並且繼承傳統題材，剪紙作品取材十分廣泛，有花卉、鳥獸、古玩、器皿、花字、風景。一般剪紙的方法是先裡後外，先上後下，先左後右，先密後疏。要達到「千刻不落，萬剪不斷」，刻製時要刀法齊整、規則，線條挺勁有力，刀刀合縫，絲絲入扣。定南剪紙的藝術風格可分為寫實、裝飾、誇張三大類。大膽運用誇張、變形、寓意、象徵法，創作出既富有裝飾性，又有濃郁鄉土氣息的剪紙精品。剪紙作品還常採用象徵性手法，其中有借物傳情的、借物喻志的、以諧音的圖案語言表現主題的，在題材形式上集中體現人們樸素的願望。定南剪紙善於將實用性和裝飾性完美地統一，能充分利用空間的制約，巧妙構思，在有限的空間內充填理想紋樣，把群眾喜聞樂見的吉祥題材，通過多種裝飾手法，在實用的前提下表現出來，在手法上多采用平面展開穿枝生葉的方法。作品運用了對比、平衡、對稱、動靜、虛實、粗壯與纖細、鏤空與留實、線面相間等手法，構成疏密有序、構圖飽滿、富於節奏的畫面。

（三）新干剪紙藝術

新干剪紙歷史悠久，是自發形成的民間藝術。在漫長的歷史發展過程中，新干剪紙以「家傳」或「互教」方式傳承發展。在傳統文化、民間風俗、宗教思想影響下，新干剪紙內容多為婚嫁、年節、喪事以及地方民風民俗，氣氛熱烈，感情淳樸，有廣泛的群眾基礎。改革開放以來，傳統風俗與現代生活融為一體，成為新干剪紙賴以存在、延續的基礎。

新干剪紙是農耕社會的產物，藝術地濃縮了農耕社會地方民眾的思想情感和物質觀念，這對於研究贛鄱地區乃至中國江南地區農村生產生活和民俗風情，具有重要的參考價值。二〇〇八年五月，新干剪紙藝術被列入江西省第二批省級非物質文化遺產名錄，其後在二〇一一年五月，又被列入第三批國家級非物質文化遺產擴展項目名錄。

（四）鷹潭剪紙藝術

在贛東北的鷹潭一帶，民間剪紙之風盛行，又稱剪花仂。當地剪紙有兩種類型，一種是與民間各種民俗活動結合在一起的單色剪紙，作者多為婦女，使用的工具是剪刀；另一種是由民間藝人創製的彩色窗花、年畫，作者多為男性，使用的工具是成套的刻刀，製成品都是商品。月湖區的民間剪紙屬於第一種。紅白色薄紙剪出花樣，多為親朋婚禮的喜花、繡帽、鞋枕、帳簾、痰夾等，所剪的是花鳥蟲魚、飛禽走獸、人物果蔬，由婦女配好各種色彩的絲線在花樣上進行刺繡，使花鳥蟲魚、飛禽走獸、人物果蔬鮮明逼真，最難刺繡的叫「遊戲頂帽」，嬰兒所戴，方寸之中，各類兼備，非一般女工能刺繡。當代較為著名的剪紙藝人有黃雪花和婁桂英等。[7]

三、古建築美術

明清古建築也在江西到處可見，特別是婺源、景德鎮、宜黃、吉安等地的明清民居古跡，更是具有濃郁的南方建築風格。其建築中的雕刻藝術，精美絕倫，有木雕、磚雕、石刻等工藝，大都採用浮雕、圓雕、鏤雕之術，給人以一種質樸而又富麗的優美感。那一幅幅雕製精美的畫面，有山水花鳥、神話傳說、人物走獸，每一幅都浸潤著中華民族的傳統文化精神和鮮明的江西民俗文化特色。下文僅以景德鎮市所轄樂平市古戲台建築為例進行介紹。

樂平市被稱為「中國古戲台博物館」，現有四百多座造型優美、風格各異的古戲台，因其數量眾多、藝術絢麗、風格獨特而被譽為「中華一絕」和「江西最具特色的文化遺產」。

樂平市處於贛東北山地向鄱陽湖平原的過渡地帶，明清以來戲曲表演盛行，贛劇的演出活動在當地城鄉盛況空前，產生了著名的「樂平腔」（又稱「高腔」），是贛劇主要支派之一。當地民謠曰：「深夜三更半，村村有戲看，雞叫天明亮，還有鑼鼓響」，

7　《月湖區志》第四章《民情風俗》第一節，非物質文化遺產 · 傳統手工藝，方志出版社二〇〇七年版。

「三天不看戲，肚子就脹氣，十天不看戲，見誰都有氣，一月不看戲，做事沒力氣」，這是對樂平人贛劇情結的真實寫照。

隨著贛劇在樂平的形成和發展，樂平古戲台也相繼出現和增多，逐漸成為與贛劇血肉相連且並駕齊驅的獨特建築藝術。其不僅數量多、分布廣，而且風格多樣，異彩紛呈。就屬性而言，分祠堂台、萬年台、廟宇台、會館台、家庭台五種類型。由於歷史的原因，廟宇台、會館台、家庭台都隨著社會的變遷而消失在曾經的歲月之中。如今在當地能隨處可見的主要是祠堂台和萬年台。

這些風格各異的古戲台，大都出自本地的能工巧匠之手。樂平古戲台是江南近古鄉土建築的典型模式，均為磚木結構，既兼廡殿式建築的莊重，又寓樓閣式建築的靈巧。枋昂斗拱層層疊疊，遍布木雕戲文，其中梁的圖飾多以文武天官、滿堂福、九老天官、萬壽圖為主題，枋的圖飾則以獅子木雕為主，如九獅過江、五獅搶寶等，敷金施彩、極盡豪華；屋脊中央矗立著一串疊起的紅黃藍數色彩瓷寶頂，一組方天畫戟直指雲天，不僅是戲台的主要標識，而且寓含了老百姓鎮邪驅災保平安的美好願望；屋脊的兩端分別飾有造型優美的鰲魚，正面上方都有做工精致、直衝雲霄的飛簷翹角，使戲台在端莊中顯露出衝天豪氣，這種造型在中國古建築中極為罕見；戲台天棚中央綴有十分考究和華麗的藻井，藻井有方形頂和圓形的穹隆頂，主要起攏音和反射音的作用，藻井及其以下空間，是戲台最中心部位，其中藻井象徵著天，戲台面代表地，天地合一，構成了演繹生、旦、淨、末、丑的特定藝術表演空間。

楹聯和匾額的考究，更增添了古戲台的風采。它們大多裝飾精美，鎦金髹漆，字跡出自鄉儒耆宿之手，剛勁圓潤、瀟灑自如，內容形象生動，寓意深長，回味無窮。楹聯中有題誦戲劇的，如「咫尺天涯評論是非功過，須臾歲月歷數萬古忠奸」、「三五步能是千里江山，四六人可代百萬雄兵」等；有勸導觀眾且具深刻哲理的，如「眼界抬高不怕前頭遮住，腳跟站穩何懼後面擠來」、「要知今事通古事，欲曉世情看戲情」等；有追溯本族歷史淵源的，如「圓水會九龍人傑地靈興萬代，關西成望族枝繁葉茂肇千村」等；有感時醒世的，如「言行要留好樣與兒孫，心術不可得罪於天地」；等等。樂平古戲台中，匾額的內容為光宗耀祖，歌功頌德，勸誡世人和對戲台文化的讚美，如坑口戲台的「曠懷希古」、滸崦戲台的「久看愈好」、徐家戲台的「百看不厭」、華家戲台「頂可以」，等等。匾額與楹聯交相輝映，使樂平古戲台更具泥土芬芳和文化靈氣。[8]

四、「贛繡」工藝

民間刺繡與剪紙工藝異曲同工，有著深厚的聯繫。大部分刺繡都是以花樣剪紙作為底樣進行繡製的，只是其色彩較之於前者更為靈活多樣，可以通過各種顏色絲線的搭配形成對比強烈的彩色畫面，繡出的人物、動物、花卉等圖案較為豐滿鮮活。

8 政協樂平市委員會編：《中國樂平古戲台》，江西人民出版社二〇〇八年版，第 18-84 頁。

江西的民間刺繡雖不如蘇繡、粵繡、湘繡、蜀繡有名，然而其歷史悠遠，前文所述德安南宋周氏墓出土了大量絲織品，其中的繡花荷包反映了江西宋代刺繡工藝已經非常成熟[9]，明清兩代的藩王墓及眾多一般墓葬中也出土過不少刺繡工藝品[10]。悠久的刺繡工藝發展到民國時期雖未形成獨樹一幟的「贛繡」，但贛地的民間繡品鄉土氣息濃郁，地方特色多姿多彩，可謂大俗大雅，美不勝收。

江西繡品絕大多數屬實用品，為民間百姓日常用品，數量較多，如衣袍前襟、被面、枕套、蚊帳、肚兜、衣服、鞋帽等等，純觀賞性的藝術繡品較少。實用性刺繡不僅美化物品的表面，還增加了衣物的牢固耐用性，如鞋墊、領頭袖口、錦囊腰包，以及吊飾、香墜等各種掛件，繡品配料繁多，色彩華麗，具有強烈的裝飾意味，並蘊含著深厚的地區文化積淀。

江西刺繡的繡花底料有各地鄉間自產的老土布和細麻布。江西麻布質地柔韌，經久耐磨，愈洗愈白，用米湯漿過後堅致挺括，較絲綢繡品更顯淳樸稚拙，顯出自然濃郁的生活真趣。底布根據繡品的用途和花線配色而作染色，或青或丹、或用布本色。如鑲邊嵌條，鋪金絲設銀片，原色樸色巧妙搭配，講求對比強

9 周暘：《江西德安南宋周氏墓絲綢文物的清洗與加固》，《南方文物》一九九七年第三期；楊明、周暘、周迪人：《江西德安南宋周氏墓紡織品殘片種類與工藝》，《南方文物》一九九八年第四期。

10 江西省博物館：《江西南城明代朱厚燁墓發掘簡報》，《文物》一九五九年第一期；陳文華：《江西南城益王朱祐檳墓發掘簡報》，《文物》一九七三年第三期。

烈、清新明快，底布雖粗獷，但繡品卻有秀巧之美，無粗拙之態，樸素的底料使民間繡品各臻美妙，傳統特色表現得淋漓盡致，毫無雕琢之態，盡顯民風之自然流露。

江西境內的民間刺繡遍布市井鄉野，南昌、贛州、婺源、玉山、豐城、廣豐，乃至邊遠的「三南」地區，都十分普及。

通過針線繡藝自然流露而成的民間繡品，其花紋圖案寫實形象流轉生動，呼之欲出，無論花鳥草蟲、人畜神靈，皆賦之以生命，無呆板僵硬之氣，表現出對生活的細致觀察與體驗，堪稱感性認識的結晶體。寫意圖案更是充滿想像，竭盡美化、誇張之能事，生花妙手，化平庸為神奇，如帽簷、袖口，以及繡品的邊飾，很多都採用了精美的民間剪紙圖案，花草、各種曲紋和幾何形構成的裝飾圖案，使繡品工整華麗，大氣美觀。

江西民間刺繡配色自然大膽，對比強烈，以紅、黑、白、黃、藍、綠為主色，玫瑰紅、土紅、土黃、翠藍為輔助色，構成大俗大雅視覺效果極強的圖案。

五、雕塑

江西林木、礦產資源豐富，陶瓷工藝發達，為本地區民間雕塑水平的發展打下了基礎。各地民間藝人就地取材，進行了豐富多彩的雕塑藝術創作，在諸如木雕、瓷雕、磚雕、銅塑等方面取得了較大的成就，表現出較高的水平。

（一）木雕

江西地區的木雕主要表現在木雕神像、儺面具、家具、建築和食品糕點木雕等方面。

木雕神像藝術是在人們佛、道思想的產生和發展的基礎上產生的。傳統時期，江西地區民間佛、道教思想盛行，不僅專門的寺廟、道觀到處可見，而且佛、道神像（牌）進入到每個村落甚至各家各戶，如祠堂、家廟、廳堂中的祖先神靈牌像等。這些遍布各地的佛、道神像，其中有不少是當地民間木雕藝人的傑作，主要是以樟木、楊木、杉木等原料進行專門雕製而成。木雕歷史悠久，如瑞峰山寺內就供奉著宋代木雕許真君和大、小康王神像，明清以後，神像雕塑技藝更加成熟，藝人開始將浮雕與圓雕手法相結合，豐富了神像雕塑的層次感，使神像面部表情更加柔和，身體線條更加自然流暢。

儺面具是江西地區較為流行的一種原始木雕面具，是伴隨著人們的儺舞、儺戲活動的基礎上產生的。在贛東、贛北及贛西的廣大地區，地方民眾盛行「跳儺神」、「鬼戲」儀式活動，其產生歷史悠久，淵源於原始社會時期的神靈崇拜，發展至明清時期，各地為驅鬼祭神的儺舞、儺戲儀式活動更是盛行。在舉行該儀式時，由專人面戴各式木雕儺面具，化身為神，演繹眾多驅鬼儀式舞蹈。江西共有近百種儺面具，各地的儺面具千姿百態，大都是藝人們根據神話傳說，加上自己的想像，用楊木、樟木等雕製而成的。面具外形略大於人的臉型，眼珠、鼻孔和嘴角等處都被鏤空，兩耳上有供穿繩用的小孔。面具刻好後還要噴塗彩漆，進行修飾，造型誇張、樸實、簡練，淋漓盡致地反映出喜怒哀樂、老少美醜、忠奸善惡的形象。以南豐縣三溪鄉石郵村的儺面具為例，該村儺面具主要有開山、紙錢、雷公、儺婆、鐘馗、大神、一郎、關公等類。

江西地區的建築木雕主要以明清時期各地民居中的木雕為常見。在民居的梁枋、木柱、斗拱、飛簷、欄桿和門窗等處都能發現各式各樣的木雕，多為象徵人們追求福、祿、壽、喜的吉祥圖案以及神話傳說、人物故事等圖案。如被譽為「千古一村」的江西樂安縣流坑村保存的明清古建築中繪有上千幅吉祥麒麟、花鳥蟲魚等彩色木雕，其中一處民居中的廳牆上至今還保存著寄寓當時房屋主人平安、富貴、高壽的磚雕、木雕相結合的吉祥圖案，其紋案之精美令人拍案叫絕。

另外，傳承至今並有所創新發展的安義縣板溪鄒家匾額書法雕刻技藝代表了目前江西木雕技藝的高超水平。安義縣板溪鄒家自明朝中葉就以匾額書法雕刻為業，傳承至今，村民鄒氏兄弟在繼承傳統雕刻技藝的基礎上，獨創了雕刻書法鉤形刀。傳統陰文刻字方法是從筆畫兩側斜刻出「V（威）」形，缺乏藝術立體感。鄒氏兄弟在長期的雕刻磨礪中，摸索出了自己的「√（鉤）」形刀法，仰視時增加了厚實的立體感，改變了刀槽的光學原理。為了滿足人們不斷增長的文化需求，鄒氏兄弟以傳統木板雕刻複製書法技藝為基礎，結合現代房屋建築風格和燈光優勢，使匾額製作以全新的面貌展現在世人面前。第一，運用鉤形刀法刻字，利用現代室內燈光優勢、展現書法名家名作不變的神韻和動態美；第二，全部作品工序由一人完成，改變了過去臨寫、雕刻和裝潢技藝三分工，起到了書法雕刻複製藝術的完美結合，提升了藝術品位；第三，改變了傳統匾額笨重，且字少面大的現象。在整塊木板上雕刻字數多到成百上千，且形成了造型各異的產品；第四，注重了匾額裝潢工藝與現代屋宇裝潢的和諧統一。鄒氏兄弟創作的王勃的詩句「落霞與孤鶩齊飛」書法雕刻榮獲省文化廳頒發的「江西民間文化藝術精品（絕活）」三等獎。二〇〇六年十月其作品代表江西參加「中國中部六省（武漢）文化產業博覽交易會」，受到廣泛的贊譽。

家具木雕也是江西地區民間木雕的主要傳統木雕藝術形式之一。木質家具廣泛運用於民間生活，主要有如椅、桌、凳、櫃、櫥、床、箱、架、几、盒等等。這些家具一般用柚木、樟木、楊木、柳木或者梨木等材料製成，質地較為堅硬，便於藝人在其上進行圖畫雕刻裝飾。圖案畫主要以雙龍戲珠、騰龍嘯雲、鳳戲牡丹、氣象更新、松鶴延年、花鳥走獸等寄寓喜慶吉祥的傳統圖案為主，在雕刻手法上主要表現為多層次的圓雕、浮雕、鏤空雕配以平線刻、陰刻和陽刻方式，使木雕家具呈現出渾厚古樸的氣勢。目前，南昌、余江、廣豐、奉新等地的家具木雕名聞省內外。

糕點印模是一種用樟木、紫檀木、油雜木等為材料進行挖雕製成的用於固定食品糕點形狀、重量的印花模具。江西各地食品糕點色彩紛呈，富有地方特色，糕點印模製作精美，其中以南昌市安義縣糕點印模雕刻技藝為典型。相傳該縣生產的糕點印模始於唐代，到明朝時期，該縣喬樂鄉小嶺村糕點印模雕刻就以其技藝精湛、圖紋精美、印餅易脫的優點名揚天下，並一度成為宮廷御用品，被稱之為「江西一寶」。

其製作工藝主要是在木板的平面上進行的白紋圖紋雕刻工藝，按照模孔底面的圖紋進行雕刻，全部採用白文雕刻法，雕刻出來的圖紋呈「V」形。用刀利落，且乾淨無渣，刷上菜油，印模糕點易脫不沾模。印模雕刻有圓形、菱形、正方形、扇形、長方形、梅花形、荷葉形、人物形等形態各異的造型，外形美觀。糕點面部雕有以福、祿、壽、喜主要內容的傳統吉祥圖紋，增加了糕點觀賞性，工藝非常講究。圖紋精美、寓意深刻，小嶺的印模雕刻有「福祿壽三星」、「喜鵲眉頭」、「荷仙子」、「五子登科」、「二龍戲珠」、「龍鳳呈祥」、「富貴大吉」、「福壽如意」等精美且寓意深刻的圖紋，表達人們對美好生活的嚮往和祝願。

幾百年來，安義糕點印模的傳承和發展推動了當地糕點業的發展，成為地方重要的文化遺產。二〇〇八年五月，安義糕點印模雕刻技藝被選入江西省第二批非物質文化遺產名錄。

（二）金石雕塑

江西傳統金石雕塑主要以銅、石塑為主，歷史悠久，新干大洋洲商墓考古發掘出的雙人面神器、羊角獸面器和雙尾青銅虎等青銅器表明，江西地區的民間雕塑活動在商周時期就已達到一個較高的水平。東漢以後，江西地區的銅、石塑雕刻技藝得到進一步發展，不僅能製作陶俑，而且熟練地掌握了翻銅技術工藝，製作出來的銅俑更加精良。[11]

---

11 唐昌朴、許智范：《江西南昌地區東漢墓》，《考古》一九八一年第五期；劉林：《南昌市東吳高榮墓的發掘》，《江西歷史文物》一九八〇年第一期；等等。

唐代以後，江西民間開始盛行佛像銅、鐵翻鑄雕塑，在今南昌佑民寺中的清代銅造接引佛像、普賢寺中的南唐銅鑄佛像等等，都為其中的典型代表。盡管雕塑對象體積龐大，但是雕塑技藝卻非常精湛，表現出傳統時期的金石雕塑水平。隨著科技水平的發展，目前大部分民間技藝都已不再存在。

瑞金市鋼模技藝則是江西現代金石雕塑的代表。主要表現為手工三維藝術模具（鋼模）雕刻，由當地工藝師嚴恩榮為代表。手工三維藝術鋼模，不受電腦雕刻中的刀具、程序等局限，模具每層每斷都有斜角，沒有倒勾，充分利用瓷、水晶、塑料、銅、銀等材料，與機械設備結合，設計製作更為精美的產品，是傳統手工技藝的發展，具有很高的藝術價值和經濟價值。

（三）瓷雕

即指雕塑瓷，是指瓷泥在經過圓雕、浮雕、捏雕、鏤雕等多種雕塑手法處理後燒製而成的瓷制品。江西制瓷業歷史悠久，瓷雕技藝就是在此基礎上產生和發展起來的。根據瑞昌西晉古墓發掘出土的青瓷豬、狗、牛、馬、雞、鵝、羊以及雞寮、鴨圈等物，尤其是出土的一件造型特殊的閣樓人物穀倉罐雕塑青瓷器，證明了早在西晉時期江西的瓷雕已經達到了較為成熟的水平。[12]

---

12 程應林：《江西瑞昌馬頭西晉墓》，《考古》一九七四年第一期；劉禮純：《江西瑞昌朱湖古墓群發掘簡報》，《南方文物》二〇〇三年第三期。

唐宋時期，瓷雕技藝已廣泛用於日常陶瓷品中，神話傳說人物、宗教神像、亭台樓榭、松竹梅等成為雕塑在瓷器上的對象。明清以後，隨著製瓷技術的提高和改進，瓷雕技藝進一步得到繼承和發展，傳說人物、神話故事、花鳥蟲魚等是瓷雕普遍運用的對象。在景德鎮，瓷雕藝術更是發揚光大，雕製更是精美絕倫，推動了瓷器生產的發展。

新中國成立後，江西瓷雕藝術得到重視。景德鎮的瓷雕中包含了圓雕、浮雕、挖雕、鏤雕、堆雕、鑲雕等多種技藝，創作出如《滴水觀音》、《獻花》等瓷雕珍品。

總之，江西民間工藝美術長期根植於民間，來源於廣大民眾的生活，形成了豐富多彩的具有獨特地域特徵的品種和類別，構成了多彩多姿的燦爛面貌。作為民間藝術品，它依附於各種器物載體，滿足於人們生活所需，因而具有典型的實用性，是一種物質文化遺產；同時作為民間技藝水平的體現和結晶，它也是地方藝術寶庫，代表著人們的審美觀念，在一定程度上又反映了人們在長期生產和生活過程中形成的精神文化思想，成為地方社會民俗文化發展的外在表現，因而具有較為強烈的地域性和文化性，是一種非物質文化遺產。

第二節 ▶ 民間曲藝

民間曲藝，是人類在生產和生活中創造的長期積淀並廣泛流行的一種文化事象，具有一定的傳承性、變異性和地域性等特點。在長期的歷史發展過程中，江西民眾創造了豐富的民間曲藝文化，它們來源於民眾生活，經過長期積淀和加工，許多曲藝文化逐漸演變為各地的一種風俗活動。就表演形式來說，主要包括地方戲曲、民間音樂、文學、曲藝及雜記與競技等內容，由於各地自然環境和社會生活等方面的差異，這些內容形式在各地區又表現出一定的差異，體現出顯著的地方色彩。

一、地方戲曲

地方戲曲與當地文化密不可分，反映了區域獨特的文化特徵和鮮明的地方色彩。廖奔先生曾說：

> 戲曲的特殊內容蘊載力使它成為最廣泛承載了中國傳統文化積淀的物類——從思維方式、哲學意識、宗教心理、倫理准則、審美觀念，一直到百姓日常習俗，都在它的機體中得到充分體現。[13]

作為中國著名的戲劇之邦，在歷經數百年興衰的發展過程中，江西戲劇逐步形成了兩種戲劇體系：一是傳統大戲——即江西大班系列，包括贛劇、東河戲、宜黃戲、寧河戲、撫河戲等支派，演繹的大多是歷史故事；二是民間小戲——採茶戲，包括贛北、贛南、贛中採茶戲等類別，主要是由地方茶歌、燈歌等民間

13 廖奔：《戲曲：一種文化審視的對象》，《中國文化報》第三版，一九九七年十一月二十五日。

歌舞發展而來，它們貼近人們的日常生活，帶有濃郁的鄉土氣息。

（一）傳統大戲系列

戲劇是用語言、歌曲、表演來刻畫人物的表現形式。江西傳統戲劇歷史悠久，劇種豐富多樣，就其演唱聲腔而言可分為高腔、彈腔、昆腔和採茶花鼓腔四種，各種聲腔優美流暢，極具地方特色。主要劇種有贛劇、弋陽腔、青陽腔、廣昌孟戲、宜黃戲、吉安戲、瑞河戲等十餘個。其中弋陽腔源於南戲，產生於弋陽縣，形成於元末明初，是中國古老的四大聲腔之一。

1. 贛劇：是江西省地方戲曲劇種之一，發端於明代的弋陽腔，起源於江西省東北地區，曾受安徽、浙江戲曲的影響，並吸收了昆曲和亂彈諸腔形成的兼唱高腔、昆曲和亂彈等腔的劇種，流傳至今已有六百多年的歷史。一九五〇年後改稱為贛劇，其特點為「美、秀、嬌、甜」，演唱時往往高亢激越。在其發展過程中，形成了饒河班、廣信班、樂平班、東河班、寧河班等支派[14]，其中又以饒河班和廣信班實力最強，人們稱為「江西大班」。

饒河班，亦稱「饒河戲」，流行於饒河流域，以鄱陽、樂平為中心，包括萬年、德興、餘干、餘江、浮梁和景德鎮等地，其

14 《江西文史資料選輯：（舞台經歷集錦）》第二十四輯《贛劇（典錄）》，江西省委黨校印刷廠一九八七年印刷本，第134頁。

表演古拙、質樸，唱腔豪拔、醇厚；廣信班，亦稱「信河戲」，流行於信河流域的廣信府（今上饒）各縣，以貴溪、玉山為中心，包括上饒、廣豐、鉛山、橫峰、弋陽等地，其唱腔幽婉俏麗，表演細膩精巧。

弋陽腔，簡稱「弋腔」，是宋元南戲流傳至江西弋陽後，與當地方言、民間音樂及地域民俗結合，並吸收北曲演變而成。南戲出自溫州，亦稱「永嘉戲」，明代著名書法家祝允明在《猥談》中云：「南戲出於宣和之後，南波之際，謂之溫州雜劇」[15]；著名戲曲家徐渭《南詞敘錄》亦云：「南戲始於宋光宗朝……或云宣和間已濫觴，其盛行則自南渡，號曰『永嘉雜劇』」[16]。據記載，早在南宋中期的淳熙、紹熙、慶元間，南戲便已進入江西，並盛行於贛東北地區。[17]經過元代的發展，明、清兩代，弋陽腔在南北各地繁衍發展，成為活躍於民間的主要聲腔之一。明人徐渭曾云：「今唱家稱弋陽腔，則出於江西」[18]；清人李調元也云：「『弋腔』始弋陽，即今『高腔』，所唱皆南曲。」[19]

15　（明）祝允明：《猥談》，張庚、郭漢城主編：《中國戲劇通史》，中國戲劇出版社一九八〇年版，第83頁。

16　（明）徐渭：《南詞敘录》，中國戲曲研究院編《中國古典戲曲論著集成》第三冊，第242頁。

17　龔國光：《江西戲劇文化史》，江西人民出版社二〇〇三年版，第18頁。

18　（明）徐渭：《南詞敘录》，中國戲曲研究院編《中國古典戲曲論著集成》第三冊，第242頁。

19　（清）李調元：《劇話》卷上，中國戲曲研究院編：《中國古典戲曲論著集成》第八冊，中國戲劇出版社一九八二年版，第46頁。

弋陽腔誕生以後，即以其「杜撰百端」的連台大戲與「錯用鄉語」的藝術特色，深受廣大人民群眾的喜愛，在民間廣為流傳。從明初至明中葉，弋陽腔已流布於今之安徽、浙江、江蘇、湖南、湖北、福建、廣東、雲南、貴州以及南京、北京等地，在全國各地組成了龐大的高腔體系，影響著南北十多個省數十個聲腔劇種，推動著中國地方民間戲曲的發展進程。

明末清初，江西出現了專門為青陽腔演出而設置的場所，其中一些還保存至今，如瑞昌縣南鄉大德山劉家祠堂戲台等，祠堂建築布局為由低而高呈坡狀的三進排列，最低處為磚木結構的戲台，台高三米餘，正台寬和進深都達四米餘；正台兩側為廂房，各寬近兩米，進深近一米，兩側廂房較正台高出二十公分，隔板均置紗窗，可觀察正台演員的表演，專為青陽腔戲班樂隊而設。

從道光至光緒年間，青陽腔一直興旺不衰，如咸豐四年（1854）建造的瑞昌大屋馮家祠堂台，就是一座專門為青陽腔演出的戲台，至今還保留了瑞昌「興盛班」和「天秀班」兩個青陽腔班社開基破台演出時的字樣。[20]

早期青陽腔的舞台演劇受弋陽腔強烈影響：一是表演崇尚武打雜技，同時又增加許多驚險的雜技表演，深受觀眾喜愛，並約定俗成、為當地群眾每年必演的一種風俗習慣；二是音樂運用喧闐的鑼鼓製造氣氛。明人尤膺在《詩謔》中云：

20 龔國光：《江西戲劇文化史》，第93頁。

彌空冰霰似篩糠，雜劇尊前笑滿堂。梁泊旋風塗臉漢，沙陀臘雪咬臍郎。斷機節烈情無賴，投筆英雄意可傷。何物最娛庸俗耳，敲鑼打鼓鬧青陽。[21]

清初以來，流行於北方的亂彈諸腔開始在江西興起。贛東北地區的一些戲班開始轉唱高腔以外的其他聲腔，這種對其他聲腔的吸收使得贛劇開始朝一個綜合高、昆、亂三腔的劇種轉變，成為一種多聲腔戲劇。

贛劇的亂彈腔，以二凡、西皮為主。二凡即二簧，來自本地的宜黃腔；西皮則是在清道光年間傳自湖北漢劇。二凡的整本大戲，有六十九種，其中有三十五種來自宜黃腔；最早專唱西皮整本大戲的共有三十七種。除此之外，贛劇亂彈腔的秦腔和老撥子，主要來自安徽的石牌腔，最早出現在饒河戲中，至今饒河班稱其曲調中的女腔為「石牌」，男腔為「秦腔」。秦腔是以笛伴奏的吹腔，老撥子是撥子的俗稱，用海笛托腔。其後廣信班曾將一些二凡、西皮戲改成秦腔、撥子演唱。[22]

贛劇中的浙調和浦江調是從浙江的亂彈中傳來的。大約清末民初，浙江亂彈戲班大組流入贛東北地區，被廣信府的玉山班和貴溪班加以吸收，然後通過廣信班的傳播，不僅饒河班受到很大

21 （明）尤侗：《詩謔》，《綸隱全集》卷二十二，引自安徽省藝術研究所編纂《古腔新論》，安徽文藝出版社一九九四年版，第10頁。
22 童慶礽：《我學贛劇》，《江西文史資料選輯．舞台經歷集錦》第二十四輯，第135-138頁。

的影響，而且在建昌地區的南城、廣昌等地的亂彈班，也照樣搬演這種來自浙江亂彈的劇目和唱腔。上演劇目僅整本大戲有二十余種，其中包括原來是唱贛劇二凡的《錦羅帳》、《百花台》、《合玉環》、《碧玉簪》、《翠花緣》、《玉麒麟》等六種。

贛劇亂彈腔的梆子，是在民國初年傳入的，一般稱為「安徽梆子」。其曲調與河北梆子相似，唯調門略高，通常用小嗓演唱，以梆笛和二胡伴奏，並用梆子擊板。據說，清末河北梆子和京劇同時南下到上海演出，俗稱「兩下鍋」。後來傳至安徽，變成「徽梆子」。再後從安徽傳至江西，才被贛劇吸收進來。

贛劇的文南詞分文詞（也稱「北詞」）、南詞和灘簧三種，其中的灘簧來自蘇州，又稱為「蘇灘」。因其受到昆曲的影響，採用了昆曲曲頭和尾聲，步伐有自己的不同特點。上演劇目有二十餘種，大多數是由昆曲和高腔改編的，如《崔氏逼休》、《貂蟬拜月》、《尼姑思凡》、《蒙正辭灶》、《斷橋相會》、《安安送米》等等。

贛劇中的昆腔是清末的時候由安徽和浙江傳入的，曲調方面和正宗昆腔基本相同，只是唱腔的吐字多帶有鄉音。上演劇目屬於正宗的昆腔戲不多，主要有《關公訓子》、《單刀赴會》（以上出於《單刀會》）、《瘋僧掃秦》（出自《東窗事犯》）等，因其唱腔帶有昆腔的韻味，也被贛劇藝人稱之為「昆腔」。

清末民初以後，由於京劇戲班的大量入贛，占據了城市的舞台，致使已經進城的江西地方戲曲，因勢單力薄而被迫退出城市。如抗日戰爭時期，京劇藝人雲集吉安、贛州等地，致使吉安戲受到很大衝擊，被迫轉入鄉間，境況日衰。不少地方亂彈戲班社相繼解散而先後走向衰亡。

新中國成立後，贛劇得到重生。一九五三年贛劇進入省會南昌，並正式成立了江西省贛劇團，不久又創辦了贛劇演員訓練班，培養出一批弋陽腔弟子。在贛東北地區先後成立了九個贛劇團（其中弋陽縣名為弋陽腔劇團）。十一屆三中全會以來，在「文化大革命」期間遭到破壞的贛劇又得到復甦。除江西省贛劇團外，全省恢復了十一個贛劇團（其中包括贛州地區興國縣贛劇團），贛劇不僅受到省內觀眾歡迎，而且還先後到武漢、長沙、廣州、福州、上海、南京、天津、北京，以及安徽、山東、吉林、遼寧、黑龍江等地演出。二〇〇六年五、六月，弋陽縣弋陽腔和湖口縣青陽腔被列入第一批國家級非物質文化遺產名錄和江西省第一批省級非物質文化遺產名錄；二〇一一年六月，贛劇被正式列入第三批國家級非物質文化遺產名錄。

新中國成立以來贛劇的著名演員有嚴有源、楊桂仙、潘鳳霞、卓福生、童慶礽、肖桂香、陳桂英、祝月仙、胡瑞華、段日麗、萬良福、涂玲慧、陳俐等。

2. 宜黃戲。舊稱「宜黃班」、「宜黃調」，是江西古老劇種之一。發源於宜黃縣，迄今已有近四百年歷史，主要流行地區為江西的宜黃、南城、南豐、廣昌等縣，遠及贛東北、贛南、閩西一帶，一九五七年獲得正式定名。

宜黃縣位於江西中部偏東，撫州南部，早在明代中葉，就成為江西地方戲曲中心。宜黃戲班在明朝就很出名，中國傑出戲劇家湯顯祖的劇作《臨川四夢》，最初就是由宜黃班演出的，並因此有「宜伶」、「宜黃子弟」之說。但當時流行於宜黃的戲曲是弋陽腔，至明嘉靖、萬曆年間，徽州、青陽，海鹽腔一時盛行，其中摻和了弋陽腔與當地方言的海鹽腔被稱為「宜黃腔」。

宜黃戲是以明末西秦腔演變成的宜黃腔為主要唱腔，清末以後吸收了其他亂彈的聲腔和劇目（如西皮、浙調、吹腔、撥子、南北詞等）而成為由多種聲腔綜合而成的劇種。明末清初，一種不同於「舊式宜黃腔」（由海鹽腔變調形成）的新腔在宜黃縣崛起，主要是由在南方流傳的甘肅「西秦腔」演變而成的，其初期曲調包括笛子伴奏的「平板吹腔」和嗩吶伴奏的「二凡」。至清乾隆初年，在秦腔、亂彈的影響下，這種新式「宜黃腔」舍棄了嗩吶和笛子，改由胡琴為主奏樂器，並將「吹腔」、「二凡」兩種曲調統一，「二凡」由原來的三種板式改成四種板式，吹腔變成了二凡的平扳，形成了廣為流傳的「胡琴腔」。 清代戲曲家李調元曾云：

> 胡琴腔起於江右，今世盛傳其音，專以胡琴為節奏，淫冶妖邪，如怨如訴，蓋聲之最淫者。又名「二黃腔」。[23]

胡琴腔的誕生，標志著板腔音樂在南方增加了一路。從此，宜黃戲由單一的宜黃腔（二凡）變成由多種聲腔綜合而成的劇種。

23　（清）李調元：《雨村劇話》卷上，中國戲曲研究院編《中國古典戲曲論著集成》第八冊，第47頁。

宜黃戲產生之後，在江西各地流傳，並為尚存的江西地方大戲劇種，如贛劇、東河戲、盱河戲，寧河戲等所吸收，並保留「二凡」這個稱呼。老藝人稱為「宜黃調」，因其基本曲調與各地皮黃劇種的二黃腔類似，故當地人後來也稱「宜黃腔」為「老二黃」。「宜黃腔」興起之後，向外省流傳，浙江紹興、北京、廣州都有宜黃腔的記載，影響很深。二〇〇六年五、六月，宜黃戲被列入第一批國家級非物質文化遺產名錄和江西省第一批省級非物質文化遺產名錄。

宜黃戲的傳統劇目頗為豐富，大、小約有五百餘種，但絕大多數已經失傳，多是以腔定本。其內容以演歷史故事為主，其曲調以唱宜黃腔居多。據已知的宜黃戲早期劇目中，專唱宜黃腔的有五十八種，這是現今全國皮黃戲劇目保留二黃腔最多的一個古老劇種。由於宜黃腔發源於西秦腔，同時又因受秦腔的影響，所以在宜黃戲的基本劇目裡，傳自西秦腔的二十種之多，即《清官冊》、《五雷陣》、《鬧沙河》、《藥茶記》、《三官堂》、《肉龍頭》、《松蓬會》、《寶蓮燈》、《萬里侯》、《下河東》、《奇雙配》、《雙救駕》、《雙貴圖》、《雙釘案》、《四國齊》、《打金冠》、《打登州》、《雌雄鞭》等十餘齣。

宜黃戲的表演粗獷、古樸。唱念做打，程式嚴謹；一招一式，循規蹈矩。平時練功要求甚嚴，相傳有「腋下夾蛋，頸旁備針」之說。武將「起霸」做出的「雙手撐天」，要根據人物的不同身份而分別採用「龍爪」或「虎爪」等不同的姿態。馬鞭也根據人物的不同身份而區別使用，有「龍頭」、「鳳尾」數種，或木刻，或絲編，帝王則用「龍頭」鞭，稱為乘龍駒。《四國齊》

「花園點馬」一折，齊景公點馬時，鐘離春和四個女兵不用鞭代馬，卻採用元明雜劇的騎車馬，即以馬形紮於身上，隨著鑼鼓打出的馬蹄聲，應節而舞，作出某種跑馬身段，滿台來往穿梭，效果強烈，別具一格。這種古老的表演方式在其他劇種早已絕見，而唯獨在宜黃戲中保存下來了。

3. 廣昌孟戲。別名盱河戲、大戲、土戲，因為最初劇情都是關於孟姜女哭長城的故事，故稱為「孟戲」，是流傳於廣昌縣境的一個古老劇種。原先專唱高腔，後與皮黃諸腔相結合，遂形成以唱皮黃腔為主，兼唱高腔昆腔的大型劇種。因該劇種只流行於盱河流域，一九八一年正式定名為盱河戲，並建立了廣昌縣盱河戲劇團。二〇〇六年五、六月，廣昌孟戲被列入第一批國家級非物質文化遺產名錄和江西省第一批省級非物質文化遺產名錄。

孟戲最早發祥於廣昌縣甘竹鎮。相傳在明永樂年間（1403-1424），廣昌縣甘竹鎮赤溪曾家出現了一個專演《孟姜女》的宗族戲班——孟戲班。至明弘治年間（1488-1505），甘竹鎮大路背劉家又興起了另一種《孟戲》宗族戲班——劉家孟戲班。兩家戲班的演出都是作為一種宗族間的酬神祭祖活動，只在每年正月演出一次，其中曾家為正月初一上午演出，劉家為正月十二至十五日當中任選一日上午演出，均用盱河高腔演唱。[24]

但是，從唱腔和劇本考察，可以看出兩種孟戲各有源頭，互

24 《廣昌縣志》卷二十八《文化》第二章《戲劇》，上海社會科學院出版社一九九四年版。

不相同。如曾家的《孟姜女長城尋夫》，出於宋元南戲的《孟姜女送寒衣》，劇中反映的是孟姜女哭倒長城、為保貞節投河自盡的反抗精神；而劉家劇本承襲的是弋陽腔的《長城記》，劇中孟姜女雖因丈夫死於長城下而悲傷，卻並無反抗意識，結果被秦王封為一品夫人。在唱腔上，曾家孟戲所唱南曲比弋陽腔更古老，並吸收了海鹽腔的成分，字多腔少，以廣昌官話演唱，以鼓、鑼、鈸等打擊樂器伴奏，節奏較快，顯出簡單、原始的古曲特徵；劉家孟戲主要以海鹽腔演唱，同時參以弋陽腔、青陽腔和徽州腔，多在後句下半句幫腔，用小鑼小鼓過門，用廣昌官話道白，雜白混唱。據湯顯祖的《宜黃縣戲神清源師廟記》記載，明代嘉靖末年，宜黃人譚綸從浙江把海鹽腔帶回家鄉，由宜黃腔加以演唱。與宜黃班同奉清源妙道真君為祖師的劉家孟戲顯然受到過海鹽腔的影響，其戲中用有海鹽腔，共十三支曲牌；還有海鹽化了的弋陽腔，是本地弋陽腔在海鹽腔的基礎上陶冶產生的。從明至清，曾、劉兩家的孟戲依靠宗族性的家班保存下來，其劇本和唱腔都保持原貌。[25]

清道光年間（1821-1850），從臨川縣傳來一個唱亂彈的撫河班，稱為「撫河上路班」。同時，在廣昌以中寺廖、王兩姓組合的合盛班為代表，開始盛行亂彈戲。在這種情形下，孟戲班社才開始兼唱彈腔、吹腔等聲腔，成為一個以孟戲為基調，也演唱高

25 李啟福、李上：《廣昌「孟戲」的考察與研究》，《中國戲劇》二〇〇九年第十期。

腔、昆腔、彈腔、吹腔等諸腔的地方大劇種。

清末民初，廣昌的孟戲開始衰落。至新中國成立前夕，高腔瀕臨失傳絕境，只在甘竹保留了曾、劉兩家孟戲班，少數彈腔班社也氣息奄奄、名存實亡。新中國成立後，孟戲高腔一度停止了活動，只有亂彈戲還有業餘演出。二十世紀六十年代經過地方文化部門對其進行挖掘搶救，發現了劉家孟戲劇本三冊，收集了近百首孟戲高腔的音樂資料，並記譜錄音。到八十年代，整理排演了《姜女送衣》和《滴血認夫》，參加江西省古老劇種匯報演出，引起了國內戲曲史專家的高度重視。一九八一年四月，經省文化廳批准，廣昌地方戲正式定名為「盱河戲」，原縣採茶劇團改為「盱河戲劇團」。

廣昌孟戲音樂屬曲牌體多聲腔體系，以唱高腔為主，一唱眾和，結合了昆腔、彈腔（皮黃）及民歌小調等。旦河戲高腔，曲調蒼健激越，典雅醇麗，悠揚清雅，悅耳動聽。據考證，盱河戲高腔保留了明朝「四大唱腔」之一的海鹽腔的遺音，它的曲牌有兩大類：一類為受海鹽腔浸染過的弋陽腔、青陽腔曲版，在韻味上靠近海鹽腔；另一類是一完整保留的海鹽腔曲牌，「山坡羊」、「下山虎」等十二支曲牌，婉轉纏綿，華麗典雅。

廣昌孟戲上演的形式與儀式與當地習俗融為一體。赤溪曾家和大路背劉家的「孟戲」是作為家族族規戲上演的，所有演出儀式、習俗、禁忌都是以當地傳統祭祖敬神習俗來進行，可以說，整個「孟戲」的演出活動就是一場集宗族祭祀和戲劇祭祀於一體的極其莊嚴而神聖的盛大典禮，每年新春正月間只在本村祠堂上演一次。其演出習俗和儀式包括「下座」、「出帥」、「請神」、「辭神」和「上座」等幾個部分，主要是「出帥」和「請神」。所謂「出帥」就是在「孟戲」演出之日抬著三元將軍的面具和戲神清源祖師的木雕神像在街道村坊巡游，出帥的隊伍必須經過每戶人家，每家於廳堂或大門口擺設供桌香案放鞭炮迎送菩薩，供桌上除了香燭果品外，還備有敬奉菩薩的紅包（香火錢）。「請神」就是「孟戲」開演前主持儀式的「管首」唱請各寺廟、殿觀內的諸神仙菩薩及已故的歷代老藝人來村看戲。值得一提的是曾、劉兩家「孟戲」的「出帥」和「請神」在日期和形式上不盡相同。[26]可以說，廣東昌孟戲故事與全國性孟姜女故事的主軸線基本一致，但其中不乏獨具魅力的地方文化氣息。

4. 西河戲。俗稱「彈腔大戲」或「西河班」，是贛劇的一個流派，是集漢調、宜黃腔、昆腔、青陽腔於一體，並融合地方的土語小調，形成的一種別具風韻的地方傳統戲劇。主要流行地區為贛江下游西側干流流域的星子、德安、九江、都昌、永修等縣，因人們將西側干流習稱「西河」，故其戲班稱為「西河班」，一九七九年定名為「西河戲」。

清初，南昌、永修、德安、九江、星子等地，成為弋陽腔、宜黃腔、青陽腔和湖北漢劇頻繁活動的地區。至嘉慶時期，諸腔合流，首先在南昌形成一種亂彈班，影響甚廣。這為西河戲的產生與興起打下了基礎。

---

26 張芳霖、吳承游：《孟姜女故事的流變與地域習俗——以江西廣昌孟戲為例》，《南昌大學學報（人文社會科學版）》二〇一一年第五期。

西河班最早始於德安縣。清道光二十五年（1845），曾先後在南昌亂彈班和漢口漢劇班唱戲的德安籍藝人湯大樂與其兄湯大榮一起，在老家湯家阪組織湯家戲班，排演黃皮戲。其後於德安城郊陳家灣建造樂王廟，以樂王菩薩為彈腔大戲的戲祖，促使西河彈腔迅速在贛北地區傳播開來。

由於與星子縣諸多湯姓同族共譜，湯大樂應邀前往星子縣收徒傳藝，於道光三十年（1850）組建了星子縣第一個西河彈腔戲班「星邑義和班」。同治十三年（1874），星子藝人周自秀出任班頭，改戲班名為「青陽公主星邑義和班」，簡稱「義和班」。在其子周昭生與其孫周揚昭、揚銀、揚錠等人的傳承與推動下，義和班逐步發展與壯大，除在星子本地演出外，常往來於永修、德安、九江、都昌等地。

清末民初以來，星子藝人劉敦厚、湯再樹、萬正榜分別從湖北漢班和景德鎮饒河班歸來加入該班，他們從外地帶回一批新的劇目，改造一部分老的唱腔，極大豐富了西河彈腔的表演藝術。宣統二年（1910），義和班出於繁忙演出的需要，分為南北兩班，北班由湯再樹領班，南班由周昭生領班。一九二四年，南北二班分而復合，陣營極為強大，使西河彈腔進入全盛期，風行全縣，並流行於整個贛北地區。

義和班盛行之時，民間業餘演出也方興未艾。各地除增修大量戲台外，村村供奉樂王菩薩，每年農曆八月二十八日做樂王會，祭祀戲神。每逢年節，村村聘請戲師，教戲排劇。是時，鳴炮開台，鑼鼓管弦，通宵達旦，數日不絕。這些「徒弟戲」也大多遵循義和班習規，如立樂王位、丑角開臉、藝人破台，第一出報台，第二出登場，末晚演「福戲」圓台等等。

抗日戰爭時期，日本侵略軍入境，對星子縣狂轟濫炸，班社解體，藝人分散各鄉，或轉而操演皮影，聊以卒歲，西河彈腔從此衰落，但藝人們授徒傳藝活動並未停止。抗日戰爭勝利後，西河戲活動得以逐漸恢復，但受到當時地方政府的禁壓，發展維艱。

新中國成立後，西河戲再無職業班社出現，而農村的業餘演出活動卻如火如荼，業餘演出隊多達一百多個，遍及星子縣的各個鄉村，逢年過節，村村場場演唱西河戲，村民多能自拉自演，自娛娛人，已成鄉俗。二〇〇八年五月，西河戲被列入江西省第二批非物質文化遺產名錄，其後在二〇一一年五月，被列入第三批國家級非物質文化遺產名錄。

西河彈腔以西皮二簧為其基本曲調，兼以青陽高腔、漁歌、山歌及民間小調等；生、旦運用真假嗓音交替使用，行腔較短，拖腔起伏多變，多夾襯字；唱詞為七字句或十字句，念白為中州韻，雜以本地方言。因其長期活動於鄉村田野，具有深厚的民間藝術素養與濃郁的鄉土氣息，表演古樸、誇張，武打身段源於民間的拳術刀棒，多保留早期彈腔的原始風貌。

5. 寧河戲。俗稱「寧州大戲」、「寧州大班」，發源於贛西北的修水縣，主要流行於修水、銅鼓、武寧等縣，活動範圍覆蓋贛、鄂、湘三省毗鄰地區。寧河戲緣於弋陽腔，從明代中葉開始，至今已有四百多年的歷史。它包括高腔、吹腔和亂彈諸腔，兼收徽戲石牌及民歌小調，後改以二凡、西皮為主。曲詞豐富，劇目眾多，表現力較強，為江西古老劇種之一。

早在明代時期，修水縣民間舊俗多敬儺神，流行儺戲就是當地流行的戲曲，其戲班叫做「案堂班」。據記載，在明隆慶元年（1567），修水縣第一個儺戲案堂班——三元班就已建立，此班至解放仍存在。明萬曆年間，又有「春林」、「同慶」、「舞雲」、「鴻雲」等班社流動唱戲。所演劇目為《目連傳》、《征東傳》、《西游記》等連台本戲。所唱強調係儺、弋混交之修水高腔，即干唱形式，無絲弦伴奏，一唱眾和，以鼓為節，以鑼鈸為間奏，又叫「打鑼腔」。

清初以後，江西宜黃腔和安徽石牌腔相繼傳入修水縣，並為當地案堂班所吸收，他們從徽班吸收了石脾腔和九腔十牌子等曲牌吹腔[27]，及《神州擂》、《蜈蚣嶺》、《四國齊》、《採石磯》等劇目，從宜黃戲吸收了宜黃二凡及《販馬記》、《下河東》、《釣金龜》、《滿門賢》、《全家福》、《雙桂圖》、《萬里侯》等劇目，集高腔、吹腔、徽調、二凡諸腔和當地民歌小曲於一爐，逐漸形成具有地方特色的多聲腔的戲曲劇種——寧河戲。當時戲曲活動日見興盛，藝人增多，出現了著名的「寧州十八班。」[28]

清代中葉以後，隨著湖北漢劇——楚腔西皮調的傳入，寧河戲聲腔又發生了一次重大變化。道光二十七年（1847），湖北崇

27　待檢：《寧河戲音樂述源》，中國戲曲志江西卷編輯部編《江西戲曲志資料》第一期，江西文藝印刷廠一九八六年印刷本，第 35 頁。

28　張代檢：《幽蘭山谷倍風流——記古老的地方劇種寧河戲》，江西省政協學習文史委員會《江西文史資料》第二輯，南昌市紅星印刷廠一九九三年印刷本，第 136 頁。

陽的三勝班到修水演出，當地「三元」、「春林」、「同慶」、「舞雲」、「鴻雲」等案堂班先後都吸收了楚腔西皮調。在進一步豐富寧河戲聲腔和劇目的同時，也導致高腔漸瀕絕響，吹腔、徽調日趨衰微，變成以皮黃為主的亂彈班的局面。

光緒時期，修水縣寧河戲活動達到鼎盛，僅案堂班就有三十一個。縣內凡廟宇、祠堂，均建有戲台，城鎮村落之間大都設有公會，購置田地進行管理。這時期寧河戲在周邊地區影響較大，劇種較多。

到民國初期，由於戰亂頻繁，藝人劇減，班社活動艱難，寧河戲日見衰落。進入土地革命時期後，作為秋收起義發源地之一的修水縣，農民運動風起雲湧，寧河戲藝人紛紛奔向革命行列，參加各級蘇維埃的化裝講演團，活躍在湘、鄂、贛蘇區，寧河戲得以復興。寧河戲藝人曾編演過《打曹家》、《活捉張輝瓚》等，成為革命武器。一九三三年後，國民黨反動派對蘇區進行了多次圍剿，藝人們或壯烈犧牲，或被迫逃亡，戲班解體。至新中國成立前夕，寧河戲瀕臨失傳。

新中國成立後，寧河戲受到重新重視和保護，成立了國營寧河戲劇團，培訓學員，對傳統劇目、音樂和表演藝術，進行挖掘、繼承、整理、革新，業餘劇團亦紛紛成立，寧河戲得到重新發展和勃興，創作了如《紅色山林》、《白雲崖畔》、《春風紅雨》、《山村風暴》、《龍飛鳳舞》、《龍潭虎穴》、《幕阜驚雷》等現代戲曲。

寧河戲傳統劇目眾多，大約有四百多種，多為整本大戲。內容多取材於歷史故事，如三國戲，從《虎牢關》到《禪台報》一整套有四十六種；楊家將戲從《紫金帶》（楊衮教槍）到《洪羊洞》（六郎歸天）有十一種。其劇目內容也十分廣泛，有的贊賞忠臣良將，有的歌頌民族氣節，有的揭露昏君奸臣，有的表現清官廉吏，有的歌頌農民英雄，有的批判封建禮教，有的抨擊忘恩負義，有的表彰濟困扶危，等等。

6. 撫河戲。舊稱「撫河大班」，主要流行於撫河流域的臨川、金溪、宜黃、崇仁、南城、廣昌等縣，約有三百多年的歷史。新中國成立後獲得正式定名。

自明初開始，位於撫河流域的臨川、宜黃、南城、廣昌等縣的戲曲就已產生並逐步流行發達。早在明洪武時期，宜黃縣就出現了「二拜傀儡」的表演戲（也稱「傀儡戲」）；永樂年間，廣昌縣出現了儺神性質的「孟戲」；弘治年間，「弋陽腔」開始在撫州地區盛行；嘉靖以後，安徽的徽州青陽腔也傳入本地區，明萬曆元年（1573），臨川人黃文華曾編有青陽腔劇本選集《詞林一枝》和《八能奏錦》，可見青陽腔在此之前已有所流傳。其後，由宜黃班傳唱的海鹽腔和來自江浙一帶的昆腔又逐漸在撫州地區盛行，後與臨川當地音調結合，逐漸形成了一種新的劇種——「撫河戲」。[29]

萬曆二十六年（1598），臨川籍著名戲曲家湯顯祖辭官還鄉，召集了大批文友伶人聚於家中，潛心於戲曲事業，其住所

29 汪媛：《撫州採茶戲音樂研究》，江西師范大學音樂學院碩士學位論文，二〇〇六年，第4頁。

「玉茗堂」也成為當時撫州的戲曲活動中心，被後人稱為「宜伶之家」，其代表劇目《臨川四夢》搬上舞台後，撫州戲曲聲名鵲起，逐漸流向了全國各地。

早期的撫河戲就是以弋陽、青陽等腔為基礎，吸收昆腔的唱調和劇目發展起來的，其音樂曲調都屬於南北曲的系統，不同的是，高腔是一唱眾和，只用鑼鼓伴奏，昆曲則用笛子托腔。清乾隆年間，宜黃腔傳入臨川，撫河戲的聲腔增加了新的成分，其曲調名為「二凡」，以胡琴伴奏，有倒板、正板和滾板。撫河戲原來不唱西皮調，據說是臨川縣傀儡班藝人學唱西皮以後才傳入的，因為西皮調來自贛劇饒河班，所以又叫「饒河調」。此外，撫河戲在發展過程中還吸收了徽劇、漢劇及安徽梆子的劇目來豐富自己。

過去南城縣活動的戲班屬於撫河戲的下路派。自從清道光之後，這路戲班發展為兩種班社：昆腔和亂彈。此後，撫河戲只限於臨川縣的班社，而南城一帶則為建昌班（時南城縣為建昌府治）。

撫河戲在清末還有五六個戲班，如老祥義班，以唱同腔為主，並唱昆曲和二凡，最後才吸收了西皮調，能演一〇八本大戲，到清光緒末年才散班。之後，新祥義班成立，這時撫河戲以二凡、西皮為主，還演些高腔和昆曲戲，又稱「亂彈班」。再有四喜堂班，以唱亂彈為主，經常到南昌演出。隨著鑫達祥和萬福堂兩個戲班在民國九年（1920）左右散班，撫河戲逐漸失傳。

7. 吉安戲。舊稱「吉安班子」，產生於今吉安地區，是一個綜合了高腔、昆曲和亂彈諸腔的古老地方劇種，其流行地區除贛中、贛西、贛南等地外，還到達了湘東一帶。但到中華人民共和國成立前夕，已無班社存在，是一個失傳的劇種。

明中期以來，江西弋陽腔在向湖南、廣東發展的過程中，作為中轉地的吉安也成為其活動地區。萬曆朝以後，吉安地區的戲曲除傳唱弋陽腔之外，還從安徽吸收了高腔。明末崇禎年間，浙江的昆腔開始傳入吉安地區，當時在泰和等縣有昆腔班演出。到了清康熙、乾隆時期，昆腔在江西各地漸次站穩腳跟，因而出現了一種高、昆合班的形式，為吉安戲的產生奠定了基礎。

清代中葉以後，江西中部地區以贛江為界，東有宜黃腔（二凡）的興起，西有湖南楚劇的傳入，於是在吉安一帶出現了諸腔鼎盛的局面。經過長期的交流融合和相互影響，吉安戲匯集各類聲腔而更加豐富起來。其中，由吉安戲結合吉安採茶戲的二凡調，至今仍舊名為「宜黃腔」。這時雖然唱高腔、昆曲，但其基本劇目卻以南北路為主。這種融合高腔、昆曲和亂彈諸腔的吉安戲，其音樂唱腔既高亢、剛勁、粗獷，也有似昆曲、四平腔的絢麗、纖細、幽雅之長。它的角色行當齊全，基本上是生、旦、淨三行九角的建制，另外還增加了閨門旦和武旦。道白為上韻的吉安官話。表演程式化，但較接近生活，武戲開打有真刀真槍、噴火等技巧。

清末以後，由於湘劇班社不斷深入江西袁州、瑞州（今高安市）、臨江、吉安、撫州等地，因此，吉安戲又有漢調之稱（湖南湘劇在清末亦稱漢調）。民國期間，安徽梆子戲分兩路進入江西，其中一路沿長江以西經鄱陽湖流入南昌，再由南昌傳至撫州、吉安等地，於是，吉安戲中又兼唱安徽梆子。

從清末至民國年間，這種深受外來劇種影響的吉安戲，在吉安所轄各地的演出甚是繁榮。吉安戲的專業班社，在民國時期尚有臨慶堂、福慶堂、新臨堂、福慶堂等等。民國二十一年（1932），臨慶堂在贛州府興國縣演出時，改名為「京漢臨慶堂」，既演吉安戲同時也唱京劇。不久，它和京漢福慶堂到贛州同台演出了很長一段時間。抗日戰爭爆發之後，吉安戲受到京劇的衝擊很大，只能轉入鄉間演出。自吉安戲班紛紛改唱祁陽戲或京劇後，這個古老劇種便走向衰亡。

8. 東河戲。俗名「贛州大戲」，又稱「東河班」，起源於貢水流域的贛縣和興國交界的田村、白鷺及睦埠一帶。貢水從福建境內發源，西流至贛縣與章水匯合形成贛江，章、貢二水分別處於贛州西、東兩側，故又習稱西河與東河，故由貢水起源的戲班，乃稱「東河班」。清末，湖南楚南戲（即今祁劇）進入贛南，受其影響，東河班遂改名東河戲。

東河戲源於明代的弋陽腔，至清初正式形成，並唱高腔、昆腔，後吸收二凡、西皮、吹腔等亂彈腔，是江西的傳統劇種之一。流行地區有贛縣、興國、南康、大餘等縣，並及粵東的梅縣、潮州以及閩西的寧化、歸化等地。明代中葉以後，弋陽腔逐漸向福建、廣東等地傳播，贛州成為中轉之地，因而弋陽腔也得以流行開來。最初為高腔坐堂班的形式，主要是戲曲清唱，不彩扮表演，圍桌而坐，和琴而唱，較為簡單靈活，在當地吉慶節日、迎神賽會之時流行，為當地百姓熟悉和歡迎。

萬曆末年，這種清唱形式逐漸改變，當地藝人開始嘗試把它搬上舞台。經歷明清變革後，在清順治三年（1646）正式組成以專業演員演唱高腔大戲的戲班，取名為「玉合班」。玉合班是東河戲成立最早、歷時最長的一個班社，從其創建至一九五二年散班，歷時三百余年。在「玉合班」的基礎上，其後新的戲班逐漸不斷產生。順治十一年（1654），據傳在蘇州經商日久、喜愛昆腔的東河富商謝國泰回鄉時帶回了一批昆腔演員在贛州傳藝並組成班社，初名「雪聚班」，又名「雲集班」，後改名「凝秀班」。[30] 兩個班社的組建，標志著東河流域一個以演唱高昆為主的戲曲劇種開始形成。

自乾隆至同治時期，是東河戲發展的最高峰，流布最廣。據不完全統計，這時期職業戲班僅河東一帶就有四十九個；演出劇目中有高腔二五二種、昆腔九十六種和彈腔六五五種；流行區域發展到贛南各縣和吉安地區，以及閩西、粵北與梅縣、潮州和湘西部分區域。此後又相繼吸收了江西宜黃調、桂劇西皮戲、安慶調、弋板、興國南北詞等發展成為有高、昆、彈三大聲腔，較為完整的地方劇種——東河戲，成為影響贛州東河一帶的「贛州第一劇種」。

進入新世紀以來，當地政府對東河戲進行了搶救保護，於二○○七年冬成立了白鷺古村東河戲團，由政府出資購置服裝、樂器等，共挖掘整理傳統劇目十一部。二○○八年六月，東河戲被正式列入江西省第二批非物質文化遺產名錄。

30 廖祥年：《江西名戲——東河戲》，《華夏文化》二○○四年第四期。

（二）民間小戲——採茶戲系列

除了正式的傳統戲劇外，江西各地區還存在著許多民間小戲，主要體現為各地流行的「採茶戲」系列，這些採茶戲在表演風格、角色設置等方面基本一致，但戲目內容和語言等細節上略有不同，體現出濃郁的地方色彩。

所謂採茶戲，是流行於江西、湖北、湖南、安徽、福建、廣東、廣西等地區的一種戲曲類別。其中以江西為最流行，支派也最多，有撫州採茶戲、南昌採茶戲、贛南採茶戲、吉安採茶戲、宜春採茶戲、高安採茶戲、武寧採茶戲等十多種派別。各地採茶戲均是由民間歌舞發展而成，同花鼓戲、花燈戲等藝術風格相近。

江西採茶戲主要發源於贛南信豐、安遠一帶，最初來源於採茶歌、採茶調。明代時期，贛南、贛東、贛北茶區每逢穀雨季節，勞動婦女上山摘茶，她們一邊採茶一邊唱山歌以鼓舞勞動熱情，這種在採茶區流傳的山歌，即為「採茶歌」。人們在民間採茶歌和採茶燈演唱的基礎上，配以有人物和故事情節的民間小戲，逐步發展成為採茶戲。因最初演出只有小旦、小生、小丑三個演員，故也稱為「三角班」[31]。贛南採茶戲形成後，分幾路向外發展，與當地方言和曲調融合，形成贛東、西、南、北、中五大流派。

---

31 《江西文史資料選輯（舞台經歷集錦）》第二十四輯《補白・採茶戲（典錄）》，第163頁。

新中國成立後，各地政府先後成立了採茶劇團（院），採茶戲不再是低賤之業，採茶戲得到快速發展，不僅傳統的劇目得到整理和改編，而且新創了許多反映時代特色的新劇目。在十年「文革」期間，各地劇團（院）被解散，採茶戲等戲劇遭受一次嚴重挫折。十一屆三中全會以後，特別是進入新世紀以來，江西各地採茶戲煥發出新的生機，二〇〇六年國務院批准將採茶戲列入第一批國家級非物質文化遺產名錄。

在長期的發展過程中，江西採茶戲形成了贛南、贛北、贛中、贛東和贛西五個流派採茶戲，每個流派中又有不同的本地腔，茲介紹如下：

1. 贛南採茶戲。是贛南地區土生的戲曲劇種，它是在當地民間採茶燈歌舞和民間燈彩相結合的基礎上發展演變而成的。最初主要在贛南地區流行，至清末民初時，流入到廣東韶關、曲江地區和福建武平、長汀地區以及湖南、桂南等地。其產生和流傳具有悠久的歷史，最早起源於今安遠縣九龍山一帶，相傳唐明皇時期的宮廷樂師雷光華因和宮女相戀，觸犯了宮禁，於是相攜逃出宮廷，流落到九龍山種茶為生，農事之餘教民眾唱茶歌，編成「九龍山摘茶」戲，成為贛南採茶戲的起源。[32]

根據現存文獻記載來看，一般認為贛南採茶戲正式形成於明代中葉，盛行於清乾、嘉年間，至今已有五百年的歷史。明代著

32　高宣蘭：《採茶今昔——漫談贛南採茶戲的沿革與興衰》，《贛州文史資料選輯》第四輯，贛州印刷廠一九八八年印刷本，第83-84頁。

名戲曲家湯顯祖在《牡丹亭》中有「勸農」一齣戲，其中有一段戲是描述南安府（今大余縣一帶）的採茶戲：

（門子稟介）：又一對婦人唱的來也。

（老旦、丑持筐採茶上）：乘穀雨，采新茶，一旗半槍金縷芽。呀，什麼官員在此？學士雪炊他，書生困想他，竹煙新瓦。

（外）：歌的好，說與他，不是郵亭學士，不是陽羨書生，是本府太爺勸農。看你婦女們采桑採茶，勝如采花。有詩為證：「只因天上少茶星，地下先開百草精，閒煞女郎貪鬥草，風光不似鬥茶清。」領了酒，插花去。

（老旦、丑插花，飲酒介）（合）官裡醉流霞，風前笑插花，採茶人俊煞……[33]

戲中描述的是南安府太守出城春游，到大余縣的城郊清樂鄉勸農，當地父老向太守獻演了當地的採茶民俗歌舞等，上引歌舞主要是由一對採茶婦女表演。從中可以看出，明代中葉之時，贛南採茶戲已經流行於民間。

清乾隆年間，陳文瑞在《南安竹枝詞》中有一首詞反映了當時民間演出採茶戲的盛況：

33　（明）湯顯祖：《牡丹亭》，《第八出．勸農》，徐朔方、楊笑梅校注，人民文學出版社一九六三年版。

> 謠哇小唱數營前，裘扮風流美少年。長日演來三角戲，採茶歌到試茶天。[34]

詞中的南安即指現在的大余、南康、崇義、上猶四縣；營前是指今上猶縣的營前鄉；三腳指的是贛南採茶戲早期的表演形式，通常由小丑、小旦、小生三個角色表演。從中可以看出，當時的採茶戲在地方民間已具有相當的群眾基礎和吸引力。

由於採茶戲內容貼近廣大群眾生活，人物少，布景簡單，與其他戲曲程式相比，更具生命力，尤其是便於廣大山區流行。因此，自贛南誕生後，很快傳遍相鄰的閩、粵、湘等地，尤其是客家人聚居地區，競相傳演，成為當地民眾最喜愛的戲曲形式之一。在明代自演自娛時代，贛南採茶戲的《九龍山摘茶》等燈戲內容大都是反映歡慶太平等，因而能為統治階層所欣賞，迅速流傳；自清代中期以後逐漸變為出演三角班的雜套戲，由於劇目內容變為以男女愛情為主，且與統治倫理道德相逆悖甚至批判，如《反情》、《睄同年》、《大勸夫》、《滿妹賀喜》等等，因而為統治階層所不容，遭到禁壓，如道光四年《寧州直隸州志》記載：

> 查採茶亦名三角班，妖態淫聲，引入邪僻，最為地方之害……近來竟有聽許搬演者，應拘該管約保重懲，以息此

34 高宣蘭：《採茶今昔——漫談贛南採茶戲的沿革與興衰》，《贛州文史資料選輯》第四輯第90頁。

風。[35]

清中葉以來，贛南各地官府開始張貼官文甚至刻碑勒石禁演採茶戲，將採茶戲和賭博、嫖娼、強盜等列入同一範疇進行禁止。於是，在坊鎮之間，採茶戲也不能進入村坊和祠堂，只能在圩尾廟角搭台露天演出。由於生存發展環境的惡化，贛南採茶戲逐漸衰落，到新中國成立前夕，全贛南地區只剩下五六個戲班，僅在深山遠村演出。新中國成立後，贛南各地採茶戲得到新生，被統一命名為「贛南採茶戲」，成為贛南地區客家文藝百花園中的一朵奇葩。

贛南採茶戲的音樂屬小調聯接體。曲牌分茶腔、燈腔、路腔和雜調四類，俗稱「三腔一調」。茶腔是它的主要唱腔，有曲牌六十四首。樂隊以傳統樂器勾筒為主奏，配以嗩吶、鑼鼓等，絕大部分劇目取材於贛南農村的民間生活，鄉土氣息濃厚，聽後使人感到輕鬆、愉快、親切、熱烈，心曠神怡，回味無窮。

贛南採茶戲的傳統劇目原來有一百多個（其中一部分現已失傳），許多劇目為喜劇，反映的都是農村生產勞動、愛情生活和風土人情，主要有《睄妹子》、《四姐反情》、《打豬草》、《雙砍柴》、《九龍山摘茶》等。

新中國成立後，對原有傳統劇目進行了挖掘、整理和改編，如《賣花線》、《雙砍柴》、《睄妹子》等；並大力移植、創作了

35 道光《寧都直隸州志》卷十一《風俗志》，道光四年刊本。

一批革命歷史和現實生活題材的新劇目[36]，促進了贛南採茶戲的繁榮和發展。二〇〇六年五、六月，贛南採茶戲被列入第一批國家級非物質文化遺產名錄和江西省第一批省級非物質文化遺產名錄。

2. 贛北採茶戲。包括南昌採茶戲、九江採茶戲、瑞昌採茶戲、武寧採茶戲、上饒採茶戲和景德鎮採茶戲，統謂之「北路」。[37]其起源、形成與贛南採茶戲的路向基本一致，並具有以下特點：第一，主要分布於各著名產茶區，如新建西山、武寧、浮梁、鉛山等地，採茶歌流行；第二，採茶歌與民間燈彩相結合；第三，深受湖北黃梅戲的影響。乾隆時期，大批湖北災民逃荒進入贛北地區，帶來了黃梅戲，與各地採茶戲相結合；第四，不斷吸收地方大班的藝術成分，如南昌採茶戲在清末民初時曾與京劇同台演出，稱「京鄉合演」；武寧採茶戲在受到湖北黃梅戲和贛南採茶戲影響的同時，又吸收湖北漢班的北腔、漢腔、雙腔和四平腔；等等。

（1）南昌採茶戲。主要流行於今南昌、新建、安義、進賢、永修、奉新等市縣。其最初起源於農村中流傳的「茶燈」，俗名「燈戲」，先後經歷了燈戲、三角戲和半班幾個階段，經過多年的演變成為一個大型劇種，新中國成立後定名。

36 丁少年：《採茶藝涯四十年》，《江西文史資料選輯（舞台經歷集錦）》第二十四輯，第 164-183 頁。

37 龔國光：《江西戲劇文化史》，第 149-153 頁。

南昌的「茶燈」，最初只唱「十二月採茶調」，後來吸收一些生活小戲，被稱為「燈戲」。明末清初，南昌、新建一帶的採茶燈為早期階段，演員為一旦一丑，旦走蹺步舞手帕，丑走矮步耍紙扇。清乾隆朝以後，南昌採茶戲進入到三角班階段，演員有二旦二丑或四個旦角。在清道光年間，南昌市荷湖周家村建起了第一個職業戲班，稱為「三角班」(演員有小生、小旦、小丑)。在以後發展過程中，又吸收其他劇種的一些劇目，並於同治年間增加了老生、花旦、大花、彩旦等行當，使南昌採茶戲趨於定型，被群眾稱為「半班」。

一九二七年，南昌採茶戲正式進入南昌城。一九三六年，開始由女演員登台演出。新中國成立前，南昌採茶戲漸趨衰落。二十世紀五十年代，江西成立了省採茶劇團，對南昌採茶戲進行了繼承和改革，促進了南昌採茶戲的發展。

(2)九江採茶戲。俗稱「茶燈戲」、「採茶戲」、「茶戲」，主要流行於今瑞昌、九江、湖口、彭澤、德安、都昌等縣。新中國成立後，統稱為「九江採茶戲」。

九江採茶戲最初是由贛東採茶戲與當地燈彩以及黃梅戲匯合而成。明代，瑞昌、九江一帶每逢元宵佳節至二月花朝，都有結隊的燈彩表演。贛東採茶戲於明末傳入九江、瑞昌、湖北黃梅等地，與當地的燈彩藝術相結合，產生了贛北戲曲採茶戲。至清乾隆年間，有黃梅採茶戲班逃荒至贛北，與當地茶燈戲相結合，發展為現在的九江採茶戲。另外，在隨後的發展過程中，九江採茶戲也受到湖北戲劇和花鼓戲的影響，進一步推動了其發展，使得其藝術表演形式得到豐富，平實簡練、富於生活氣息。

九江採茶戲的傳統劇目大體都來自黃梅戲，有《私情記》、《菜刀記》、《烏金記》、《羅裙記》等；小戲有《雙過門》、《借帽》等。黃梅採茶戲中也有江西採茶戲的劇目和唱腔，如《姑嫂望郎》就是由《姐妹摘茶》改編而成的，此外相關的劇目還有《補背褡》、《秧麥》、《賣雜貨》等等。

過去九江梔峰磯和官牌夾等處作為著名的魚苗產地，在每年四、五月間的魚苗上市季節，當地會請戲班上演採茶戲，成為當地社會的習俗。

> 當打撈魚苗時，不分日夜，通宵達旦，趕場商販雲集，並演採茶戲，正是萬家燈火不夜城之景象，故向稱之為「魚苗春」。[38]

（3）武寧採茶戲。俗稱「武寧茶戲」，是贛北一個獨具風格、影響較大的地方劇種，主要流行於今武寧、修水、銅鼓、德安、永修、奉新、靖安、瑞昌以及湖北陽新、通山等地，深受廣大農民所喜愛。

武寧茶戲是起源於茶歌（包括各種民歌）形成「小二戲」，然後吸收了說唱音樂，民間自然音調——哭喪、哭嫁，以及道教音樂和借鑑古老劇種的唱腔，初步形成了自己的一整套「頂板」

38 閔星台：《九江「魚苗春」》，《九江文史資料選輯》第一輯，一九八四年，第86頁。

唱腔系統，經過漫長的演出實踐，不斷完善提高，形成了今天武寧茶戲這一獨具風格的劇種。[39]

武寧採茶戲最初是受贛南採茶戲和贛東採茶戲的影響而形成的，體現於該戲「板腔體」音樂的形成。明末清初，武寧有一種被稱為「唱生」的民間藝人。茶行、茶社為了招徠生意，經常請這些「唱生」去唱「板凳曲」（一種沒有表演動作的坐唱）。永修的吳城鎮是當時江西四大名鎮之一，武寧很多人在那裡開茶行，因為茶葉都要由那裡水運出口，所以有很多「唱生」在那茶行裡唱「板凳曲」，這就有機會與贛南放木排的工人和茶葉商販接觸，於是贛南的民歌、採茶調，就由這條渠道傳到了武寧。「唱生」們把當時流傳的民歌小曲加上「牙板」，改造成能唱長段敘事唱詞的唱腔，這就出現了「板腔體」的雛形。如《姑嫂摘茶》、《賣雜貨》、《補皮鞋》等曲目來自贛南採茶戲，而《姐妹觀燈》、《三矮子攀筍》等則來自贛東採茶戲。

另外，武寧茶戲的主腔──「茶腔」，是直接吸收了生活中自然音調──哭喪和哭嫁與鄂東產生的「喔呵腔」結合改造而成的。如果去掉茶戲中的鑼鼓伴奏和「牙板」，它的旋律就和生活中的哭喪、哭嫁一樣；同樣，如果把一個婦女訴長訴短的哭，記下譜來，編成一定的節奏，配上「牙板」和鑼鼓，就成了上面那段一樣的「茶腔」。所以往往有人以武寧茶戲不好聽，像哭喪一

39 傅甘霖：《武寧採茶戲源流考》，《武寧文史資料》第一輯，一九八五年，第89-95頁。

樣，也往往有人評論婦女哭喪時說：「這個婦女哭得真好聽，像唱戲一樣。」

武寧採茶戲現有大小型劇目一百五十餘種，多數為民間傳說題材的文戲，其中也有少量的武戲，如《金釵記》、《葡萄渡》、《蕎麥記》、《告錢糧》等；折子戲一百餘出，如《姑嫂摘茶》、《打底勸夫》、《挖芋頭》、《秧麥》、《扳筍》等。絕大部分是創編，反映農民和小市民的現實生活、勞動生產與風土人情，生動活潑，貼近生活。

新中國成立後，一九五三年成立了專業的「武寧採茶戲劇團」，組織了專門力量對其傳統劇目和音樂進行挖掘、整理和革新，使「武寧採茶戲」劇種獲得了新生，創作了《火炬》、《向前看》等一批現代劇，並改編了《姑嫂摘茶》，其表演貼近現實生活，還以獨特的甩髮表演模式來配合劇情，多為苦情戲。

（4）景德鎮採茶戲。俗稱「三角班」，主要流行於今景德鎮、浮梁、都昌、波陽、樂平、婺源和安徽祁門、東至等地。新中國成立後，統稱為「景德鎮採茶戲」。

景德鎮採茶戲起源於湖北黃梅戲與當地民歌小調的結合。清乾隆年間，許多湖北黃梅戲藝人逃災至贛東，採用連廂、道情、旱龍船等形式演唱採茶調，受到當地民眾歡迎，於是一些藝人遂在當地傳藝，因而使得黃梅戲此後在贛東地區逐漸傳播開來，與當地民間小調相結合，並用當地方言演唱。至清道光之後，逐步形成了地方採茶戲。[40]

景德鎮採茶戲傳統劇目原有「三十六大本，七十二小出」，但流傳至今的只有大戲十二種，如《天仙配》、《烏金記》等；小戲二十一種，如《姑嫂望郎》、《小辭店》等。

該戲演出沒有專備的服裝道具，演員也只是簡單化妝。演出時，旦角、生角分別以手帕、折扇為道具，丑角的道具可是扇子，也可是竹煙管，其表演基本程式是後期由饒河班中吸收獲得的。遇上大本戲時，除生、旦之外，其他演員往往要兼演幾個角色。

3. 贛中採茶戲。統稱「中路」。按照地理和戲劇內容、演唱形式的差異，又可分為東部和西部兩個子系統，其中東部包括撫州採茶戲、吉安採茶戲和寧都採茶戲；西部則有高安採茶戲、袁河採茶戲與萬載採茶戲。

（1）撫州採茶戲。俗稱「三角班」、「半班」，在今撫州、臨川、崇仁、東安、宜黃、進賢、東鄉、金溪、資溪、南城、南豐和吉安、贛州地區的部分農村流行。

明末，贛東茶燈戲與撫州本地燈彩相結合，形成撫州茶燈戲，在當地較為盛行，常在喜慶節日中表演。同治《東鄉縣志》中曾記載了當地元宵節舉行茶燈戲的狀況：

40 《浮梁縣志》第二十五篇《文化》第三章《戲劇、曲藝》第一節，戲劇。

元宵，為粉粢以供祖，懸燈祠堂，先後各一日。好事者或扮龍燈、馬燈、橋燈諸名目，雜以秧歌、採茶，遍行近村，索茶果食，正月盡乃罷。[41]

清初，撫州諸縣連年災荒，宜黃、臨川、崇仁、樂安四縣交界地區的許多難民將當地流行的民歌小調與燈彩的表演形式相結合表演謀生，並逐步脫離燈彩表演，在借鑑和學習宜黃戲的基礎上，形成獨立的「三腳班」。

早期的撫州「三腳班」角色僅有三個，一旦一丑，外加一個鑼鼓或二胡手，叫「坐堂」，以演唱單台戲和小戲為主。有由民歌小調改制的單台調，也有四句三韻式的單台調。茶館酒肆和村戶人家常看得到坐唱藝人表演板凳戲。至康熙、乾隆年間，才增加了小生行當。

清末民初，「三腳班」開始向「半班」過渡，人員由三個增至七八個，並增加了花臉老生行當，生旦淨末丑齊全，伴奏樂器也增加了二胡、三弦、笛子、嗩吶等。這一時期發展速度緩慢，演出只停留在公開與半公開狀態，主要在鄉間演出。直到二十世紀三十年代，職業半班才相繼成立，開始演出如《毛洪記》、《蔡鳴鳳辭店》等連台戲和整本戲。採茶戲在鄉間集鎮漸趨活躍，吸引了一批其他戲劇藝人如撫州傀儡戲的部分老藝人加入「半班」演出，並吸收其劇種的大量劇目、伴奏曲牌和一些唱腔，使撫州

41 同治《東鄉縣志》卷八《風土志・風俗》，同治八年刻本。

採茶戲出現興盛的浪潮。

抗戰勝利後，豐城、高安的絲弦班進入撫州，同撫州「半班」藝人會合，又給採茶戲帶來了「本調」、「小花調」等新腔，與本地單台調、會田調相結合，分別發展為撫州「本調」和「撫調」。

新中國成立後，撫州採茶戲得到迅速發展。一九五一年建立了撫州地方劇團，隨後各縣專業採茶劇團相繼成立，群眾業餘採茶劇團也遍布鄉村，並多次進京演出，受到中央領導接見。一九七九年以後，撫州採茶劇團擁有的人員、設備和演出的質量等都達歷史最高水平，是撫州採茶戲又一輝煌時期。二〇〇八年六月，撫州採茶戲被列入江西省第二批省級非物質文化遺產名錄，二〇一〇年六月又被列入第三批國家級非物質文化遺產擴展項目名錄。

（2）吉安採茶戲。俗稱「三角班」、「花鼓班」、「花鼓燈」，主要流傳在今吉安市的吉安、吉水、永豐、遂川、萬安、峽江、安福、新干等縣以及撫州市的樂安縣、贛州市的寧都、石城等縣，至今已有一百多年的歷史。

吉安採茶戲，源自於江西撫州地區宜黃縣，後又受清江、新余等縣的「花鼓班」影響，逐漸形成以小生、小旦、小丑三個固定角色組成的「三角班」戲劇表演形式，成為吉安採茶戲的早期形態。

早期形態的「三角班」的演出大都在農村，用吉安方言表演，內容樸實風趣，以表演一些劇情簡潔的單台戲為主。代表曲牌有《麥調》、《拜年調》、《補背褡》等，都具有濃郁的勞動人民的生活氣息，廣泛在當地傳唱開來。

清末，吉安永豐縣一帶的「三角班」在宜黃戲的基礎上，吸收和容納了吉安地區中部和北部流行的「花鼓班」的一些劇目和曲調，並吸收贛南採茶戲、花鼓燈的劇目、曲調，三者合一，形成了吉安採茶戲。

為了獲得更大的發展空間，永豐縣「三角班」借鑑京劇等大劇種的音樂元素，開始在唱腔上形成獨特的音樂風格，內容多以表演一些完整故事情節的大戲見長。由此，吉安採茶戲開始進入「半班」階段。[42]

新中國成立後，成立了「吉安地區採茶劇團」，吉安採茶戲迎來了新的發展。五十年代末，在唱腔、板式、程式上大量地學習、借鑑京劇的創作手法和與之相鄰的一些姊妹劇種藝術，相互融會貫通，並上演了不少大小型戲，如京劇《杜鵑山》、《紅燈密碼》、《梁山伯與祝英台》、《志願軍的未婚妻》、《紅霞》等。改革開放以來，吉安採茶戲不斷突破，不斷創新，以適應當代社會的不斷發展。

吉安採茶戲音樂中，常用的板式包括搖板、快板、散板、簡板、數板等，這些板式的運用，充分發揮了唱腔的功能。劇目中有旦、丑合演的小戲，也有生、旦、丑合演的整本大戲，其中以

42 晏敏：《流淌在紅土遠山上的一支鄉音——江西吉安採茶戲音樂的傳承發展研究》，江西師範大學音樂學院碩士學位論文，二〇〇九年，第 3-4 頁。

矮椿戲（也稱「裙子戲」）的表演最具特色。丑角身著齊膝短裙，坐矮椿，走矮子步，具體又分高椿、中椿、低椿三種情況。小生、小旦則以折扇作為道具，來與多種身段相互配合，稱「扇子花」、「扇子功」，間或在表演時穿插雜耍來吸引觀眾。[43]

吉安採茶戲的傳統劇目有一百二十多種，多數是單台戲、三角班戲。新時期以來，在創新和改革理念下，吉安採茶戲劇目創作了一批反映新時代社會生活的作品，其中以大型採茶戲《遠山》音樂為代表，該戲榮獲中宣部第八屆精神文明建設「五個一工程」獎、文化部第十屆「文華新劇目」獎和江西省第五屆「玉茗花」戲劇節劇目一等獎，被選入第三屆上海國際藝術節，登上了國際交流的舞台。

（3）寧都採茶戲。俗稱「寧都半班」，屬於贛中採茶戲支派的寧都採茶戲，流行於江西寧都、永豐、於都、興國、石城、瑞金、廣昌、宜黃等地，曾外出至福建邵武、光澤、建寧、寧化等地演出，為全國三三五個獨立劇種之一。

三角班為其最早的演出形式，是在茶歌、燈歌、山歌、小調的基礎上發展起來的。表演時歌舞並重，人物念白固定使用寧都縣賴村地方話。演出的劇目有《採茶》、《補背褡》等三十多個，其中小戲還吸收了贛南採茶戲的劇目、曲調。

發展至清咸豐年間之後，受到東河戲、宜黃戲、吉安戲等大

43　湯光華：《吉安採茶戲的音樂及文化意義》，《藝海》二〇〇七年第五期。

班的衝擊，改變了其三角班的固有表演形式，開始演出《毛洪記》、《山伯會友》、《孟姜女哭長城》等有較強故事性的大戲，開始發展到半班形式。清光緒中期，半班藝人與祁劇藝人同台演出，稱為半整雜。民國初期，半整雜解體，重為半班形式。新中國成立後，成立了專業劇團，發展成為正規戲曲大班，成為全國獨具風格的劇種。

寧都採茶戲劇目多從民間傳說和現實生活中取材，所以袍帶戲和武打戲很少見。語言樸實生動，表演形象逼真，有濃郁的鄉土氣息。

（4）高安採茶戲。俗稱「高安絲弦戲」，又叫「絲弦班子」，流行於今高安、上高、宜豐、宜春、分宜、新余、清江、新干等地區。因其發展於高安，後定名為「高安採茶戲」。

高安採茶戲最早始於唐代，至明初興行。它主要是在高安當地民間燈彩的基礎上，吸納贛南、浙江小調及高安鑼鼓戲等的精華而逐漸形成的。起初伴奏僅用內外兩把絲弦（胡琴），沒有打擊樂，故又俗稱「高安絲弦戲」。

其衍變過程是從燈彩發展到用民歌、小調演唱一些生活小戲，後來在高安鑼鼓戲的影響下，於一九一七年前後形成有小生、小旦、小丑的「三角班」。隨著時代的發展，「三角班」藝人根據傳奇小說自己編一些劇目外，還不斷吸收京劇等外劇種部分劇目、唱腔和表演動作來豐富自己，並增添了行當，加進了鑼鼓，以適應本劇種的演出需要。演出陣容由業餘的「三角班」轉為半職業班社即「半班」，並以此形式迅速推廣開來。新中國建立後成立了專業劇團，高安採茶戲就此繁榮起來，成為江西四大地方劇種之一。[44]

高安採茶戲的戲目有一百多個，多從瑞河採茶戲和其他劇種中改編而來，語言通俗易懂，生動形象，而且有地方特色。表演通常是通過載歌載舞進行的，曲牌多來自當地的民間吹打樂，其鑼鼓點子有上百個之多，配以其他樂器，旋律流暢悅耳，節奏活潑歡快，成為瑞河鑼鼓戲之後的新興採茶劇種。

舊時高安採茶戲每個月演出時約定俗成的專門名稱，如農曆正月唱新年戲，二月唱娘娘戲，三月唱財神戲，四月唱青苗戲，五月唱端午戲等，反映出濃濃的鄉土情懷。新中國成立後，各地政府加大了對地方劇種的保護和推廣力度，高安採茶戲獲得新生和進一步發展，不僅成立了專業藝術團隊，而且走向了全國。二〇〇八年六月，高安採茶戲被列入江西省第二批省級非物質文化遺產名錄，二〇一〇年六月又被列入第三批國家級非物質文化遺產擴展項目名錄。

（5）瑞河採茶戲。主要流行於瑞河（今錦江高安市至新建縣段）兩岸地區。

瑞河採茶戲的傳統劇目多為表現勞動人民生活的小戲，愛情題材劇多。單台戲有《繡花紋》、《千家景》、《觀音贊》、《採桑》等；對子戲有《小賣花》、《下南京》、《瞧相》、《盤廣貨》、《攀筍》等；三小戲有《撒芥菜》、《打水西門》等。

44　廖紅：《高安採茶戲音樂研究》，江西師範大學音樂學院碩士學位論文，二〇〇九年第 5-11 頁。

本劇種特有的劇目有《拔豆子》、《鋤煙草》、《揀棉花》、《揀花珠》、《掃樟子》。大本戲有《烏金記》、《飄帶記》、《破肚記》、《賣花記》、《白扇記》、《烏江渡》等。清末還編演了反清的《老俵反》。近幾十年創作的現代戲有《雪光人影》、《十塊錢》等。

贛中東、西兩個子系統採茶戲，在保持各自藝術特徵的同時，它們的發展歷程又具有以下共同點：第一，初始階段均以演出單台戲為其共同表征。所謂「單台」，即用民歌小調進行表演的獨角戲，有旦角單台和丑角單台兩種，采用一種四句三韻式的單台調，成為單台戲的基本腔調，實屬於曲藝和民歌小調範疇，多無故事情節。如撫州單台有《十個字》、《十盤花》、《十勸郎》等；高安單台有《銅錢歇》、《數麻雀》、《私開懷》等。第二，贛中採茶戲具有多種的藝術成分。由於地理環境的因素，贛中採茶戲既受到贛南採茶戲的影響，又受到贛北採茶戲、湖北黃梅戲的影響，在發展過程中不斷吸收與融合。第三，吸收歌地方大班的藝術成分。如吉安採茶戲先後吸收了吉安大班（吉安戲）的劇目、音樂和表演，以及西皮、二凡等；瑞河採茶戲吸收瑞河大班（瑞河戲）的高腔、昆腔和亂彈等，形成別具一格的瑞河採茶高腔。

4. 贛東採茶戲。俗稱「三角班」，主要流行於今鉛山、弋陽、樂平、貴溪、餘江、萬年、餘干、波陽縣等贛東地區，新中國成立後，統稱為「贛東採茶戲」。

贛東採茶戲發源於今上饒市鉛山縣。明末清初，贛南採茶戲的部分劇目被福建移民和商人帶入鉛山，與當地民歌匯合而成為贛東採茶戲。至清乾隆年間，由於大批湖北災民湧入江西，帶來了黃梅採茶戲，將其與贛東採茶戲相結合，贛東採茶戲得到進一步豐富。清代中期以後，贛東採茶戲逐漸由演小戲發展到演大戲，曲調也由對民間小調的借用到板腔音樂的創作與利用，其演出劇團和曲調變得豐富多樣。

贛東採茶戲的傳統劇目，大多來自贛南採茶戲。小戲有五六十個，多為描寫勞動人民日常生活、生產鬥爭、男女愛情等方面的內容，如《三姐妹看燈》、《三矮子放牛》、《補背褡》、《磨豆腐》、《撇芥菜》等。大戲有十幾本，多為演繹人間的悲歡離合，體現了人們心中善惡輪回、因果報應的思想觀念，如《烏金記》、《拷打紅梅》、《菜刀記》、《白扇記》、《毛朋記》、《趕子圖》等。新中國成立後，改編了不少現代戲和古裝戲，其表演風格受早期燈彩影響，載歌載舞，生動活潑，具有樸實風趣、生活氣息濃厚的特點。如創作的現代戲《山綠人紅》曾參加過江西省贛中地區的現代戲匯演，獲得觀眾好評和獎勵。

5. 贛西採茶戲。主要包括萍鄉採茶戲、永新採茶戲、蓮花採茶戲和寧岡採茶戲，位於江西西部，故統稱「西路」。贛西採茶戲，與湖南湘劇和花鼓戲的關係密切，民間交往頻繁。

（1）萍鄉採茶戲。又叫萍鄉戲，是萍鄉地區形成並發展起來的地方戲劇。主要流行於江西萍鄉與江西、湖南交界地區，主要是由當地民間的勞動山歌和採茶歌等匯合而成。

萍鄉採茶戲最早起源於清乾隆年間，當時萍鄉民間將插秧、砍柴、放牛等勞動時所唱山歌與當時流行的江西採茶歌匯合成為「茶燈」戲，由兩旦扮茶花娘子，手持茶花燈載歌載舞，一丑持折扇穿梭於兩旦之間插科打諢，名為「採茶」。後來，又吸收

「三伢子犁田」（紮一紙牛扮做犁田），俗稱「牛帶茶燈」。

清道光年間，萍鄉地區流行的採茶戲已很出名，在湘、贛兩省一帶盛極一時。十九世紀末湖南花鼓戲傳入萍鄉，與萍鄉採茶戲並行各地。新中國成立後，萍鄉採茶戲吸收花鼓戲的劇目、唱腔、表演，得到進一步發展。

萍鄉採茶戲的傳統劇目較少，主要有《剷農莊》、《賣雜貨》、《放風箏》等小型劇目。其他劇目多是根據歷史生活、現代生活及萍鄉等地的民間故事編演的，如《吳燕花》、《審瘋》、《武功山英雄傳》等。[45]

（2）蓮花採茶戲。主要流行於萍鄉市蓮花縣及其與湖南交界地區。最早起源於清代中期，當時從粵東經贛南遷至蓮花的移民，在當地進行種茶的同時，也帶來了贛南採茶戲，與當地的民歌小調相結合，逐步形成蓮花採茶戲。

蓮花採茶戲的傳統曲調主要是在民間「三腳班」所演唱的部分民歌、小調上逐漸發展起來的。蓮花「三腳班」是一種脫胎於民間燈彩、山歌、民歌等民間藝術的地方戲曲劇種，它經歷了民間歌舞、燈戲等演唱形式的演變過程，它的音樂由燈歌、山歌、民歌、風俗歌、生活音調和小調孕育而成。如「孟姜女調」、「張三調」、「下象棋」等，就是分別從民歌和小調中的「七溪嶺上來打仗」、「慰勞紅軍歌」、「放風箏」等中衍變而來的。

45 衣萍：《採茶戲的名與實——採茶戲若干問題辨析》，《農業考古》二〇〇三年第二期。

在發展過程中，蓮花「三角班」受到湖南攸縣、茶陵和萍鄉等地的「三腳班」的影響，音樂曲調呈現出多元性，主要曲調有：神調、川調、哭調、罵調、哀調、思賢調、返魂調、一字調、二字調、三字調、四板腔等。

總之，上述各地方採茶戲種的發展脈絡大都經過三角班、半班的階段，在立足於當地的基礎上，基本都受到周邊地區其他戲種的影響，有各自活動的一定範圍，表演手法和角色人物分配設置都基本接近。

二、民間音樂

民間音樂是普通百姓集體創作、真實反映他們生活情景，生動表達他們感情願望的音樂作品。具有創作的集體性、傳播的口頭性、曲調的變易性等特點。江西民間音樂浩如煙海，絢麗多姿，歷史悠久，真實地記錄了各時代普通百姓的精神生活，具有濃郁的江西民間風土人情。江西民間音樂包括民間歌曲、歌舞音樂、說唱音樂、戲曲音樂、民族器樂、綜合性樂種六類，是十分豐富的音樂遺產，具有極高的研究價值。

江西古代分屬楚、吳越之地，有「吳頭楚尾」之稱，吳文化和楚文化對江西地區都有影響，江西的民歌也受到吳歌、西曲的影響。漢唐時期，五言民歌開始在江西地區興起並盛行，東晉詩人陶淵明辭官歸田，寫出了大量田園詩，他的五言詩通俗易懂，情景相融，促進了江西民歌的發展，對後代的詩歌發展亦有深遠影響。唐詩的七言體，也對江西民歌影響甚深，永新縣唐代女歌手許和子（又名許永新），自幼愛唱民歌，在唐開元二十三年

（735）選入長安宮廷，進教坊「宜春院」，並以家鄉地名賜名為永新，專為宮廷演唱。

宋代是江西經濟、文化興盛時期。唐詩、宋詞的繁榮也促進了民歌、小調的發展，宋代民歌《九九消寒歌》、《九九消夏歌》，至今仍在省內各地流傳。此外「撒帳歌」成為農村婚禮的喜慶快樂之風習。元代民歌仍十分流行，元曲的興起更加活躍了民間歌謠，而且人們運用民歌，揭露元代統治者的貪贓枉法。

明代江西文化的繁榮，帶來了民歌的興旺，農田歌、採茶歌、伐木歌、放排歌、情歌等到處流傳。萬曆年間弋陽縣民眾融合元雜劇和南戲聲腔並吸收贛東北一帶民歌，創立了戲曲弋陽腔，流傳大江南北。

清代江西民歌也較為活躍，並在江西戲曲發展上占有重要地位。各地的採茶戲、燈戲、三角班等戲曲中的許多演唱曲調和流行的民歌調基本相同，或有所發展，甚至許多採茶戲中的唱詞原來就是民歌。

近代以來，江西民歌隨著時代的變化，也增添了新的內容，尤其是第二次國內革命戰爭時期，在井岡山、中央根據地、湘鄂贛等根據地，廣大工農群眾踴躍參加紅軍，積極投入轟轟烈烈的土地革命，從而產生了大量的紅色歌謠。它在革命鬥爭和生產建設中發揮了宣傳、鼓動的作用。新中國成立後產生的大量新民歌，充分反映了新舊社會兩重天，人民當家作主人的情景，以及社會主義革命和建設的風貌。[46]

江西民歌緊貼人民生活，具有鮮明的形象，感情樸實真摯。歌詞篇幅短小、通俗易懂，屬歌謠體。句式上對押韻和平仄一般要求並不十分嚴格。作者在短短數句歌詞中運用比喻、比興、對比、誇張、敘事等手法，使主題思想得到鮮明突出的體現。在世代相傳中，不同時期（或時間）、不同地區的歌唱者，常按個人需要，將某首現成民歌作為藍本，進行即興編詞，見啥唱啥，想啥唱啥，這就是江西民歌創作和歌唱中的即興性。

江西的民歌內容廣泛，題材豐富，形式多樣，根據不同的歌唱環境、方式和功能，江西民歌可分為號子、山歌、生活歌、小調、燈歌、茶歌、情歌、風俗歌、兒歌等九大類。在特殊的革命戰爭年代，還出現了以革命歌謠為主要內容的新民歌。

（一）勞動號子

江西勞動號子分為水上和陸地兩大類。陸地號子一般號韻短，渾厚沉重，節奏頓挫顯著，勞動氣氛強烈，氣韻富有強力推動感。

根據分工不同，陸地號子亦有多種。有南昌、九江、波陽等地的「搬運號子」，上饒、九江等地的「打夯號子」，瑞昌的「扯秧號子」、「剝麻號子」、「放牛號子」，進賢的「打肩號子」、「拉

46　張濤：《江西民歌源遠流長，紅色歌謠尤為魁寶》，《創作平譚》一九九九年第二期。

車號子」、「抬車號子」等，上猶縣的「伐木號子」等。

水上號子多流行於鄱陽湖、贛江、撫河、信河等地，為水上作業的號韻歌曲，號韻長，既含歌唱性，又具有召喚力，音調剛勁灑脫，曲調直上直下，吆號聲穿透力很強，如贛州市的「拉排號子」、「長江號子」、「擱淺放排號子」、「起錨號子」，瑞昌市的「八洞神仙請上船」的劃船號子，樂平、宜黃縣的「劃龍船」、「劃船歌」，南昌和清江的「木排號子」，永新一帶河邊的「撐船號子「、「拉縴號子」和「推船號子」[47]，鄱陽湖漁民在用大篙網捕魚時唱的「大篙網吆號」、捕魚時唱的《老虎號子》、夜晚交流唱的《放卡子聲》[48]等等號子。

這些號子分領唱、合唱，多用襯字襯詞。有些歌詞是領唱者的即興創作，也有一些是由純粹的語氣詞構成，沒有什麼字面含義。如進賢溫圳碼頭號子中的一首打肩號子，從頭至尾，出現的都是「嘿喲呵」、「唉呀哈」一類語氣詞。號子的音樂多吸收民間小調的旋律。南昌和清江的「木排號子」較有特色，是一種木排工人紮排時一唱眾和、勞動節奏強的勞動號子，它敘述了一個完整的紮排過程，展示了倒梁、串錨、推車子、收纜子、拉排五道工序。以四句和七句來統一步調，根據勞動強度的大小、操作時間的長短，交替演唱，形式靈活。茲將清江縣放排歌摘錄如

47　袁平：《試論江西民歌的演唱風格》，西南師範大學音樂學院碩士學位論文，二○○二年，第4頁。

48　李江：《鄱陽湖漁歌的內涵及藝術特色》，《農業考古》二○○七年第6期。

下：

起錨號子：耶外喲，耶呀！外喲呵呵，耶啊！（重複至起錨完畢）；

收纜號子：耶外喲，耶呀！喲啊呵呵，咳喲呵，咳啦！外外喲呵，嘿呀！

排行途中號子：（送號）前頭師兄把號接喲呵，三二一，三二一；（接號）後面徒弟學學乖、學學乖，呵講仔，三麼嘿三呵呵外！

天氣乍變時號子：今天天氣烏雲集，三二一，三二一；伙計們都要加把力，呵講生，三三麼花兒開，呵喲嗨！

推車號子（木排過淺灘，排工下水推排而行）：喲呵！嗨喲呵，咳呀咳！喲呵呵，咳咳外咳咳！葉絡絡呵、咳嘿喲呵嘿！嘿囉也囉喲、嘿嘿葉葉喲呵！喲呵咳、喲呵嘿、喲呵嘿也嚇咳！喲呵外外咳，咳咳外外咳！

午時號子：（引）午時鐘來午時鐘，三二一來三二一；（接）嫂嫂送飯到排中，呵講仔三二一、三二一。（引）哥哥問嫂什麼菜？三二一、三二一；（接）鹽菜豆腐麻辣蔥，三二一麼三二一。

木排暢行時號子：（開頭號）也絡絡，喲啊！咳喲呵嘿呀咳！也外外也，外呀外外咳！

傍晚歇息號子：落了太陽黑了天，關了城門點了燈；排哥躺在木排上，眼望藍天星點點。

排工回家號子：斗米一捆柴，丟得你路上挨；排工好吃苦，排老板發了財。

木排到南京號子：東涼西涼採石磯，一磯二磯四海山；列山打馬江龍鎮，排到南京大勝關。臨清幫排到南京，排哥登上紫金山，游遍紫金把家還。

抒懷號子：（思鄉）一日離家一日深，猶如孤鳥宿寒林；縱然此處風光好，難遣思鄉一片心。[49]

（二）山歌

山歌是江西最普通的一種民歌形式，在蓮花、泰和、永新、興國、瑞金、大余、尋烏、於都、廣昌、吉安、石城、瑞金、修水、宜春、萍鄉、撫州、上饒、南昌、進賢等幾十個縣市都有流傳。演唱形式主要有三種：獨唱、對唱、一領眾和，對唱時常隔山、隔江對唱。

江西山歌大多以各地的地名稱呼，如：興國山歌、遂川山歌、永新山歌等等，但也有例外，如都昌稱「過山云」、瑞昌稱「隔山拖」、龍南稱「過山溜」等等。

根據音樂風格和歌唱特點，江西山歌又可分為高調（腔）山歌和平調（腔）山歌兩種。高調山歌顧名思義起調較高，多流行在大山區、老林區，其特點是句幅寬，旋律線起伏大，節拍自由而富於變化，高亢粗獷。龍南的《過山溜》，瑞昌、九江、星

49 《清江縣志》第二十七篇《社會》第五章《謠諺》第三節，歌謠，上海古籍出版社一九八九年版。

子、湖口、都昌的《過山丟》，波陽的《油墩對歌》，安福的《田山歌》，萍鄉的《田歌》等，都具有鮮明的高腔山歌特點。

平腔山歌曲調平穩，拖腔較短，感情細膩，優美抒情，在贛南、贛東北、贛中地區的平原和丘陵地帶較為流行，如銅鼓的「急板山歌」、九江的「城門山歌」等都是屬於平調山歌。

江西山歌還分瑤唱和垛唱。前者旋律起伏較大，顯得華麗也多有拖腔，長於抒情，如南昌的《插秧山歌》；後者著重於與語言的結合，較多敘事，旋律起伏小，似說似唱，如宜黃、萍鄉、吉安、上饒等地的山歌。這類山歌有時連續夾用四字句垛句，細致地敘述某一件事的發展過程，曲調往往熱烈、風趣。銅鼓急板山歌《賣餘糧》中就用「男男女女、老老少少，推的推來，擔的擔來，咿咿呀呀，嘻嘻哈哈」，寫出了送糧隊伍興高采烈的情景。

舊時每至農忙季節，有的地方扯秧、栽禾、開荒都會舉行隆重的傳統儀式，屆時也會邀請歌師傅擊鼓演唱，這類演唱被稱作「打鼓歌」、「鋤山被鼓」，如瑞昌、九江等地的「秧號」歌腔等，就屬此類。

「興國山歌」是其中突出的代表。興國山歌是江西山歌中極富特色的一種，也是中國南方傳統民歌中具有代表性的山歌歌種，在全國頗具影響。主要流傳於興國縣境內，但也輻射到鄰近周邊地區，如贛縣、遂川、萬安、吉安、永豐、樂安以及上饒地區部分縣鄉，並在當地流行。

興國山歌也是贛南客家山歌的一種重要形式，飽含著客家的民俗風情。唐宋時期，中原客家先民南遷入贛南地區後，客家民謠與當地山歌相融合，經過不斷改造和演化，在興國等贛南山區繁衍生息，成為興國山歌，故有「唐時起，宋時興，唐宋流傳到至今」的說法。據傳興國山歌最早是由唐代著名江西籍才子羅隱記录整理為歌本，當地流傳有「會唱山歌歌駁歌，不怕朝廷禮節多。羅隱秀才抄歌本，風流才子早登科」[50]的歌謠。

歷經千餘年傳唱的興國山歌，剛健粗獷而清晰動聽，高亢激越又樸實平易，在音調、唱法、語言等方面都表現出歌種與地域風格，尤以「哎呀嘞——」的歌頭獨具特色，已經成為興國山歌的代稱。近年來，興國山歌的音調已被許多作曲家運用於自己的作品中。

經一千多年的歷史傳承，幾十代客家人的遷徙、傳唱，興國山歌這朵民間音樂之花，一直散發著醉人的馨香，成為中國民間音樂百花園中的一株奇花異葩，芬芳迷人。一九九三年興國縣被江西省文化廳命名為「山歌藝術之鄉」，一九九六年又被文化部命名為「中國民間藝術山歌之鄉」。二〇〇六年五、六月，興國山歌被列入第一批國家級非物質文化遺產名錄和江西省第一批省級非物質文化遺產名錄。

（三）生活歌

生活歌主要表現的是人們日常生活中的情趣和風土人情等，

50 《興國縣志》卷二十五《文化》第三章《戲劇、電影》第一節，戲劇，興國縣印刷廠印刷一九八八年版。

其中包羅萬象，有的表現下層民眾的悲慘生活境遇，如弋陽的《茅湖田野》、《長工真可憐》、永修的《長工歌》、南昌、黎川、進賢等地的《我打長工也艱難》[51]等；有的介紹地方時令節氣及人們相應的生產、生活安排狀況，如《九兒歌》、《月月謠》等；有的描繪人們喜獲豐收的美好場景，如都昌的《打櫻桃》等；有的表現了親敬的家庭生活、和睦的鄰里關係、淳樸的社會風尚，如《十疋手巾》等；有的反映節日中人們的各種祈福喜慶活動和熱鬧場面，如《龍船歌》等；有的反映人們的思想觀念意識及其變化，如《朝菩薩》等。

生活歌曲反映了人們的基本生活狀況和態度以及民間風俗的轉變，它不僅反映了人們生活中的許多方面，也在一定程度上觸及深刻的社會矛盾，既展現了人們嚮往美好生活的情感，也表達了他們對現實生活的態度。生活歌曲調大多清新、生動而充滿活力，既有樂觀之調，也有憤懣之情。

（四）小調

江西民間小調數量較多，流傳較廣，不少是從山歌發展而成的。其詞曲規整，曲調婉轉流暢，節奏明快，有時會用襯字、襯腔演唱，有的還與民間舞蹈結合表演，主要是幫助人們在日常生產、生活過程中通過敘述來抒發情感、增添樂趣，豐富和提高自

51 《進賢縣志》第十九篇《文化志》第三章《群眾文化》第三節，民間曲藝·民歌，江西人民出版社一九八九年版。

己的精神生活，使其獲得美的享受、積極的休息和調劑。

小調的形成大致有兩種情況：一種是在農村勞動生產之餘，平日生活閒時形成的，大多是農村日常生活和勞動中自由歌唱或對唱的小調，一般曲調純樸，鄉土味濃，也稱作為「鄉里小調」、「生活小調」、「耍調」。它們的音樂材料，大多直接來自生活語言，如進賢的《菜嬌容也嬌》、瑞昌的《相思曲》和《細雨連綿好插田》、永修的《抗戰八年半》、星子的《摘松子》、臨川的《放牛小唱》、南昌的《斑鳩調》、萍鄉的《紙棚調》等。

另一種是在民間娛樂、風俗節日等場合中形成的，以坐唱為主，因而也稱為「城市小調」、「坐唱小調」，由民間藝人演唱，帶有伴奏，過去，在城鎮的街頭巷尾、酒樓茶館，或在民間節慶、婚喪喜事、集市貿易等場合中，常有很多的人聚在一起相互競唱民歌，具有表演性質，主要有如景德鎮的《失了一枚針》、贛州的《銅錢歌》、吉安的《十想妹》和高安的《補碗》等等。

江西民間小調音樂的內容通常是用寓意的方法曲折地、輕微隱晦地表露出來。其曲折化的方法是多種多樣的，編唱者常把心裡要說的意思或寓意於故事情節（如南昌市小調《八一起義》）或寓意於山水風景、名勝古跡（如《贛南風光格外美》），或寓意於歷史古人（如上饒小調《江西出了個方志敏》）等等。

江西小調的旋法變化十分豐富，旋律線的運動比山歌、號子要曲折很多。其旋律流暢，常以柔美取勝。它的流暢是自然的推進，順流而下，好似涓涓細流，清麗柔婉，有一種內在的、不可阻擋的趨勢。[52]

（五）燈歌

江西的燈歌是以燈彩為主體的一種載歌載舞的演唱形式，有節慶歌舞曲和在某種民俗活動中演唱的歌曲。在傳統節慶日中，江西大部分地區都盛行「花燈會」習俗活動。每逢新春佳節，人們會舉行形態各異的燈彩活動，進行載歌載舞的唱燈、跳燈、舞燈、耍燈等演出，來歌唱農業豐收、太平年景或者慶賀新年。

這些燈歌多吸收明清流傳下來的時調曲牌，如《回娘家》、《鮮花調》、《銀紐絲》、《對花調》、《茶調》等，還吸收了一部分較古老曲牌的旋律，配合其節日、喜慶場合表演的特點，燈歌的曲調多歡快活躍，並常以嗩吶、打擊樂器來伴奏，突出節律，更顯熱鬧。一部分燈歌帶有花鼓調色彩，還有部分燈歌本身就是由贛南採茶調轉變而來的，在漫長的發展過程中，逐漸出現各種變體，最後成為採茶戲、花鼓戲音樂。

燈歌的音樂大都從小調發展變化而成。其中穿插襯腔（襯詞的使用一般與歌曲內容吻合），伴奏多用鑼鼓、吹打等樂器，場面熱鬧歡快、情緒詼諧活潑，如贛南的《斑鳩調》、萍鄉的《放風筝》等。

（六）茶歌

52 李雲潔、朱春娜：《江西民歌小調的形成、種類與藝術特徵》，《農業考古》二〇〇七年第三期。

茶歌是以茶葉生產、飲用這一主體文化派生出來的一種茶文化現象，主要流行於中國南方茶區。江西是茶葉盛產地區之一，早在唐宋時期，江西就是著名的產茶區。

最早的茶歌，只是由詩為歌，也即是由文人歌詠茶葉的作品而變成的民間歌曲，並無舞蹈的滲入，其見於記載的主要是在唐代，如盧仝《走筆謝孟諫議寄新茶》等詞。

茶農在茶葉採摘、製作過程中也創作了茶歌。每逢穀雨採茶季節，茶農邊採茶製茶邊歌唱，借以消除疲勞，由此產生了茶歌。這些茶歌既有長篇的敘事史詩，又有合者皆眾的鄉俗俚詞，大都是上四下三的七言絕句式，以四句子或五句子居多。如清代江西流傳的反映茶工每年到武夷山採製茶葉的茶歌，其歌詞稱：

清明過了穀雨邊，背起包袱走福建。
想起福建無走頭，三更半夜爬上樓。
三捆稻草搭張鋪，兩根杉木做枕頭。
想起崇安真可憐，半碗腌菜半碗鹽。
茶葉下山出江西，吃碗青茶賽過雞。
採茶可憐真可憐，三夜沒有兩夜眠。
茶樹底下吃冷飯，燈火旁邊算工錢。
武夷山上九條龍，十個包頭九個窮。
年輕窮了靠雙手，老來窮了背竹筒。[53]

53 鐘傳志、郭曉鶯：《中國茶歌考》，《農業考古》二〇〇四年第四期。

這些茶歌開始並未形成統一的曲調，後來才孕育產生出了專門的「採茶調」，並與民間舞蹈相結合，發展成為中國南方的一種傳統民歌形式。

茶歌的曲調多由贛南採茶調演變而來，其旋律流暢，曲調優美動聽，節奏輕快活潑，內容或以茶為主，或為做事，以歷史典故、生產生活知識和民間流傳的愛情故事為主，如《十二月採茶》、《十條手巾》、《寡婦失夫》、《苦命三娘》等。

江西茶歌中，對種茶、採茶、做茶、點茶等過程都有反映。九江茶歌《採茶曲》就是當地採茶姑娘們常唱的，住往「唱一聲山歌摘一籮」，「採得茶多歌也多」，充分表現了採茶過程中人們的愉快心情。另一首瑞昌謝茶歌《點花名》，是借點各季鮮花來介紹不同季節所產的茶。另外還有贛南的《摘茶》、《春景天》、《茶籃燈》等茶歌都極富民間風味。

茶歌與採茶戲密切相關，江西採茶戲就是在茶歌的基礎上發展而來的。如南昌採茶戲最初的形式不過是《十二月採茶》的歌舞表演，由十二個人扮茶婆，手提花燈，邊唱邊舞，每人各唱一個月花，每句都以「茶」字結尾。贛南採茶戲就是在採茶歌舞的基礎上發展形成的板腔體音樂。它以富有茶歌特點的「茶腔」、「燈腔」為主，保留了大量採茶山歌、小調的曲調，並吸收了湖南花鼓戲、廣西彩調的曲牌，演奏成鄉土氣息濃郁的地方小戲。

（七）情歌

情歌在江西民歌當中數量最多，不僅是江西勞動人民愛情生活的真實反映，也是他們道德觀、倫理觀的生動體現，主要形式為獨唱、對唱。

情歌主要是運用山歌、小調的形式，反映了青年男女之間樸素、真摯的愛情觀念和生活。青年男女常用山歌來互吐愛慕真情、婚姻觀念、擇人標準、相思之情等，如南康山歌《標致老妹雙打雙》、瑞金山歌《哪有妹子不戀哥》、南昌山歌《荷花愛藕藕愛蓮》、瑞昌山歌《哥妹相愛一條心》、廣昌山歌《蠶兒吐絲在肚中》、南豐山歌《有情戀到九十九》、銅鼓山歌《選情郎》、弋陽山歌《對歌》、永新山歌《撩開桐葉看桐花》、會昌山歌《妹子敢做郎敢當》等等。大量的情歌散發著誘人的山花之香，傳遞著青年男女之間純樸、誠摯、善良、美好的真情。

在革命戰爭中產生的紅色歌謠中的革命情歌，反映了革命志士獻身革命的高尚的道德情懷和愛情觀念，如《送郎當紅軍》、《戀哥要戀紅軍哥》、《妹送阿哥當紅軍》、《十送郎當紅軍》等。

情歌在「比」、「興」方面很講究，許多情歌開頭，均以鮮花、樹木、雀鳥、日月、山川、星辰、彩雲、植物、風物等作比喻，生動，貼切。如南城山歌《一朵鮮花鮮又鮮》、新建山歌《一口池塘一朵蓮》、會昌山歌《楊梅酸來梨子甜》、貴溪畲族山歌《蓮枝開花蓮對蓮》、廣昌山歌《桐子打花白連連》、武寧山歌《斑鳩上樹背沙沙》以及吉安小調《十把扇子》、修水山歌《十帶》、金溪山歌《十繡》、南豐小調《十匹手巾》等等。

（八）兒歌

江西兒歌分少兒歌、搖兒歌、放牛歌、呼牛調等。歌詞簡練，口語化，旋律明快，有的體現出母愛的真摯情感，有的富有兒童情趣，天真活潑。

少兒歌、放牛歌是鄉間兒童參加放牛、養牛勞動時所唱。其音樂特點是：旋律較口語化，用詞簡練，韻律明快，具有天真活潑的兒童情趣。例如弋陽的《給爹爹做鞭梢》、貴溪的《看牛扒柴歌》等等。

搖兒歌是母親哄嬰兒入睡時所唱的歌。音調真摯委婉，體現出深切的母愛。例如上饒的《寶寶要困覺》、貴溪的《我的寶寶籮窩坐》等等。[54]

（九）風俗歌

風俗歌是指人們舉行的婚喪喜慶、朝拜祭祀、治病和年節等風俗活動中所唱的歌。其音樂特點多表現在：婚事喜慶等儀式歌，有說有唱，誠篤歡悅；哭嫁、哭靈則如泣如訴、聲淚俱下，具有濃厚的生活氣息和地方色彩。旋律以敘述性、口語化為多。根據舉行活動的不同，風俗歌的種類也有所不同。

婚俗歌是結婚時唱的風俗歌，具體分為三種：一是辭堂時的哭唱。新娘辭別家人時邊哭邊唱，以感謝父母養育之恩、懷念兄妹手足之情為主要內容。母親也陪著以哭唱應答，叮嚀女兒嫁後要孝敬公婆、與小叔小姑相親相愛；二是照轎時唱的《照轎歌》。舊時女方母親要用香燭或火把，圍著花轎照，同時唱《照

54 袁平：《試論江西民歌的演唱風格》，西南師範大學音樂學院碩士學位論文，二〇〇二年，第6頁。

轎歌》，取「除邪照發」之意；第三類就是專罵媒婆的歌曲，也是為討吉利，「越罵越發」。

喪事儀禮教，有收殮歌、繞棺歌、行祭歌、僧調、打夜歌、拾喪歌、請神歌等，多在辦喪事、作法事場合中演唱，聲調低沉、哀傷。

祝贊歌，一般是農村鄉鎮里遇上結婚、生子、新房上梁、房屋落成等喜事時所唱的道賀的歌，唱詞是通用的吉利話，也可投主所好，即興編詞。

神、巫活動中的風俗歌，有「朝聖」性質的，如萍鄉的《朝南岳》、波陽的《朝蓮花山》。贛南會昌、南康、興國、於都、瑞金一帶「跳覡」時所唱歌曲是為了驅鬼治病；送神上船唱賀船歌《唱龍船》；《送瘟神》也表達了人們禳災祈福的心願。還有拜神的《喊船歌》、《跳神歌》、《打八仙》等等。風俗歌曲調抑揚頓挫、有板有眼，嗩吶、弦樂、管樂常用來為之伴奏，有時還以打擊樂來製造氣氛，使音樂與內容相吻合。

（十）新民歌

二十世紀以來特別是二十年代以後，江西地區湧現出了眾多反映共產黨領導下的革命鬥爭歷史和歌頌社會主義革命和建設的新型民歌——紅色歌謠。

江西是紅色革命故都。在轟轟烈烈的第二次國內革命戰爭時期，為了革命鬥爭的需要，江西出現了大量的用原有曲調填配新詞的革命歷史民歌，這些民歌在宣傳革命，動員人民參軍參戰，粉碎敵人的軍事「圍剿」和經濟封鎖，鼓舞蘇區人民堅持革命鬥爭等方面發揮了極大的作用，其內容涉及革命鬥爭的方方面面。

流傳於江西各根據地的「紅色歌謠」，反映了當年廣大貧苦農民在共產黨的領導下，鬧翻身、求解放、打土豪、分田地，建立紅色政權的革命熱情；頌揚了革命領袖的豐功偉績；謳歌了為革命英勇獻身的革命先烈。主要有如《雇農苦》、《工農求生路》、《盼解放》、《求解放》、《盼天明》、《杜鵑紅》、《我投朱毛上山來》、《革命志不改》、《革命有方向》等等[55]。

「山歌加政策」是一種有力的武器，興國山歌手曾子貞，當年走到哪裡唱到哪裡，用山歌動員青壯年參加紅軍。《送郎當紅軍》、《當兵就要當紅軍》、《戀哥要戀紅軍哥》、《妹送阿哥當紅軍》、《十送郎當紅軍》等山歌、小調唱遍了各個革命根據地的山村，迅速掀起了妻送郎、妹送哥、父送子的參加紅軍熱潮。在興國縣流傳著「一首山歌兩個師」的佳話，興國縣動員了兩個師的青壯年參加紅軍，興國山歌《歡送少共國際師上前方》、《歡送興國師出發》，記錄了當時感人的情景。

紅軍紀律嚴明，深得群眾愛戴，產生了一批紅軍紀律歌，如井岡山的《紅軍紀律歌》、南豐的《紅軍三大紀律歌》、萬年、宜黃的《紅軍紀律歌》及興國歌頌紅軍有鐵的紀律的《山歌來自興國城》等，這些紅色歌謠，反映了人民軍隊秋毫無犯的風紀，頌揚了人民軍隊為人民的崇高宗旨。

55　李立：《井岡號角（民歌百首）》，《江西文史資料選輯》第四十輯，南昌市印刷三廠一九九一年印刷本，第1-30頁。

紅色歌謠中有許多宣揚廉政勤政、艱苦奮鬥、全心全意為人民的內容，如興國山歌《蘇區幹部好作風》：「蘇區幹部好作風，自帶乾糧去辦公，日著草鞋分田地，夜走山路打燈籠。蘇區幹部好作風，真情實意為群眾，油鹽柴米都想到，問寒問暖情意重。」

尊重女權及婦女解放運動，當年在蘇區是一件新鮮事，於是產生了一大批婦女解放的新歌謠，如會昌、黎川的《婦女解放歌》、吉水、會昌的《剪發歌》（十剪髮）、永新的《反封建婚姻歌》等，都唱出了蘇區婦女姐妹翻身做主人、提倡婚姻自由的心聲。

直接服務於革命鬥爭的蘇區民歌大多五言四句或七言四句，曲調短小流暢，飽含激情，充滿了革命樂觀主義精神；這些曲調都是沿用原有的傳統山歌、鄉里小調，再配上簡練、生動的革命新詞，就成了一首首令人振奮的新民歌。如江西革命歷史民歌的代表作《送郎當紅軍》就是傳統小調《懷胎歌》配上了新詞而成的。

新中國成立後，江西民歌呈現出嶄新的面貌，在搜集整理原來民歌的基礎上，創作了大量謳歌社會主義革命與建設和人們新生活的新民歌，從不同角度反映了各條戰線上湧現的新人新事，如《江西是個好地方》、《井岡山下太陽紅》、《摘油條》等。為配合黨在各個時期的中心工作，活躍農村文化生活，移風易俗等發揮了積極作用。

三、民間文學

江西歷史悠久，山川秀麗，物產豐饒，人文薈萃，有「物華天寶，人傑地靈」之譽；江西也是中國革命的搖籃，是紅色文化的故土，處處散發和傳承著紅色的力量和激情。在這片古老神奇而又活力四射的土地上，勤勞、樸素、勇敢的江西人民創造了豐富厚重的歷史文化，譜寫了蕩人心弦的革命詩章。

江西民間文學蘊藏豐富，她根植於人民群眾之中，忠實地記載了各個歷史階段中人民的社會生活、道德信仰、鄉風民俗和人情風貌，是祖國文化遺產的重要組成部分。在江西民間文學作品中，有美麗動人的神話故事，有莊諧皆備的人物傳說，有追根溯源的地名由來，還有反映地方風土人情的風俗傳說，更有具奇思妙想、寄托人民群眾美好嚮往的民間故事，此外也有根植於人們社會生活中積累的點滴經驗濃縮的簡練深刻的各式諺語，等等。

（一）民間神話、故事、傳說

具體來說，這些民間神話、故事、傳說內容主要圍繞著各地名勝古跡、風情民俗、名人名產、宗教信仰、行業特點和紅色革命等六大主題展開。

1. 有關名勝古跡主題的神話傳說。江西山水秀美，名勝古跡遍布各地，如「匡廬奇秀甲天下」的廬山、「道教聖地」龍虎山和三清山、「中國革命的搖籃」井岡山、「全國最大淡水湖」鄱陽湖、「仙女下凡」之地仙女湖等等。對於這些奇山異水等名勝古跡名稱的由來及其內部眾多景點的得名，民間流傳著許多動人的神話傳說，茲舉數例如下。

如廬山得名的傳說。相傳早在周初（約公元前 17、16 世紀），有一位匡俗先生，在廬山學道求仙。他在廬山尋道求仙的事跡，為朝廷所獲悉。於是，周天子屢次請他出山相助，匡俗也屢次回避，潛入深山之中。後來，匡俗其人無影無蹤。有人說他成仙了。於是，人們帶著美好的想像，將匡俗求仙的地方稱為「神仙之廬」。因為「成仙」的人姓匡，所以又稱匡山，或稱為匡廬。到了宋朝，為了避太祖趙匡胤匡字的諱，而改稱康山。[56]

再如弋陽縣圭峰由來的傳說。民間傳說這裡原為東海龍宮宮殿，有一天，東海龍王邀請西海龍王來做客，西海龍王看到圭峰的美麗景色大為贊嘆，並想據為己有，於是在「棋盤石」上擺下棋陣，要東海龍王與其飲酒對弈，並相互以各自龍宮為賭注。東海龍王以為是戲言，在下棋過程中進行謙讓，結果讓別有用心的西海龍王對弈勝利。當西海龍王要求得到龜峰龍宮時，東海龍王才驚醒過來，不肯相讓，於是西海龍王到玉帝面前誣告，搬來二郎神為首的天兵天將，進行討伐。

東海龍王率領蝦兵蟹將進行抵抗，終因力量懸殊，損失慘重，其中龜丞相被二郎神用雙劍刺進龜殼，形成現在的「雙劍鋒」景觀；哮天犬蹲臥於東海龍王放立在龍山崖上的排骨旁，側脖相望，形成了後來的「天狗吃排骨」景觀……東海龍王見敗局

56 劉筱蓉、萬建中編著：《贛江流域的民俗一旅游》，旅游教育出版社一九九六年版，第 193-194 頁。

已定，便使出法術，將海水吸乾，讓龍宮露處水面，天兵天將乘坐的龍舟頓時被反扣在山崖上，變成了「龍船峰」，於是形成了如今的圭峰三十六峰八大景。[57]

還有如南城縣麻姑山得名的傳說。據民間流傳的《麻姑獻壽》所說：古時盱江的麻坊，有一個心靈手巧的姑娘，人稱麻姑。有一年，地方鬧瘟疫，麻姑不辭辛勞入山找藥，感動了山中仙翁。仙翁指教麻姑，要救鄉鄰，唯有取來瑤池的碧蓮仙草。麻姑便以仙翁賜給的大米、清泉、藥草，精心釀酒，獻與王母慶壽。王母大喜，留住麻姑於瑤池，麻姑乘機採得能起死回生的碧蓮仙草，返回家鄉。從此，盱江河畔瘟疫絕跡，人壽年豐，人才輩出。麻姑也得道成仙，人們將其採藥和成仙之所稱之為麻姑山。[58]傳說麻姑本事驚人，能擲米成丹以救黎民疾苦，而且是中國神話中有名的女壽仙，民間多以其為長壽的象徵，相傳她曾親見「東海三為桑田」，成為後世著名的「滄海桑田」典故的來源。二〇〇六年五月，麻姑仙女傳說《滄海桑田》被列入江西省第一批省級非物質文化遺產名錄。

還有如新余仙女湖，因東晉文學家干寶的《搜神記》中「毛衣女」下凡豫章新喻縣的神話傳說而得名。其文記載說：

57 《弋陽縣志・社會志》第六篇《民間傳說》《圭峰的傳說》，南海出版公司一九九一年版。

58 劉筱蓉、萬建中編著：《贛江流域的民俗與旅游》，第75、48頁。

豫章新喻縣男子，見田中有六七女，皆衣毛衣，不知是鳥。匍匐往，得其一女所解毛衣，取藏之。即往就諸鳥，諸鳥各飛去。一鳥獨不得去。男子取以為婦，生三女。其母後使女問父，知衣在積稻下，得之，衣而飛去。後復以迎三女，女亦得飛去。」[59]

二〇〇六年，《毛衣女下凡神話傳說》被列入江西省第一批省級非物質文化遺產名錄。

還有如龍虎山名稱的由來。相傳，龍虎山上的上清宮仍是古代「九龍」集結之神地，是太上老君在年前為了讓張天師在此創立道教，特地從東海趕來了九條龍到這兒修煉。其中有一條叫「衝天龍」，因厭煩在山上長久修煉下去，便想回西海龍宮，西天佛祖發現後，便派了一隻神虎下凡來專門看守它。有一天，衝天龍乘神虎熟睡之際悄然逃跑，張天師發現後進行阻止，其後神虎醒了，與衝天龍進行了一場惡戰，玉帝得知後，下山將衝天龍與神虎一同化成山巒。從此，雲錦山便改名龍虎山了。[60]

還有如豐城市別稱「劍邑」的由來。傳說早在一八〇〇年前，吳亡晉興之際，天空斗、牛兩宿之間常有紫氣。朝野議論此氣勢必危及晉朝政權，晉惠帝忙召大臣張華排查。張華找不出原因，便找好友雷煥幫助。雷煥從小學道，對異象了如指掌，說：

59 （晉）干寶：《搜神記》卷十四《毛衣女》，中華書局一九七九年版。
60 劉筱蓉、萬建中編著：《贛江流域的民俗與旅游》，第48頁。

「紫氣乃寶劍之光，紫氣源自豫章豐城。」張華當即命其尋劍，以去紫氣。雷煥來到豐城，於榮塘龍湖村，挖出一石匣。內放雌雄兩把寶劍。分別刻有龍泉、太阿（另傳一說為干將、莫邪），頃刻紫氣消失。雷煥見寶劍光芒四射，便暗自留下雌劍太阿，把雄劍龍泉上交張華復命。張華見交來一把劍，心中存疑，遂也占為己有，對皇帝糊弄一番交差。九年後，張華在「八王之亂」中被殺。臨死，龍泉寶劍從他身上飛脫，化一青龍，向東南方游去。雷煥私藏太阿寶劍，自覺精力日漸不支。臨終，將劍傳給兒子雷華，說這是母性神物，終當雌雄團圓。三年後，雷華出任福建建安知縣。走馬上任之日，將寶劍太阿佩帶在身，準備乘船渡溪。時晴空突然風雨大作，船夫道，溪中三年前來一條青龍，故有大雨風浪。雷華投眼溪中，果然有一青龍尾隨而來。不待雷華作出反應，身佩之劍突然脫鞘而出，化作白龍，隨青龍雙雙而去。雌雄寶劍果真團圓。從此，豐城別名劍邑。[61]二〇〇八年六月，《豐城劍的傳說》被列入江西省第二批非物質文化遺產名錄。

此外，各地還有眾多關於風景名勝、文物古跡的神話傳說，其中許多成為省級、市級非物質文化遺產，如奉新縣的《百丈山的傳說》於二〇〇八年六月被列入江西省第二批非物質文化遺產名錄，等等。

61　《豐城縣志》第三十三篇《雜記》第二章《民間傳說》一，豐城劍傳奇，上海人民出版社一九八九年版。

2. 有關風情民俗主題的神話傳說：江西各地風情民俗豐富多彩。在長期的發展過程中，各地逐漸產生出與當地生產勞動和社會生活密切相關、具有鮮明地方特色的民俗文化，作為其組成部分之一的神話、故事、傳說也較多，其中許多成為當地民眾舉行各式民俗活動的起因和由來，並一直在地方傳承和延續，一定程度上揭示了民間文化深層的淵源與發展軌跡。

在贛東一帶，女兒出嫁，有一個「哭嫁」的習俗。新娘上轎前，母女倆抱頭大哭，這與當地的一則民間故事有關。相傳從前有一個姓何的女子，三十歲左右守寡，與一個十來歲的女兒相依為命，後來在村鄰撮合下，與鄰村一個死了妻子帶著一個與何氏女兒差不多大的女兒度日的男人徐某組成新的家庭。

重組新家後，作為後媽的何氏在穿戴吃喝等方面都偏心於自己的女兒，而對徐氏女兒則相當刻薄，但是在表面上卻很會裝樣子掩飾，使得粗心的徐某一直蒙在鼓裡。

幾年過去後，兩個女孩都長成婷婷玉立的大姑娘，徐氏女兒更為漂亮賢惠，媒人爭相說媒，婚事很快定下。出嫁這天，在姑娘臨上轎前，何氏心存歪心，故意拉著姑娘的手嘮叨不停，並流淚哭泣，好像情真意切，難捨難分。實則是故意在大喜之日大哭，存心要壞新娘的「彩頭」，好讓她婚後交「墓庫運」，永世不得好運氣。待輪到自己的女兒出嫁時，何氏早早將嫁妝置備齊全，並交與自己積攢的私房錢，出嫁當日，何氏心裡高興，喜笑顏開。

可偏偏讓何氏意料不到的是：被她壞了「彩頭」的後夫女兒夫唱婦隨，兒女成群，財源茂盛。而她自己親生女兒夫妻不和，四十不育，家業衰敗事事不順。何氏後悔莫及，自覺心虧，生怕老天不容（據說一個人如果作了惡，只要當眾說開，便可免蒼天懲罰），於是就把自己的壞心思向前村後莊說開了。後來，當地人在嫁女時競試著大哭一場，結果也是子孫滿堂，家境殷實，人們便深信無疑，哭發，哭發，越哭越發，就這樣，「哭嫁」習俗在很多地區傳開並一代代傳承下來。

在宜春上高縣，存在著一個獨具特色的迎親習俗：男方迎親的花轎頂上要貼有一個「肅」字。這個肅字沒有出頭，不成完全的「肅」字。到女方家後，女方請人再用毛筆在這紅紙寫的「肅」字頭上添上一筆，成為完整的「肅」字。

此俗源起於當地一個古老的傳說。傳說有一家人家娶親，歡天喜地將新娘迎入花轎，吹吹打打抬到男家。花轎一停，眾人喜氣洋洋掀開轎簾準備請新娘下轎拜堂，誰知掀開轎簾，新娘無蹤無影，大家四處尋找，還是沒有下落，後請占卜先生一算，才知道在花轎經一座野嶺途中，被山鬼運用魔法將新娘弄去做夫人了。從此以後，這一帶人們提心吊膽，到處請法師來設法避驅山鬼，以安一鄉太平。

宜春慈化寺的主持聽說此事後便對鄉親們說，今後無論哪家娶親嫁女，只需在轎子頂端貼上一個「肅」字，便可保太平無事。並告之人們要一邊在一張大紅紙上寫「肅」一邊念咒語，而且落筆與念咒要同步進行。

肅寫完後貼在轎頂端才可出發。在寫這個「肅」字時，中間的一豎不能出頭，要待轎子到女方家門口，由女方請當地飽學之士，當場在「肅」字頭上添上一筆，讓它最後完成為一個完整的

「肅」字後，新娘才允許上轎。此俗一直承襲至今。這幾年，結婚的花轎已用汽車代替。但汽車頭上貼「肅」字的習俗，仍在沿襲。[62]

崇仁縣相山鎮林頭村、苔洲村一帶流行「扭扭龍」活動，也稱「板凳龍」、「板燈龍」等，關於活動的由來當地也流傳著一些傳說。在林頭村，「扭扭龍」據傳源於「舞龍求雨」的宗事活動。相傳在很久以前，遇上大旱，東海龍王不顧一切躍出水面，帶來一場大雨，乾旱解除了，龍王卻違反了天條，被剁成一段一段，撒向人間。人們便把一段段龍體放在板凳上連接起來，並紛紛奔走相告，希望它能活下來。後來為了紀念東海龍王，人們每逢新年或宗祀活動就舞起了「板凳龍」。此外，該村還流傳著一段歷史故事：相傳明朝初年，相山鎮林頭村人是來自全國九省十一市的移民，人員紛雜，互不往來。而林頭村方氏開基人方中鑑卻廣行善事，修廟搭橋，在當地享有盛譽。他發動全村人每戶製作一節「板凳龍」，再串成長龍。每逢宗祠活動，全村人同舞「板凳龍」。林頭村人從此和睦相處，互幫互助。在苔洲村，則另有一種傳說。相傳在很多年前，該村附近常有盜寇出沒，欺詐百姓，弄得民不聊生。甘氏一先賢為了團結村民，凝聚人心，全村上下形成一股繩驅趕盜寇。之後，他發動全村人每戶製作一節「板凳龍」，再串成長龍。每逢盜寇出沒時期，全村人同舞「板凳龍」以壯聲勢，將盜寇趕跑。苔洲村人從此更加團結協作，和

62 劉筱蓉、萬建中編著：《贛江流域的民俗與旅游》，第 168 頁。

睦相處。後來，為了紀念這位先賢，人們每逢新年或宗祠活動就舞起「板凳龍」，成為習俗流傳下來。

江西各地還流傳有生男孩「吃紅蛋」這個風俗故事。傳說古時鄱湖之濱住著劉老漢夫婦，年近六旬沒有孩子，兩人相依為命，有一天劉老漢外出打魚，救回了一只被水蛇追趕的白鴨子。沒多久，劉婆婆病倒了，劉老漢成天忙裡忙外，無暇照顧白鴨，就將它放回了河裡，可鴨子每天都會回來生個蛋。劉老漢就拿鴨蛋給劉婆婆補充營養，不僅醫好了她的病，還生了一個大胖小子。此後白鴨就沒回來過。兒子滿「三朝」的時候，親友們前來祝賀，老漢就拿出染紅的鴨蛋來招呼大家，並把鴨子的故事告訴眾人。人們都認為，劉老太是托了神鴨的福，而且吃「紅鴨蛋」也會沾仙福。故事很快傳開來，從此，人們生了兒子，在「三朝」或「滿月」的那天，總喜歡請親友「吃紅蛋」。在吃別人新婚喜酒時，也會再三預祝：「明年一定要請我們吃紅蛋呀！」

此外，各地還有眾多關於風情民俗的故事傳說，如列入江西省第二批非物質文化遺產名錄的樂安縣「裝故事」、玉山縣「樟村板燈民俗」、新建縣「西山萬壽宮廟會」、興國縣「三僚堪輿文化」、南昌縣「祭橋」、龍南縣「香火龍」等，其中新建縣西山萬壽宮廟會於二〇〇八年五月被列入江西省第二批省級非物質文化遺產名錄，其後在二〇〇一年五月被列入第三批國家級非物質文化遺產擴展項目名錄。

3. 有關名人名產主題的神話傳說。有史以來，江西地區關於人物和物產的神話傳說數量眾多、內容豐富。其中關於人物的傳說方面主要可分為兩種：一種是歷史上確有其人，而且多為當時名人，民間對其的傳說主要來源於他們的生平事跡，包含著歷史記載和豐富誇大及不可考證的內容。如元末農民起義時，朱元璋與陳友諒在江西鄱陽湖廣闊的水面上曾有幾番惡戰。傳說《鞋山的由來》便借二人水戰的史實，說玉皇大帝與繡花公主各助一方，公主落下的一只繡花鞋擋住了神劍的攻擊斬殺，朱元璋得以保全性命，反敗為勝，繡花鞋也就變成了今日的鞋山。

江西自古以來名人輩出，廣泛存在於政治、經濟、軍事、科技、文藝等各個領域，其中不乏眾多的體恤民情、廉潔奉公、舍生取義、追求真理、謀福社會、造福鄉鄰、求學拜藝等人物事跡，在他們家鄉或生活之地流傳著許多相關的故事傳說。

明朝抗倭名將鄧子龍是江西豐城市杜市鄉落星橋獅子鄧家村人，該村民眾流傳著《鄧子龍鬥獅》的故事，傳說村名即是由此而來的。相傳小時鄧子龍因為喝了大黃鱔的血沖兌的糯米酒，因此力大如虎。離鄧家不遠的鄒家莊鄒大財主死後，他的九個凶蠻兒子要強占鄧家的祖墳山葬老財主，鄧子龍按捺不住，獨自前往鄒家莊理論。他輕易地把財主家門前的石獅子推倒，還拎著它闖入大堂，嚇得「鄒九狼」紛紛跪地求饒，表示從此再也不敢欺侮鄧家村人，鄧子龍把石獅拿回鄧家村作抵押，鄧家村因此改稱「獅子鄧家村」。[63]

南宋著名民族英雄文天祥是江西吉安人，至今在其家鄉及贛

63 《豐城縣志》第三十三篇《雜記》第二章《民間傳說》六，鄧子龍鬥獅。

南、廣東等地流傳著許多關於他起兵抗元的故事傳說。如在贛州於都縣，就流傳著關於其遇險的傳說。相傳南宋景炎二年（1227）七月，文天祥在贛南抗擊元軍，一日走到於都縣北鄉金溪村時，後面重兵追趕，文率軍沿著金溪河奔往興國縣，行至半路，見河邊石崖上有一座雩山古廟，於是奔入廟內躲藏，當他們進入廟門後，天空突然烏雲密布，狂風大作，電閃雷鳴，頃刻間一場大暴雨降臨，頓時古廟被淹沒於雲海雨霧之中。元兵被這突如其來的暴風驟雨淋得暈頭轉向，找不到宋軍蹤跡，又怕中了埋伏，只好躲雨退兵。待元兵走遠後，一眨眼雨停雲散，天空放晴，文天祥心中大喜，向廟主取來紙筆墨硯，欣然書寫了一副對聯「威靈耿耿，風雲雷雨齊鳴；法令赫赫，日月星辰同明」。至今，當地玨田村陳麗祠家還保存有其中的下聯。[64]

還有一種是並無確切姓名或者無從考證、多半是虛構出來的人物，民間的傳說也主要是虛構的故事，難以查證。這類傳說，大都是圍繞他們與貪官污吏、豪門惡霸鬥爭，維護正義和窮苦鄉民等主題展開，其中往往都注入了民眾的強烈愛憎。如龍南縣的人物傳說中就記載了「天爆縫」這個人，他生活在年代不詳的「從前」，經常以自己的機智來戲弄地方上有錢有勢的人。

景德鎮的茭草（瓷器包裝）工人身上都穿著一條白圍裙，傳說是為紀念舍命保護大家利益的工人鄭子木的。相傳在清嘉慶年

64 《贛州地區志》第二十七篇《宗教、民俗、故事、傳説》第三章《故事傳説》第二節，民間傳説，新華出版社一九九四年版。

間，茭草工人受盡窯老板的壓榨，難以度日，便進行了罷工運動。窯戶老板不答應工人的條件，用錢買通官府，將罷工領頭人鄭子木捉進衙門進行嚴刑毒打，但他始終不屈服。最後，官老爺叫衙役抬來用炭火煨著的鐵帽和鐵靴，叫鄭子木穿戴上。鄭看後知道一穿戴便要送命，可他二話沒說，將雙腳插進了炭火煨得火紅的鐵靴，其後又戴上火紅的鐵帽，付出了自己的生命，換得了茭草工人罷工的勝利，窯老板也無可奈何地答應了茭草工人的要求。全鎮的茭草工人為紀念鄭子木，從那時起，便都穿上一條白圍裙，至今仍是如此。

永新、蓮花兩縣交界地區賀姓宗族中也流傳著一則關於族人紹宗公穿鐵靴的傳說。相傳永新龍田村賀姓與王馬洲周姓發生土地爭執，雙方勢均力敵，各自招集分散在永新、蓮花一帶地區屬於同一族群的族人，準備進行械鬥。情況上報到縣衙，縣官無可奈何後心生一計，宣布備好鐵靴一雙和鐵圈一個，在烈火中燒紅，賀、周兩姓中如有人能穿鐵靴和戴鐵圈，則該族擁有所爭土地所有權。最後賀姓族人蓮花縣坪裡村紹宗公自告奮勇，舍命穿戴鐵靴和鐵圈，使得龍田賀姓爭得土地，為紀念紹宗公，該村祠堂正中懸掛上一副對聯：「王馬回朝若父子，十代勇烈自紹宗。」後來龍田村每祭祖祠，特為紹宗設一獨席，只有坪裡賀姓族嗣才可享受此席。[65]

65　（江西蓮花縣）良坊唐賀侯憑公族九修族譜編撰委員會：《良坊唐賀侯憑公族九修族譜（總卷）》，二〇〇二年，第892頁。

江西物產豐富，在長期歷史進程中形成了具有濃郁地方特色的眾多物產製作和加工技藝，包含了人們生產和生活中的飲食、工藝等。關於這些地方特產的來歷及其加工製作也流傳著許多故事傳說。

蓮花縣有著兩種特產：炒血鴨和抱石魚，其來歷都有著傳說。炒血鴨據說是宋末蓮花抗元義軍中的火頭劉德林做出來的，傳說當時抗元英雄文天祥率軍來到蓮花，當地義軍為其接風，劉師傅炒鴨子時發慌，錯將血酒當成辣醬倒入了鍋中，沒想到味道特好，就形成了這一道特色菜。抱石魚這是關於一對戀人淒慘愛情的傳說，相傳古時當地一位富戶的女兒桃妹和一位貧農的兒子春生相愛並私訂終身，桃妹的父親黃員外為了根絕女兒對春生的愛戀，命人將春生綁上重石沉潭而死，為了救出水中的愛人，桃妹也跳入深潭，以手托巨石，但因為力不能支也死於潭中。此後潭中生長出一種生生死死抱住石頭的魚，人們說石頭是春生，魚是桃妹。

鄱陽湖地區存在著一道名揚古今的佳餚「流浪雞」，其得名傳說為明太祖朱元璋所賜。元末，朱元璋與陳友諒在鄱陽湖進行大戰，起初朱元璋處於劣勢，在一次惡戰中，朱元璋軍隊大敗，在陳友諒軍窮追猛打下，朱元璋和謀士劉伯溫以及幾員大將登岸倉皇逃竄流浪，人困馬乏，肚腹中空。在追兵未到之前，一行人開始尋找村落人家小憩並尋糧充飢，來到一位老婦人住的殘破茅屋前，朱元璋請求給點吃的。老婦人見這一行軍人氣宇不凡，謙遜有禮，便應允並把他們請進屋。其後，老婦人把門口曬太陽的小雞抓住殺掉，取出內臟，洗淨後投入沸水鍋內反覆燙煮，然後切成條塊狀，用大蒜泥、辣椒粉、食鹽調勻與雞塊拌和。飢餓的朱元璋將雞肉夾到嘴裡，只覺得鮮辣爽口，味道極美，贊不絕口連聲稱謝。當上皇帝後，朱元璋為了感謝老婦人在他落難時的救助，重賞了老婦人，並賜名她做的雞為「流浪雞」。[66]

興國縣傳統名菜「四星望月」極富當地特色，主菜為米粉魚，外加四個炒菜，米粉魚居中，四個炒菜分擺四周，色澤鮮豔，綠紅相映，味道微辣，質地脆嫩。據說其名稱起於偉大領袖毛澤東之口。一九三二年，毛澤東在興國長崗等地調查期間，陳奇涵同志請毛澤東到他家做客。陳母做了一籠「米粉魚」置餐桌中央，四周擺上四碟菜。毛澤東邊吃邊贊揚味道好，詢問菜名，陳母一時說不上，只是微笑。毛澤東風趣地說：「就叫『四星望月』吧。」從此，「四星望月」就在興國縣傳開了。[67]

4. 有關宗教信仰主題的傳說。江西民間信仰十分廣泛，既包括各類鬼神信仰，也包括多樣的占卜巫術等活動，還包括富有江西特色的驅疫儀式等。這些傳統的民間信仰在老百姓生活中世代相承，與老百姓的生活息息相關，涉及民間老百姓生活的方方面面。

道教在江西民間極為興盛，各地共有道教中稱謂的「洞天福地」神仙居所十八處，因而道教神話、故事、傳說在江西尤為豐

66 劉筱蓉、萬建中編著：《贛江流域的民俗與旅游》，第 231、126-127 頁。

67 劉筱蓉、萬建中編著：《贛江流域的民俗與旅游》，第 231、126-127 頁。

富。僅以道教名山龍虎山來說，它的一百零八峰、二十四岩、十大景以及大量的名勝古跡，幾乎都有著張天師的傳說。在這些傳說故事中，有反映天師和真人斬妖除魔、為民除害的事跡，宣揚天師和道教的神通玄妙和無量功能，如傳說《許真君擒孽龍精》中就說到，強龍成精，將為害人間，得道成仙的許遜奉天命追逼至龍虎山，與孽龍精從地面鬥到水中，最終在鄱陽湖畔，得到觀音菩薩幫助的許真君降伏了孽龍精。其他還有如《張天師鬥八部鬼帥》、《斬龍坑》、《印劍石》等；也有反映勞動人民對天師和道教的嘲笑與諷刺，揭露天師的罪惡，如《天師府因何供奉狐大仙的牌位》和《九節狐狸戲皇帝》都寫到張大師與狐狸精狼狽為奸，騙人信任，才發展了道教，就連「天師」的稱號也是九節狐狸作祟皇宮，皇帝來請張天師作法之後，在狐狸精的幫助下獲得的，還有如《尼姑馱和尚》等。

江西民間特別是沿江濱河流域民眾對於晏公、蕭公神崇拜也比較普遍，這種信仰也起源於人們對晏公和蕭公的一些傳說。相傳晏公和蕭公都是江西臨江府（今樟樹市）人，去世後被家鄉父老奉為神，立廟祭祀。凡行船走水，遇波濤洶湧時，商人們望空叩頭祝告兩神，便可保一路順風。

兩神在江西民間的信仰發達主要與明太祖朱元璋有關。相傳朱元璋乘船去救援與張士誠部作戰屢屢失利的大將徐達時，船遇風浪將翻，得晏公踏浪將船拖至岸邊，所以天下大定。後來明太祖封晏公為「顯應平浪侯」。又因晏公變化為老漁翁，釣起經常掏塌沿江大堤的豬婆龍，明太祖又加封他為「神霄玉府晏公都督大元帥」，命有關官員專門祭祀。朱元璋與陳友諒決戰於鄱陽湖時，蕭公曾率領數萬名金甲神兵幫助作戰，後來被明太祖封為侯，立廟祭祀。

在樟樹地區，關於蕭公神信仰，當地還流轉著一些不一樣的故事，傳說蕭公為明永樂年間（1403-1424）新淦（今新干）縣三湖人，早年做木排生意很講信義，為樟樹藥市作了許多宣傳，招徠過不少遠道客商，特別是培養了一批清江木排大商人，為「臨清木排幫」打好了基礎。後來蕭公信奉道學，借著贛、鄂兩水上的浩瀚之氣，修煉成仙。於是自明清以來當地蕭公信仰一直流傳，鎮商和臨清木排幫都敬奉蕭公神，為之立廟，香火不斷。另外，傳說一次蕭公和清江排工們由漢口德山駕廣木直下，路經鄱陽湖畔小姑山時遇上小姑仙女，兩人鬥法比試功力，結果小姑將蕭公徒弟的排尾壓入小姑山下，而蕭公則將纜繩化為綢帶，把小姑仙的一只繡鞋拂入江心，於是小姑山麓長起了如被壓椕木的衝霄杉，鄱陽湖畔則聳出了一座鞋山。[68]

5. 有關紅色革命主題的革命鬥爭故事。江西是人民軍隊、農村革命根據地和新中國的搖籃。在第二次國內革命鬥爭時期，這裡曾經誕生過第一個農村革命根據地井岡山、第一個蘇維埃政權和紅色首都瑞金等，無數革命先烈在這裡進行了可歌可泣的鬥爭。革命鬥爭故事是隨著如火如荼的人民戰爭的進行而出現的新題材，其中既有反映根據地紅軍愛人民、人民擁護紅軍、軍民一家魚水情的動人故事，也有反映紅軍英勇殺敵、不怕犧牲的大無

68 《清江縣志》第二十七篇《社會》第六章《民間傳說》。

畏革命精神的壯烈故事，還有反映根據地軍民機智靈活、樂觀向上的鬥爭思想的感人故事等等，在當地民眾中廣為傳播。

《闖關送情報》是發生在安福武功山一帶的故事。紅軍女戰士李發姑娘奉命下山，偵察縣城裡敵人的情況，但全城戒嚴，進出城都極為困難。細心的李發姑娘扮成賣番薯的農婦。乘人不注意在城牆上貼了紅標語，嚇壞了匪兵，趁著混亂順利地進了城。當從地下聯絡員許先生處得知敵人有所行動的情況後，她又扮成癲婆，從敵人把守最嚴的北門門崗的眼皮底下溜走了。由於情報獲得及時，紅軍打了一個漂亮的勝仗。

《紅井》講述了毛主席在瑞金沙洲壩帶頭挖井的故事。一九三三年四月毛澤東隨同中華蘇維埃共和國臨時中央政府機關從葉坪來到沙洲壩，看到老百姓喝的是池塘中的混濁水後，便決定在村中挖井。在選好挖井地址後，毛澤東卷起衣袖褲腿，帶頭進行挖井，經過十幾天的奮鬥，水井終於挖成，從此村裡百姓喝上了清甜的井水。紅軍長征後，國民黨重新占領贛州，當局要把水井填掉，填了五次，每次都被百姓晚上挖開，最後只得罷手。新中國成立後，當地百姓為了紀念毛主席，將水井稱為「紅井」，並在其旁立碑「吃水不忘挖井人，時刻想念毛主席！」予以紀念。[69]

此外，民眾當中還流傳著許多相關的革命鬥爭故事，如《陳毅「還債」》、《彭德懷吃臘肉》、《朱德的扁擔》、《毛主席妙語

69　《贛州地區志》第二十七篇《宗教、民俗、故事、傳說》第三章《故事傳說》第一節，革命故事。

藏天機》等等，是革命鬥爭時期根據地軍民的艱苦生活、英勇抗戰及軍民深厚感情等方面的真實寫照。

（二）諺語

諺語是民間集體創造的、言簡意賅的口頭流傳的一種較為固定的藝術語句，是各地民眾社會生產和生活過程中的經驗總結。諺語反映了人類社會和自然發展的一定規律，因而包含著豐富的哲理性。由於地理環境和社會群體的差異性，諺語也具有一定的地域性特徵；口頭流傳的特點也決定了諺語中必不可少地會帶有一定的方言性，如江西諺語中常會出現「冒（沒）」、「熊（丑）」、「嗦（差勁）」等方言詞語。從總體來看，諺語的句式比較整齊，語意通俗明了，根據內容的不同可以分為生產諺語、生活諺語和物象諺語三類。

1. 生產諺語。中國傳統社會是「以農為本」的社會，農業生產在社會生產發展過程中占據著重要的地位，受到人們的普遍重視。在長期的生產實踐過程中，人們總結了許多農業生產及林、牧、副業的相關經驗，茲舉數例如下（本文第二章第一節也有較為詳細的描述）：

> 懵懵懂懂，清明浸種。清明要明，穀雨要雨。小暑小割，大暑大割。
>
> 油茶不割草，一世窮到老。早禾要栽早，遲禾要栽老。
>
> 晚禾不過秋，過秋一半收。穀雨種甘蔗，立夏種棉花。
>
> 驚蟄不放蜂，十箱九箱空。清明魚開口，白露魚閉嘴。

無雨不蒔田，無雪不過年。田裡缺肥料，扁擔兩頭翹。

栽松栽柏，莫等春曉得。若能栽得千棕萬桐，代代子孫不受窮。

麥怕清明連夜雨，禾怕小暑過夜風。芒種芝麻夏種豆，秋分種麥正時候。

油菜聽得鋤頭響，一邊鋤來一邊長。[70]

2. 生活諺語。是反映人類社會生活發展的經驗總結，涉及範圍廣泛，不僅包含了民眾的衣、食、住、行等方面，還涉及人們的人情社交等道德準則方面，既是人們社會生活的經驗總結，反過來又影響著人們的社會生活行為。各地生活諺語內容廣泛，語句眾多，茲舉數例如下：

家有千萬，餐粥餐飯。話多不甜，糊多不粘。人哄地皮，地哄肚皮。人怕傷心，地怕刮皮。壇口封得住，人口封不住。有理走遍天下，無理寸步難行。好事不出門，惡事傳千裡。問路不施禮，多走二十里。貨好不怕選，人好不怕貶。學識就怕淺，為人就怕懶。兒不嫌娘丑，狗不嫌主窮。不會精打細算，枉有家財萬貫。出籠的鳥難回，出口的話難收。不會燒香得罪神，不會說話得罪人。打架不能勸一邊，

70 《吉安市志》第二十七篇《文化》第六章《民間文藝》第一節，民間文學．諺語．農事諺語。

看人不能看一面。不到八十八，莫笑人家聾和瞎。不到九十九，莫笑人家窮和有。[71]

春爭日，夏爭時，萬事宜早不宜遲。男人勤，倉倉滿；女人勤，件件新。出門唔彎腰，進屋冇柴燒；唔紡唔成紗，唔省不成家。寧肯低頭求土，莫要仰首求人。起家猶如針挑土，敗家猶如水沖沙。晴天防雨天，豐年防荒年；吃唔窮，穿唔窮，唔會劃算一世窮。單絲不成線，獨木不成林；一個籬笆一個樁，一個好漢三個幫。合（gē）得鄰居好，就等（好像）撿只寶。草鞋冇樣，邊打邊像；龜有龜路；蛇有蛇路；蛤蟆冒路，一跳一步。人不虧地，地不虧人。[72]

3. 物象諺語。主要以氣象諺語為主，是人們對自然界的風、雨、雷、電、雲等氣候物象的變化及其影響的規律性總結，用以指導著人們的生產和生活，一般被當作粗略的天氣預報。本文第二章第一節中進行了闡述，此不贅述。

四、地方曲藝

曲藝是民間各種說唱藝術的總稱。它具有一人多角的特點，以帶有表演動作的說唱來敘述故事、塑造人物、表達思想情感、

71 《吉安市志》第二十七篇《文化》第六章《民間文藝》第一節，民間文學．諺語．農事諺語。

72 《清江縣志》第二十七篇《社會》第五章《謠諺》第一節，諺語．生活、生產。

反映社會生活，與生產、勞動緊密相連，多數與民間音樂、各地方言關係密切。

江西曲藝歷史悠久，最早可追溯到商周時期，在明清時期開始逐步成型並得到較大發展，當時多為盲人、乞丐的謀生手段。在第二次國內革命戰爭時期，曾被用來進行革命宣傳，當時又稱為「紅色曲藝」。新中國成立後，曲藝事業受到重視，通過改革與創新，其藝術水平得到較大的提高。

江西曲藝共有四十五個曲種，分布廣泛，形式豐富。除了外來的山東琴書、河南梆子、評彈之外，江西的地方曲種中流行最廣的是道情、漁鼓，在大部分縣市都有；其次流傳較廣的有清音、南北詞、蓮花落；此外還有景德鎮大鼓、永新小鼓、瑞昌船鼓、萍鄉春鑼、南豐香鈸、宜春評話等傳統說唱項目。

（一）高安道情

道情淵源於唐代的道士曲，以道教故事為題材，宋代後始名為「道情」。高安道情是高安頗具地方特色的一種古老說唱形式，相傳已有百年歷史，主要在高安、上高、宜豐、奉新等地流傳。它源於民間藝乞，演唱者主要是盲藝人。它的發展可分為「漁鼓道情」、「絲弦道情」和「戲曲道情」三個階段。[73]

在第一個階段，藝人左手懷抱漁鼓，右手在表演的開始、中

73 湯志紅、湯志平：《江西高安道情初探》，《江西教育學院學報》（綜合）二〇〇九年第六期。

間和結束時，常擊之以各種節奏，稱之為「漁鼓道情」。這個階段的道情伴奏，沒有固定的音高，唱腔的調高也沒有定准，由藝人視嗓音的情況自行確定，一般是就低不就高。演唱方式多為一人走街串村的「走唱」形式，演唱如《勸世文》等宣揚「忠孝節義」內容的短小曲目。

清道光年間，藝人開始使用絲弦樂器——箱琴、令尺和木魚為其伴奏。演唱方式由「走唱」變為「坐唱」，並出現了由主唱、輔唱組成的兩人演唱形式，稱之為「坐堂戲」。演唱內容由短小曲目衍變為以傳記小說為主。

清朝末年，高安絲弦戲興起，推動了道情戲曲化的發展。道情的演唱內容從原來的傳記小說變為以戲曲劇目為主，唱腔音樂由原來的《老太平調》發展成為有八種板式的《新太平調》。伴奏樂器由原來單一的一人絲弦（箱琴）伴奏方式，增加為鑼鼓、嗩吶、笛子等多種樂器伴奏形式。戲曲道情的形成和發展，把高安道情推到了一個鼎盛時期。

高安道情的題材多為傳本故事和民間傳說。傳統曲目有《八美圖》、《薛仁貴征東》、《天寶圖》等。新中國成立後，高安道情得到了黨和政府重視，一九五四年成立了「高安縣盲藝人曲藝隊」，多次參加全國、全省匯演並獲獎。藝人們以表演來進行宣傳活動，伴奏樂器也由音量較小的箱琴改為高胡、二胡等樂器，創作了現代曲目《張榜招親》等。二〇〇八年五月高安道情被列入江西省第二批省級非物質文化遺產名錄。

（二）上高道情

上高道情是流傳於上高縣域的民間曲藝，形式簡便，內容精練，旋律動聽。相傳明初來上高定居的外籍難民中有一批民間藝人，身背竹筒，配一定節奏敲打說唱，這批藝人定居以後，其說唱藝術經幾十代人革新和傳承，清初又與瑞州道情糅合，終於形成以板箱二胡為主要樂器、既能演唱民間小曲、也能說唱長篇傳書、自拉自唱的上高道情。其藝術特點是：說唱結合，以唱為主，使用方言，詞尾壓韻。

上高道情同一般道情類似，它叫說書，最早也沒有音樂伴奏，只是以一個竹筒製作的道具，後來就由說到唱，成為說唱曲藝，又以木製的箱琴代替漁鼓伴奏，這便產生了道情音樂。上高道情從清末至民國時期，不僅內容上有所變革，人員也由單人說唱發展到多人合唱，在箱琴伴奏基礎上加入鑼鼓、鈸作為打擊樂，由走村串戶的立唱變成了上門坐唱，直到上世紀五十年代，又由二胡取代了箱琴的板胡，在打擊樂的基礎上又加進了嗩吶，笛子、三弦等樂器合奏，曲調由比較簡單的「原板」發展到「子板」、「快板」等，同時吸收了當地民間小曲和地方劇曲調，把戲曲中的「甩腔」，民間小調中的「哭板」、「罵調」糅進上高道情中，不僅能說唱優秀傳統曲目也能說唱現代新曲目。新中國成立後，上高縣成立了盲人曲藝隊，多次參加省、地曲藝匯演，都得到了好評和獎勵。 先後有十多家國家及省市電視、電台及報刊先後報道了上高盲人曲藝隊的事跡，在省內外產生了較大影響。二〇〇八年五月被列入江西省第二批省級非物質文化遺產名錄。

（三）南昌道情

南昌道情形成於清乾隆年間，清末開始盛行，主要流行於南昌、新建等地。原來的演唱形式為演員一手打板、一手打漁鼓，進行坐唱。為了更好地表達情感，藝人李多根、萬柳根、李萬壽等人加用了一面小鈸，這樣敲一下有三響，可以對一些戲曲鑼鼓點進行模仿，增強其藝術表現力，使之風味獨特。

其曲調一般四句一段，或上下兩句重複，演唱時用的是南昌方言。演唱者根據唱調的喜怒哀樂和語言的四聲趨勢予以變化，中間似說似唱，可長可短，到一段落即拖腔結束，再擊「三響」過門。

其傳統曲目有《辜家記》、《南瓜記》、《賢德記》、《花轎記》、《篾棚記》、《光復記》、《銀元計》、《四十八個寡婦鬧江西》等。新中國成立後，對其加工改編，並創作了一批反映現代生活的新曲目，如《大渡河》、《學雷鋒》、《媒人出嫁》等等。

（四）臨川道情藝術：打麻哇

「打麻哇」的意思就是胡說八道，它屬於道情戲的一種。相傳道情起源於唐代道教在道觀內所唱的「經韻」，文體為詩贊體，後來吸收詞調、曲牌，演變為民間布道的演唱。江西道情有兩種演唱形式：一種是演唱者左手持漁鼓，右手食指、中指、無名指拍擊鼓面；另一種則不用漁鼓而以二胡伴奏，但均為一人坐唱。道情曲目以神話故事及當地史事為多。

「打麻哇」是撫州道情戲的一個內容，其起源現無從考證。一般是逢年過節時，演唱者手持「蒙著布」（竹筒一端蒙著布或皮革）邊走邊唱，挨家挨戶去唱戲然後討些錢。演唱者年齡一般都有五十歲以上，也不完全是為了謀生，有些人也是個人興趣。

「打麻哇」中的歌謠一般沒有標題。說唱人每唱一段就停頓一下，再用手拍擊「蒙著布」發出聲音。說唱人習慣每唱一段就用拖長的語氣詞結尾如「呃」、「啊」等。「打麻哇」說唱的一些不可能的事，也就是「胡說」的意思，諸如 「東邊落雨，西邊晴」、「嘿嘿，烏雲黑天就滿天星呃（鼓聲）」、「蘇州的鳥有四個黃」之類。

（五）寧都鼓子曲

寧都鼓子曲是一種以口頭說唱為主，配以表演者自己擊節的一種說唱藝術表演，語言為寧都方言。當地人也把寧都鼓子曲叫做漁鼓、鼓文、竹筒鼓等。說唱表演者，以前只一人說，進入新世紀以來，開始編排成多人說唱。

寧都鼓子曲說唱生動，語言流暢，曲調委婉優美。能演繹歷史，說唱故事，描敘人物。其表現力非常強，深受寧都及周邊地區百姓喜愛。每遇婚嫁，喜慶，都會請唱鼓子曲的唱上幾天。寧都鼓子曲，雖然其方言表演帶來了傳承地域的限制，但其說唱語言語氣的輕、重、緩、急，節奏的快、慢，曲調的淒、婉、激越,藝術表現力是非凡的。二〇〇八年五月被列入江西省第二批省級非物質文化遺產名錄。

（六）鄱陽漁鼓

鄱陽漁鼓相傳由湖北傳入，主要流行於鄱陽、樂平、萬年等地。明中期，湖北漁鼓傳入鄱陽，並逐漸形成了以漁鼓、鐃鈸、簡板為伴奏樂器的「三下響」派和以漁鼓、簡板為伴奏樂器的「二下響」派兩種演唱形式，後一種形式流傳較廣。

唱詞多為七字句和十字句，說白用方言韻白，音樂質樸優美，富有水鄉風味，屬板腔體，曲調分慢板、平扳、快板三種。其中慢板包括文韻、武韻和悲韻，分別表示抒情贊美、剛強激昂和哀傷情緒；平板包括平韻、吟韻，用以表達敘事訴說；快板的快調表達急切的心情；急韻連說帶唱，越說越急；行韻是漏板開口的一種快板形式。

其傳統劇目較多，如《珍珠塔》、《毛洪退親》、《二姑娘》、《謀郎記》等，還有描寫鄉土風情和生活勞動的《三矮子攀筍》、《佘老四拜年》等小節目。清末到民國時期，新增大量歷史題材的唱本，像《三國》、《水滸》，還有民間傳說唱本《江豬與白鰭》、《鯉魚跳龍門》等。新中國成立後，編演了《歌唱新中國》、《歌唱黨的好領導》、《婚姻法真好》、《實現四化幸福多》等大量現代曲目，迄今已有大小曲目一百多個。二〇〇八年五月被列入江西省第二批省級非物質文化遺產名錄。

（七）九江清音

九江清音又稱潯陽曲子，根據相關資料記載，最初發源於贛、鄂邊境的蔡山、蔣家營、閔圻列一帶，而在九江獨具一格，形成於清乾隆時期，至今已有三百餘年的歷史。主要流行於瑞昌、都昌、星子、湖口、彭澤、德安、永修、沙河、波陽、景德鎮以及湖北的黃梅、廣濟、蘄春、陽新、黃石、武漢和安徽的安慶、宿松、華陽、銅陵、蕪湖、馬鞍山等地。

乾隆年間，贛、鄂交界一帶的清音藝人隨著商旅客船來到九江，他們順水隨舟，沿江漂泊，遇港登岸，說藝賣唱，以此謀生。當時的茶館、酒店、旅棧、餐樓老板為了招攬生意，用薄資把他們接進店坊，點曲坐席，掛牌招客。有的也就因此而定居九江，並和本地一些清音藝人相互結合，融合九江當地的語言音調，逐步形成獨特風格的清音曲調。

九江清音簡潔優雅、通俗易懂、生動樸實，曲目繁多，曲牌豐富，初時以民間小曲為基礎，後來為了適應聽眾的需要，增說某些戲文中較為複雜的故事情節和表現多種人物性格，逐步發展成為板腔體的曲藝風格。曲目可分三種類別，即：曲子戲文類、小調民歌類、地方戲曲類，其中曲子戲文類多用「文詞、南詞、平板、四板、數板」等套曲來敘說戲劇情節；小調民歌類以獨唱為主，也有對唱、和唱；地方戲曲類在曲目內容和表演形式方面都有不少地方戲曲的因素。

（八）贛州南北詞

贛州南北詞歸屬清音一類，在清道光時期分別由南昌和江浙傳入，流行於贛州、贛縣、南康、大余、興國、於都、安遠、瑞金、會昌等地，以及粵北和閩西南的一些鄰縣。

清乾隆年間，揚州南詞傳入江西，結合湖北黃梅傳來的文曲，形成南北詞。至道光年間南北詞由新建縣的藝人傳入贛州，此後曲目、曲調及演唱形式都有較大發展，形成具有地方色彩的贛州南北詞。

長期以來，贛州南北詞主要是手工業者、店員、公職人員等在親友婚娶壽誕及民間節令之期，於庭院、廳堂中作業餘娛樂性演出，沒有專業藝人。其演出形式是坐唱，演唱者一般是七到十三人，圍坐一張方桌。每人會一種或幾種樂器，分別充當劇中人物角色，邊奏邊唱，夾以道白，常以操鼓板者為主要演員，女角由男演員唱小嗓代替。使用樂器有揚琴、琵琶、三弦、提琴（即二胡，定正反弦）、笛子、鼓板、馬蹄子（小嗩吶）、洞簫、七弦琴（類似古箏）等。

贛州南北詞的唱腔為板式變化體。南詞的曲調輕柔優美，抑揚婉轉，旋律性強，字少腔多；北詞的曲調奔放明朗，節奏緊湊，字多腔少。在一個曲目中，南、北詞很少兼用，但可插用一些小調。小調多為揚州小曲，如「疊斷橋」、「剪剪花」、「銀紐絲」、「照花台」、「鮮花調」等。由於吸收了一些昆腔、高腔、皮簧戲的劇目，南北詞中也保留了部分昆腔、高腔、吹腔、二簧腔的音樂。

贛州南北詞傳統曲目有反映歷史故事和移植戲曲劇目的正曲及反映人民生活細節的小曲兩種。正曲有《春香鬧學》、《陳姑趕船》、《岳母刺字》等；小曲有《王婆罵雞》、《姑娘算命》等。正曲說韻白，小曲說贛州方言。南詞唱詞分八韻、六韻、四韻、上下兩韻等；北詞唱詞以五言、八言、十言、十一言為主，常加附詞「嗯」。一般南詞樂曲優美動聽，抑揚婉轉，旋律性強，唱詞字較少，拖腔較長，往往長至數小節；北詞音樂較剛毅明朗，節奏緊湊，字多腔少。

新中國成立後，新改編了《四郎探母》、《還魂記》、《杜十娘》、《劈山救母》、《梁祝》等大型劇目。二〇〇三年，贛州南北詞古樂隊在福建漳州成立，對贛州南北詞古譜進行搶救、發掘和演奏，使這種古老的民族音樂重新煥發了活力。

（九）新干蓮花落（搖錢樹）

江西「蓮花落（lào）」在歷史上影響很大，主要分布在贛南、吉安、新干、萬安、萍鄉、宜春、鄱陽、九江、鷹潭、景德鎮、撫州等地，尤以新干為典型代表。

新干「蓮花落」又稱「蓮花樂」（表喜慶之意）、「落離蓮」，新春正月裡唱的叫「搖錢樹」、「送祥工」。當地稱「瞎子戲」，是當時盲人乞丐行討而唱的民間曲藝。盲人演唱時大都是兩人一伍，一唱一幫，各手執一常青樹枝，上綴許多紅色紙花，為「蓮花」狀，枝丫間用線串明錢，用於搖動，「嗦，嗦」作響，助打節拍，故名「蓮花落」。

據當地民間相傳，新干「蓮花落」可能起源於宋代，為乞丐藝人從佛教的僧尼化緣、吟誦經文、偈語的形式中學習演借過來，逐漸形成一種乞丐、盲人專有的演出形式。從清末開始廣為流傳，它內容豐富多彩，形式多樣，有精短的頌吉板口、精彩曲折的說課子、還有抒情的小曲小調。它的內容主要是一些神話傳說故事，民間真實故事的改編，還有史料記載等，這些內容多為宣揚佛教，勸人為善，揚善貶惡，因果報應，拜求施舍，吉祥口彩等。

在清末以前，盲人在每家每戶行討時，每到一戶門口便站在門前演唱，多用頌吉板口的形式演唱吉語以討得戶主的歡心，這樣便能得到戶主的施舍了。有時也演唱一些抒情小調，以表達一種謝意或抒發自己的感情，這種演唱稱之為「走唱」的形式。從清末開始，出現了專門從事唱戲文的敘事性「蓮花落」的職業盲藝人，演唱民間故事。其形式也在原來單曲清唱或兩人對唱的基礎上，變走唱為坐唱，由「耍花棍」發展成有胡琴、板鼓伴奏，兼容「說書」的一種演藝形式。這些盲藝人不僅走村穿巷，而且步入了縣城的茶樓、酒樓賣藝演唱，並逐步形成了盲人曲藝組織——「行會」。以「八仙掛圖」作為祖師供奉，訂規立矩，收徒傳藝，相繼出現了金川鎮水磨上朝村帥有輝、瓦橋翠湖村張道龍、神政橋鄉羅家坊易坑村熊繼生和界埠鄉黃家村黃寶蓀等「名角」。

新干「蓮花落」隨著社會的沉浮而幾經波折，直到新中國成立後，「蓮花落」才又開始恢復了它的生機，曾經繁盛一時，新干縣和周邊各地的一些村莊爭相邀請「蓮花落」藝人前去演唱「蓮花落」，直到上世紀八十年代末才慢慢開始消失在老百姓的視線當中。新世紀以來，「蓮花落」曲藝得到當地政府的挖掘和保護，二〇〇六年五月被列入江西省第一批省級非物質文化遺產名錄。

（十）永新小鼓

永新小鼓原名「唱號音」，起源於道情，早期是收容孤寡殘疾的養濟院裡的盲藝人傳唱謀生的漁鼓形式。最初只流行於永新縣境，以後在周邊泰和、井岡山、蓮花、吉安、安福、茶陵、靈縣等地流行。一九五三年改名為「永新小鼓」。

根據當地記載，唱號音約產生於清乾隆年間，當時湖北由於遭受特大洪災，一批漁鼓藝人流落到永新，在大街小巷演唱謀生，逐漸被當地盲人藝人學唱，並把蛇皮製作的漁鼓改用牛皮製作小鼓，用紅繩子繫在腰間，又在左手配上一根小竹棒，右手配上一副小竹板，進行自敲自唱，採用自己熟悉、當地民眾喜愛的拉縴號子、伐木號子、勞動號子及山歌小調融化加工，配成小鼓音樂，所以叫「唱號音」。「唱號音」形成後，一直傳承至今。

永新小鼓（號音）的唱腔跳躍起伏，跌宕多姿，既幽默詼諧，又溫柔抒情，有時帶些口語化。它的曲目語言樸實，唱詞簡練，充分利用當地的大眾語言、通用語言、習慣語、熟語、諺語等，土音押韻，節奏明快。

二〇〇六年五月，永新小鼓被列入江西省第一批非物質文化遺產名錄。二〇〇七年，永新小鼓《寶朵接婆》獲得全國第十四屆群星獎曲藝決賽表演獎。

（十一）萍鄉春鑼

主要流行於江西的萍鄉、宜春、萬載和湖南的醴陵、瀏陽等地。萍鄉春鑼的起源，目前還沒有發現歷史文獻中的確切記載，民間相傳較多的是由「報春」演變而來。舊時，每逢春節過後，報春人身背鑼鼓，挨門串戶去告訴人們當年的農事季節，提醒人們及時播種耕田。隨著時代向前推進，歷書逐漸普及，春鑼的演唱內容開始改變，成為向人們祝賀新年，傳吉報喜，並逐步發展到說唱人物故事的一種曲藝形式。

春鑼傳統形式由一人用萍鄉方言演唱，演唱者身披一黃色綢或布袋，用紅綢繫一面直徑為十五公分的小鼓，鼓邊掛一面小鑼，左手持鼓簽，右手持鑼槌。在演唱之前或間歇之中，演唱者揮動鼓簽、鑼槌，敲打出「咚咚咚嗆、咚咚咚嗆、咚嗆咚嗆、咚咚嗆」的節奏，然後左手用鼓簽擊鼓沿為板，開始演唱。

演唱的基本唱法是七字句，有時為了增加節奏的變化，它也採取戲曲中的垛板滾唱，這些音調與萍鄉方言結合很緊，有濃厚的地方特色。曲詞語言通俗流暢，生動形象，演唱常用誇張手法，曲詞句數不拘，一般是兩句一韻，有時也四句、八句一韻，多屬於詠贊體，都是一事一贊的小段子，即見事贊事、見物贊物、見人贊人。這些贊語上及三皇五帝、忠臣良將，下至三教九流、七十二行，各有曲詞。老藝人多能背誦上百段的春鑼曲詞。過去常演唱的有《贊炭棚》、《贊茶》、《贊五谷》、《贊新店開張》、《贊新婚大喜》等。

新中國成立後，萍鄉春鑼藝人創造了集體演唱的形式，增加了伴奏樂器和舞蹈動作；同時編寫了許多新曲詞，贊美英雄模範人物，諷刺批判人民內部的舊思想、舊習俗，使萍鄉春鑼得到了新的發展，於二〇〇六年六月被列入江西省第一批省級非物質文化遺產名錄，其後在二〇〇八年六月又被列入第二批國家級非物質文化遺產名錄。

（十二）宜春評話

宜春評話作為一種說唱形式的曲藝，是隋唐說唱文學發展成元、明、清的鼓調中派生出來的，為盲人乞丐行討而唱的民間曲藝，形成於清乾隆年間，流行於宜春、分宜、萍鄉、萬載、銅鼓等地。

傳說宜春曾有兩股乞丐幫派，即所謂「東行」和「西行」，兩行都有各自的技藝，「東行」唱評話，「西行」打蓮花落、打花棍、玩蛇等。由於「西行」的乞丐大多數不是盲人，後來逐漸轉成其他行當的勞動者，於是西行這個組織也隨之很快解體。而「東行」的乞丐或送來學藝的小盲人，必須參拜八仙中的曹國舅和張果老兩位尊師，唱評話用的楠頭、漁鼓兩項道具就分別代表這兩位尊師。沒有加入「東行」的盲人，唱評話時只許敲打臉盆，不准擊楠頭、敲漁鼓。這個組織有管理乞丐的頭人，有傳授技藝的師傅，還有掌管收支的賬房。盲人學藝，全按這個行規章法辦事，長期以來經過許許多多民間藝人的創作、加工和教習，逐漸形成了具有宜春地方獨特風格的曲藝流派，故稱「宜春評話」。

宜春評話說唱兼有，以「唱」為主，以「說」為輔，在大段唱詞之後點綴幾句「說」詞，起畫龍點睛之作用。評話筒、小竹片或筷子，構成了宜春評話的說唱道具。藝人在演唱時，左臂托評話筒，左手指夾小竹片或筷子敲擊竹筒，右手則拍擊筒底，以掌握節拍，烘托氣氛。「宜春評話」簡便靈活，通俗易懂，特色鮮明，幽默辛辣，啟迪智慧，植根人民，帶有鮮明的地方性、群眾性、傳承性，在當地歲月漫漫，源遠流長，為廣大人民群眾喜聞樂見。

新中國成立後，在黨的文藝方針的指引下，宜春評話得到了極大的發展，在挖掘傳統的基礎上，創造了大量的優秀作品，一九八九年十一月全國長治杯曲藝大獎賽中，宜春評話《英台繡花》獲創作、音樂設計和表演各三等獎，另有宜春評話《送春》代表江西赴天津參加「首屆中國曲藝節」展演，深得專家、觀眾好評。二〇〇四年宜春評話《小平小道》獲第十三屆群星獎、金獎。二〇〇六年六月，宜春評話被列入江西省第一批省級非物質文化遺產名錄。

（十三）南豐香鈸

香鈸是流傳於贛東地區南豐農村的一種民間說唱藝術，來源於「軍山進香」祭祀活動中的「謁仙」（又稱「唱仙」）儀式。據縣志記載，南豐、宜黃交界處有座軍山，為軍山大帝（漢將吳芮）監兵之地，山上建有「三仙祖師」廟宅。每年初秋的廟會，拜山朝廟者成群結伴，手托香托，口唱贊歌，逢鎮過市，踏歌而行，所謂「謁仙」（也叫做「唱仙」）。「謁仙」由一人領唱頭（前）句，餘者隨聲附和，伴之以銅鈸「叮、且」之聲，藉以和諧聲調，整齊步履。民間藝人借鑑「謁仙」形式而創新出獨具一格的曲藝，便取名為「香鈸」。

南豐香鈸形成後，最初形式為單口表演，光說不唱，只是在逢年過節或大戶人家婚壽喜慶時，藝人手持銅鈸，走村過堡挨門挨戶念上幾句如「香鈸進屋，長財發福」、「手拿香鈸圓又圓，賀喜東家買良田，上買良田到廣昌，下置良田在建昌」等彩詞。其後為適應經常性演出和擴大聽眾面的需要，原來的光說不唱形式逐漸改為以唱時調小曲為主，擊鈸伴奏，演變成無伴奏的走唱形式。發展到後期，隨著一些閒散的戲劇藝人的加入，將一些民間傳說和戲文改為說唱，用揚琴、二胡伴奏，表演形式由走唱改為坐唱，並糅合了南豐《和合》的鼓、鈸敲擊技藝，伴奏也增加了兩面不同形音的皮鼓、笛、三弦等，以豐富鈸的表現力。

唱香鈸也稱「打香鈸」，因需敲打鈸之故。不論什麼內容，總是以「手拿香鈸敲起來，敲得百花滿園開（後改為『紅花遍地開』），花開長流水（後改為『花開春常在』），荷花斗水開（後改為『紅花向陽好』）」四句開頭，叫做「曲帽」或「書帽」。第二段為情節完整的「身子」，包括敘事、描景、抒情，唱腔平整緩慢。結尾唱詞重複曲頭，名為「收場」或「收檔」。全曲詞中以「荷花斗水開」作為襯句，用「呀」、「吔」、「嘞」、「呃」、「個」、「囉喂」為附詞，補助語氣。演唱吐字發音用地方方言，保存了濃厚的鄉土氣息和地方色彩。

南豐香鈸在一九四九年前幾近失傳。新中國成立後，經過挖掘整理，創作了《喜迎知識青年回鄉來》、《貧下中農心向黨》、《紅梅向陽開》、《當年紅軍回康都》等新曲目。

（十四）景德鎮大鼓

又稱「唱傳」，源於安徽淮南大鼓，清末民初開始傳入景德鎮，流行於景德鎮、樂平、都昌、餘干、萬年、九江等地。

清朝同治末年，安徽淮南大鼓藝人張昆山來景德鎮貫家洲擺場說唱，深受當地群眾喜愛。民國初年，其徒劉革早在唱腔道白上進行改革，原淮南大鼓的安徽唱腔和說白逐漸轉為景德鎮地方口音，形成具有景德鎮特色的大鼓。

有說有唱的站唱鼓書為其表演形式，道具是一面牛皮小鼓，無其他樂器伴奏。自打自唱，曲調有書頭、平板、快板等，演唱中可以慢、急、散、剁等形式表達多種情緒。

其曲目多為長篇傳本，傳統曲目有《李三保下山》、《三請樊梨花》、《五虎平西》等。抗日戰爭期間，為配合抗日救國宣傳工作，編演了《中國人民決不受欺辱》、《打倒日本侵略者》等書目。新中國成立後，編演了《紅岩》、《鐵道游擊隊》、《林海雪原》、《野火春風鬥古城》等十餘部長篇，其中也有以景德鎮瓷業為內容的《瓷業技術革新的尖兵》、《童賓跳窯》等。

（十五）瑞昌船鼓

又稱「龍船鼓」，主要流行於瑞昌、九江、武寧等縣。它是在擊鼓說唱的基礎上，吸收當地民間藝術的營養，逐步糅合、融化發展形成的，因其源於瑞昌，後定名為「瑞昌船鼓」。

瑞昌船鼓起源於五月龍舟競渡時演唱的《龍船鼓》小曲。江西古代每年五月端午節，湖濱地區都有龍舟競賽之俗。賽前各龍舟隊抬著龍船頭，鑼鼓導至各戶灑淨禳災，唱「太平歌」小曲。清乾隆年間，瑞昌各地都有傳唱，逢婚、壽喜慶，游方藝人登門說唱船鼓，借以求乞討彩。龍船鼓因此由沿江濱湖水鄉流傳到偏僻山區，龍船鼓詞以一種曲藝形式的名稱保存下來，簡稱「船鼓」。

其演唱形式，開始時為一人站唱，後來發展為一唱眾和。演唱者自帶大約高三尺的木凳一條，凳上裝木舟一只，高一尺，長四尺許，船頭為一單面鼓和小馬鑼。唱者敲鼓擊鑼伴奏，邊說邊唱，說唱結合，以唱為主；完整的唱段由曲頭、正面、曲尾三部分組成。句式對偶反覆，四六成段，音樂樂句與樂段銜接，唱用平嗓，說為韻白，一句之中，或說或唱，一字一板，字字清晰。另有一種句尾用人聲幫腔，一人領唱，眾聲幫和。唱用本嗓，白為韻白。樂器早期有單面鼓、小馬鑼、嗩吶。新中國成立後，增加了二胡、高胡、笛子、琵琶等，但始終以擊鼓說唱為主，保存了地方風格。

瑞昌船鼓的傳統曲目有《鬧端陽》、《花朝歌》、《拜新春》、《觀音送子》、《天官賜福》、《王母上壽》等，多為小段。新中國成立後，創作了一些新曲目，如《五百里井岡展新顏》等。[74]

（十六）於都古文

於都古文形成於明末清初，至清道光年間開始盛行，主要流行於於都縣及周邊地區和鄰近的湖南、福建、廣東一些城鄉。演唱者多為盲藝人，以演唱「古戲文」改編的曲目為主，因而簡稱「古文」。

於都古文以唱為主，說唱結合。因大多由一名盲藝人獨自完

74　《瑞昌縣志》卷二十《文化》第二章《文學藝術》第一節，戲劇、曲藝，新華出版社一九九〇年版。

成表演，所以在服裝、道具方面沒有複雜要求。唱腔因伴奏樂器的不同而各具特色，樂器一般為勾筒（贛南地區的一種絲弦樂器）、二胡、竹板、梆子、漁鼓、小鼓等，有時也會出現嗩吶，有的藝人甚至身兼數職，將多種樂器巧妙地結合在一起，充分地運用四肢對其進行演奏，令觀眾嘆為觀止。

舊時的古文藝人，都沿襲傳統的唱法，一般以「自從盤古開天地，一朝天子一朝臣」為開場白，後來逐漸發展為以「十八搭」為序幕。所謂「十八搭」就是演唱者根據聽眾對象，結合當時時宜，針對性地來一段小唱，以此安定和吸引聽眾，然後引出曲目、人物和揭示主題。緊接著轉入正本。演唱者借助面部表情、聲調唱腔，真實細膩地描述山川萬物，抒發喜怒哀樂，渲染環境氣氛，評述功過是非。在樂器的伴奏下，唱中帶說，說中有唱，為了表現故事中人物的性格，在道白時，藝人要喬裝男、女、老、少性格和口音的不同，分別敘述，有時還會用樂器模仿活動時發出的不同聲音，如敲門、切菜等。從而，把故事情節、人物的音容笑貌等淋漓盡致地展現在人們面前，強烈地感染聽眾，使他們能夠備感逼真、親切，產生共鳴。

改革開放以來，於都古文瀕臨絕響，在當地政府的搶救和保護下，二〇〇六年六月被列入江西省第一批省級非物質文化遺產名錄。

於都古文在清末時流傳至會昌縣境內，成為當地民間傳統曲藝之一。其「古文」說唱的表演者也多為生活艱難的盲人，用之作為謀生的一種手段。曲、詞均由師傅口授，雖有腳本，但隨意性很大。說唱時用簡板或二胡伴奏，唱詞一般為七字句或十字句，多用土話俗語演唱；有固定的曲牌，調子低沉委婉。主要唱本有《賣花記》、《梁四珍與趙玉麟》、《珍珠塔》等。[75]

（十七）筱貴林南昌諧謔故事

萬笑林（1915-1986 年），藝名筱貴林，是江西近代民間文化史上著名的滑稽評書藝人。其藝術影響力遍及閩、浙、贛、雲、貴、川以及上海等省、市。經常深入廠、礦、農村為群眾演出，形成獨具一格的藝術風格。他的滑稽笑話表演有很深的造詣，在民間享有極高的聲譽。其子小筱貴林等藝人繼承並發展了父輩的表演藝術，將這一民間文化予以傳承。二〇〇八年五月被列入江西省第二批省級非物質文化遺產名錄。

此外，各地還流傳著許多其他曲藝曲目，主要有如寧都道情、吉安道情、南昌清音、景德鎮道情、景德鎮蓮花落、萍鄉蓮花落、撫州話文等等，反映了各地社會文化面貌，具有濃郁的地域特色和風情。

五、民間雜技與競技

雜技與競技包括傳統武術、競技、遊藝、雜技、雜耍等，這些項目有悠久的歷史傳統，早在新石器時期，原始人類於狩獵中形成的勞動技能和自衛攻防中創造的武技與超常體能以及在獵獲

75 《會昌縣志》卷二十七《文化》第三章《民間文藝活動》第三節，其他文藝活動。

和勝利時進行的休息娛樂的技藝表演等，是民間雜技與競技的起源。

雜技與競技根植於民間沃土，來源於五花八門、繽紛多姿的現實生活，是人們生活技能和勞動技術、體能技巧的提煉和藝術化，深受廣大民眾歡迎。在其發展過程中，早先基本上是源於東教、巫術、勞動或軍事的一些儀式活動，有的作為人們的消遣娛樂活動，有的成為人們謀生之需，有的作為對祖先神靈的崇拜祭祀禮儀等等。

就演藝人群來說，可分為成人表演活動和青少年及兒童表演活動以及混合表演活動等，一般少年兒童參與的主要是遊藝、雜耍活動。

流行於江西各地的民間雜技與競技項目主要有：舞龍戲獅、劃龍船、踢毽子、跳繩、打陀螺、打七子、滾環、跳房、褲襠棋、武術等等。

（一）舞龍戲獅活動

舞龍或舞獅是中國具有悠久歷史的民俗傳統活動，主要在年節喜慶之日舉行。民間認為龍掌管著人間的降雨，人們舉行舞龍活動主要是祈求風調雨順、五穀豐登；獅子為百獸之尊，古人將它當作勇敢和力量的象徵，認為它能驅邪鎮妖、保佑人畜平安，人們舞獅以祈望生活吉祥如意，事事平安。

江西各地舞龍戲獅習俗非常盛行，在逢年過節和迎神賽會中的舞龍舞獅活動非常常見。人們把舞龍燈獅子的活動當作迎新春的吉祥之兆，從年初一起，一直到元宵節後，都有舞龍燈獅子的活動，伴隨著鑼鼓、鞭炮進行表演，熱鬧非凡。

在不同的地方舞龍習俗不同，有舞布龍的、有舞龍燈的、有舞草龍的，在顏色上可分為金龍、青龍、黃龍、花龍、彩龍、雙龍搶珠等，龍頭龍尾龍身分作七節、九節、十一節、十三節不等。舞動起來，首尾相應，整條龍不斷翻騰，活像栩栩如生的真龍在游動。由於撐龍人動作靈活、舞藝高超，加上有節奏的鑼鼓樂器聲，在旋律音響中配合得緊湊，龍頭不斷地舒展頭角，龍身不斷地跳躍翻騰，尤其顯得精彩、生動。

舞獅隊有雙獅隊、單獅隊、雙獅滾球、單獅爬竿頂等等。舞獅時，一般由兩人扮大獅子，由另一人持彩球在前引逗，進行抖毛打滾、騰轉跳躍等多種表演，表演程式有諸如「黃龍纏柱」、「滾龍」和「雙獅搶紅」等高難度動作。舞獅隊員一般都有相當的身手，通常在舞獅完畢後，還會進行一些武術表演，有耍刀、槍、劍等諸般武器，也有赤手空拳上陣，翻筋斗、跳桌凳等等。

人們在舉行舞龍舞獅活動的同時，通常也會舉行諸如彩龍船、蚌殼燈、踩高蹺、打拳、花燈、唱戲等活動。春節期間，主要是在初七日後較為流行，這些活動有的在下午舉行，也有的在晚上舉行，並串家走戶，家家戶戶放鞭炮迎接，以祈驅禍降福、興旺發達。如在景德鎮：

> 初七以後，花燈上街。名目有龍燈、旱船、走馬、打獅子、打蚌殼，每天晚上有十幾或幾十伙。街上摩肩擦背，人山人海，鑼鼓、嗩吶、鞭炮聲不絕於耳。店鋪爭相放鞭炮，每放一陣鞭炮，龍燈便滾了起來。龍燈過後，耍獅子，唱踸

船。從初七到元宵，街上鞭炮屑堆積如山。[76]

元宵這天，各地城鄉民眾在當晚大都會鬧花燈，俗稱「鬧元宵」。人們舞龍燈、耍獅子、搖採蓮船、耍蚌殼舞、挑花籃燈、演戲唱歌等等，大鬧花燈，到處爆竹轟鳴，鼓樂喧天，燈會直到半夜才散，有的甚至通宵達旦，許多表演還會走街串戶。

各地的花燈各式各樣，有龍燈、板凳燈、關公燈、採蓮燈、鰲山燈、蛤蚌燈、車燈、船燈、採茶燈、馬燈、橋燈等。如在南昌，有舉板凳燈之俗，人們將二三只內燃蠟燭的燈籠綁在一塊木板（或板凳）上，再把板連接在一起，每一木板由一人舉著，首尾兩端加紙紮的形似龍頭龍尾的燈籠，參與游行起舞。它最長由一千多條板凳組成，有一千多號人，起舞時整齊統一，十分壯觀；灣裡區太平鄉的關公燈，由一百節毛竹組成，每節毛竹上插有小山竹製成的各式燈籠，十分好看。

崇仁縣航埠、沙堤、六家橋、河上、東來、三山等鄉，一些大族村落也存在「舉條燈」習俗，人們用一條長約五尺的木板，兩端挖孔，板上綴四至六個方（圓）形燈籠，內燃蠟燭，每人肩負一條，用木棒把兩條板燈的孔洞互相連結，首尾另加紙紮的形似龍頭龍尾的燈籠，像一條紅色透明的長龍。長的條燈達數百米，約有四五百條板燈，晚上行進在田墩上，蜿蜒曲折，伴以鼓

76 王雲翔：《春節話舊》，《景德鎮文史資料》第八輯，樂平縣印刷廠一九九二年印刷本，第152頁。

樂齊鳴，鞭爆喧天，有如金龍出岫，蔚為壯觀。同治《崇仁縣志》曾有記載：

> 元夕，各於內外門首張燈，好事者復為火龍、鰲山、鳳鶴、滾球諸燈，佐以鼓樂，沿街游行，競賽爆竹。[77]

在龍南、尋烏等縣，人們盛舞香火龍，即在用稻草紮成的每節龍身上插滿燃著的線香，配上鼓樂，挨戶舞龍朝拜，各家各戶紛紛取下原插的香，換上新燃的香，以求吉利。在南康、大余諸縣還有舞「青菜龍」的習俗，即在大菜（芥菜）芯中插上香火，在野外狂舞，意在去災免禍，祈求人畜平安、五谷豐登。

> （尋烏）上元，十一至十七夜，家門張燈，剪羅彩紙紮為之，仍扮龍獅、故事諸劇，笙笛、鑼鼓喧天震地，看燈者填街塞巷，所謂預祝豐年也，與他邑無異。[78]
>
> （南康）上元前數日，懸燈為樂，或用竹絲織為龍，分五節，曰「龍燈」，張以為戲。[79]

在豐城市，位於贛江西岸的隍城鎮清溪村一帶流行一種當地

77 道光《崇仁縣志》卷二《疆域志・風俗》，道光元年刻本。
78 光緒《長寧縣志》三卷《政志・風俗》，光緒二年刻本。
79 同治《南康縣志》卷一《風俗》，同治十一年刊本。

獨特的民俗節慶活動——梅燭，於每年農曆正月十三晚舉行。它起源於唐代初年，相傳有一條金角老龍因觸犯天條將被玉帝斬首，監斬官為當朝天子李世民。老龍在鬼谷先生指點下，向宰相魏徵求救。魏徵便在執行的午時三刻約唐太宗下棋。由於魏徵棋法不精，被唐太宗一著棋難住。正當魏徵苦思冥想時唐太宗睡著了，於夢中斬了老龍。老龍向魏徵索命，魏徵只好向唐太宗說明情況，唐太宗為了安慰魏徵，下令每年元宵節舞龍以超度金角老龍，成為後世習俗。

據記載，清溪村民為西平王李晟後裔，繼承和發揚了梅燭活動。梅燭的梅表示迎春，燭表示光明和紅火。按照祖輩傳下的規矩，梅燭形式就是板凳龍，一戶出一條板凳一名男丁，每條板凳上有三個燈籠三支燭，互相以「丫」行木銷連接長龍。最前面是兩位端禮盤、點檀香的禮生開道，過去是由穿長衫戴禮帽的文明人擔當，表示此舉是文明活動；其次是頭鑼和頭燈，再是四個燈籠，還有包括全副吹打的樂隊。接下來是梅燭頭，也就是龍頭，由五人抬舉，兩邊有兩個手持鋼叉的壯漢，他們的職責不是保駕，而是挑開路上的樹枝和電線。再往下就是長達一裡的浩浩蕩蕩的梅燭隊伍，最後是梅燭尾。過去梅燭尾後還會抬著許真君神像壓陣。梅燭隊伍所到之處，家家戶戶便會燃放煙花爆竹、點香燭迎接。梅燭活動一直沿承至今，現在村裡有三百條板凳，近一千只燈籠。二〇一〇年六月被列入江西省第三批省級非物質文化遺產名錄。

豐城市的舞獅活動習俗也非常普遍，其中「岳家獅」享譽省內外，並於二〇〇六年六月被列入江西省第一批省級非物質文化遺產名錄。岳家獅的形成歷史可追溯到宋代，以岳家拳的歷史沿革為主，岳飛遇害後，岳家軍散兵游勇分布甚廣，在各地傳習岳家拳。[80]明代豐城籍愛國名將鄧子龍在學得岳家拳後，曾在家鄉鄧家村施教，將本地「字門拳」與岳家「硬門拳」有效地糅合為一體，獨創了「岳家獅」，其後在新建、安義、崇仁、清江等地廣為流傳。

（二）劃龍船活動

劃龍船也稱鬧龍舟、賽龍舟，是端午節的一項重要活動，在中國南方十分流行。關於它的起源，有傳說最早是原始社會末期古越族人祭水神或龍神的一種祭祀活動；也有傳說稱其是為了紀念詩人屈原而興起的，相傳起源於古代楚國人因舍不得賢臣屈原投江而死，許多人劃船拯救，他們追至洞庭湖時仍不見蹤影，因此每年端午賽龍舟以紀念他。賽龍舟是一項融合民俗、競技、娛樂於一體的體育項目，是一項集眾多劃手，以單片槳葉作為推進方式，利用肌肉力量向船後劃水，推動船體向前的集體競技運動。

每年農曆五月初五日是中國傳統的端午節日，江西地區多數把這一天稱為「過節」，有「小孩喜歡過年（春節），大人喜歡過節（端午節）」的說法。

80　劉宇：《論江西豐城岳家獅的武術淵源、功能價值及開發保護》，《農業考古》二〇〇九年第三期。

端午期間，除了吃粽子、插蒲艾及灑雄黃酒外，江西各地靠近河流的村鎮還常進行龍舟競賽，俗稱「劃龍船」，縣城更為隆重，一直沿承至今。在過去時期，龍船下水前，會舉行祭祀儀式。初一正式下水開劃，初二休息，初三到初五為競渡盛期，鑼鼓聲十里相聞。豐城縣有「初一劃，初二歇，初三初四劃到節」的民謠。

修水縣龍舟大賽龍舟比賽中，一般規定以先到達指定目標為勝者。各地的龍船大小有異，但都經過精心裝飾。萍鄉一帶參加競賽的龍舟可容納十餘人，並以紅布纏住木製龍頭，插在船頭，劃手各持一槳，排坐兩側，另有指揮一人，鑼鼓手一人，號令一發，龍舟就如離弦之箭，破浪爭先。在南康縣，龍舟是以特製小船套上雕塑精致的龍頭、龍尾製成的。劃船者身著色彩鮮豔的統一服裝，手持小木板，在船尾有一個人負責打棹，然後以船上的鼓、鑼的節律來指揮，統一劃船動作。

在南昌市安義縣，石鼻鄉、萬埠鎮和龍潘鎮的龍舟賽，自明朝以來就相當出名。每年五月初五，大人小孩都會成群結隊地圍觀在潦河兩岸，等待各村各鄉的龍舟賽開始。大約在上午九時，潦河裡的龍舟爭先恐後地朝前猛劃。龍舟有的為黃色、有的為紅色、有的為黑色，還有白色的、綠色的，使二百米寬的潦河上構成一幅五彩繽紛、絢麗壯觀的圖畫。古人有竹枝詞為證：「五月榴花五月紅，雄黃角黍盡古風；絲絲繡出兒童佩，萬埠龍津封棹中。」[81]

在高安市，打製龍舟時，要請打製龍舟的木匠舉行祭祀儀式。待新龍舟做好後，須將龍舟順轉過來，再用紅、黃、藍、白、黑種顏色疊成的五彩布分別釘在龍舟頭的兩邊，捉一隻大公雞割開雞喉，對准龍舟的中心主梁點雞血，俗稱此為「祭梁」。祭梁之後木匠須唱彩詞：「一進船頭生百福，二進船頭狀元紅」等吉利語。等吉利話講完，東家須付給唱彩詞的木匠一個紅包，以謝他的良好祝願。

每年五月初一，參賽龍舟下水訓練。按舊俗，龍舟下水前要設壇舉祭方可開始劃動。高安縣的龍舟賽場設在錦江，五月初五，方圓幾十里的人們早早雲集在錦江兩岸。開賽時，鑼鼓喧天，百舸爭流，場面十分壯觀。兩岸則是喊聲震天，掌聲雷動，為參賽人助威。

按傳統的習俗規定，製好的龍舟和參賽完的龍舟由各廟會或龍王會管理，每年從農曆四月開始，劃龍舟的參賽者所在的「龍王會」便會抬著「龍王爺」（為木雕）到鄰里募捐，募捐回來後要將「龍王爺」放置在祠堂當中，由抬龍王的人依次朝「龍王爺」燒香叩拜。各村所募捐的錢和穀物留待端午日龍舟賽時用。

分宜縣洋江鎮的劃龍船活動也非常盛行。洋江鎮地處楊溪和袁河的交匯處，形成自古至今的洋江端午節龍舟競賽傳統體育項目。各村鎮的龍船平時都放在各姓宗祠當中，每年當離端午節還

81 同治《安義縣志》卷一《地理志・風俗》，同治十年刊本。

有半個月時，人們就先後將龍舟抬出至河中進行試水補漏。到賽龍舟之日，河岸兩邊到處都圍滿著人群，鑼鼓聲、吶喊聲震耳欲聾，組成一幅龍舟競渡的熱鬧場景。長期以來，當地龍船形成了很多傳統習俗，如造龍船用的木材一般都用一抱大的杉木製成，而且木料是從別村的山裡「偷」（一般會先打好招呼，事後補錢或者互相砍伐）來的，砍好後幾個人抬著木材使勁跑，木材主人在後面追著，意為「溜得快」。龍船造好後，慶祝新龍船下水時要舉行慶功宴，邀請在外地做生意和做官的村人回來，並放鞭炮慶祝。造好的龍船在橈子上都會寫上本村的名號，船中間和船艄也會有書寫著本姓氏的大旗。

洋江龍船還有巡游的習俗，巡游就和走親戚是一樣的，龍船經過哪個村，鄉親或村裡管事的人都要到河邊來看，遇見相好的村莊或同宗姓的村子都要放鞭炮迎接，表示友好，如果這個村有龍船村出嫁女子也要放鞭炮迎接，歡迎娘家龍船到訪。只要岸上一放鞭炮，龍船也要進行表演賽或友誼賽，同宗姓的村子還要準備包子、飲料、煙酒招待。

洋江龍船還有朝聖的習俗，到下游離洋江鎮三四十里的昌山廟朝拜龍母娘娘，祈求風調雨順，平安順利。一般來回需要六到八個小時，故對橈手和舵手的體力經驗都有要求，有時在淩晨兩三點鐘還能聽到江面上傳出的返舟的鑼鼓聲。二〇一〇年六月，分宜賽龍舟被列入第三批省級非物質文化遺產名錄。

（三）民間武術

民間武術又稱社會武術。江西民間武術歷史悠久，源遠流長。雖然沒有少林寺和武當山，但江西的「字門」和「五百錢」等絕技卻同樣在中華武術中留下了不朽的傳說。其淵源流傳已不可考，相傳一起源於武當，一起源於少林。

江西民間武術種類主要包括字門拳、硬門拳和法門拳三類，這三種拳術風格各異，卻又相互糅合，形成了風格獨特的江西南拳。另外，紅拳、板凳、大刀等種類也慢慢流傳至江西並得到發展。

字門拳因是以若干字為其要訣的技擊打法而得名[82]，其源傳不詳，傳說是依鷹蛇搏斗之巧創成。它是一種練拳與練氣相結合的拳術，講究外練手、眼、身、法、步，內練精、氣、神。因此，盡管字門拳「文人弱士皆可練習」，但要練好並且能夠在散打中應用並不容易。

「字門」包括「殘字」、「推字」、「援字」、「奪字」、「牽字」、「捺字」、「逼字」、「吸字」，還有「練頭」、「袖珍十八法」、「八法纏絲手」、「對練」等，流傳絕技有撲地吹灰、頭子手、臘八角、小手、三翻六並等。相傳字門拳中有一套點穴術，名為「五百錢」，其名稱起源於清康熙年間開傳之時，徒弟先交五百文銅錢學點死（下手），後交五百文銅錢學點生（收手），故名「五百錢」。在江西主要分有清江、高安、豐城三支，傳說這種點穴術十分厲害，不僅可以讓人半身不遂、七竅流血，而且下手之人

82　郭儀：《淺談江西客家「字門拳」和「硬門拳」》，《搏擊》二〇〇四年第十二期。

還可以設定發作時間，故一直為民間所忌憚。二〇一〇年六月，江西字門拳被列入江西省第三批省級非物質文化遺產名錄。

硬門拳相傳為北宋抗金名將岳飛所創，故又名「岳家拳」。此拳以猛打快攻、剛勇剽悍、拳勢激烈、以勢逼人等特點而深受人們喜愛，流行全省各地。

硬門拳的主要技術內容有拳術、器械、基礎訓練及散手，形成完整的體系，在江西武林中占有重要的位置。拳術套路以四門（包括四門紅拳、四門滾肘）、叉步、吞吐、猛虎下山、五虎下西川、八虎闖幽洲、八門解鎖、雙喜、勾白、霸王飲酒、落地金鉤剪、床封手、九蓮、萬法歸宗、金蟬脫殼、五馬歸曹、四對手等套路流行最廣。

硬門拳主要在豐城、宜春、萍鄉、高安、宜春、萬載等地流傳，如豐城市自古武風尚行，素有「河東獅子河西槍，南門拳腿北門椿」譽稱，無論獅、槍、拳、椿，均與岳家拳有著密切的歷史淵源。

另外宜春市袁州區南廟鄉也是硬門拳的盛行之地。當地群眾的武術活動起於唐，盛於清，普及於新中國成立後，到如今有數百年的歷史，為中國著名的「武術之鄉」。

南廟鄉武術淵源深厚，秉承的是祖傳父教的傳統，據當地不完全統計，在現有二萬餘人中，有近三分之一人數練習了武術，湧現出了諸如「南拳師」袁平生、「六肘王」劉聖生等著名拳師。二〇〇六年九月，在山西省運城市進行的全國「億萬農民健身活動」先進鄉鎮民間傳統武術大賽上，南廟鄉的袁平生、劉聖生、彭芳三名選手代表江西省參賽並取得了優異的成績。其中袁平生的「南拳四門」獲得男子傳統南拳第二名；劉聖生的「南拳六肘」獲得男子傳統南拳第四名；彭芳的「南拳六肘」獲得女子傳統南拳第二名等。二〇一〇年六月，南廟武術被列入江西省第三批省級非物質文化遺產名錄。

萍鄉市上栗縣自古以來尚武之風也非常盛行，為我省另一著名武術之鄉，當地流傳著「上栗人人有打（即武功）」的俗諺。

法門拳又稱趙家拳，其源傳不詳，據說是以字門八法為基礎衍生而成的，它引進了字門拳的刁鑽手法，糅進了《袖珍十八法》的技擊精粹，故又稱「法字門」。法門拳主要拳術套路共有十八趟，名為單貫、雙貫、溜馬、二防、大金絲、小金絲、三角抖、連環步、順開拆、反開拆、五虎穿襠、蝴蝶撲地、木牛分筋、開胸破曹、走馬圓滾、落地開花、拉弓出殺。其中有些套路還配以反套路，這樣一正一反，既可進行單練，又可進行對練。但民間師父對於反套路一般不全部傳出，只傳授其中的一部分。

法門拳在技擊上要求「以靜制動，以守為攻」。還要求「彼不動，我不動，彼欲動，我先動；先化後發，連消帶打，引前動後，逼勢取逆，掛角踩邊，左右連環」，在江西南拳中占有很重要的位置。

法門拳在江西各地流傳甚廣，尤其在南昌、清江、豐城、高安、新干等地更為盛行，且代有高手，在當地名聞名遐邇的「贛江三龍」郭子龍、朱子龍和鄧金龍就都是法門拳壇上的佼佼者。

這三門拳在江西各地流傳甚廣，尤其在南昌、清江、豐城、高安、新干等地更為盛行。很多村都保留下來的團教習俗，器械豐富，並有多人殺陣的陣法，如七星陣，四門陣等。

另外，江西各地民間還流傳有南拳、少林拳、少林器械、太極、八卦、形意等，其中還有南、北兩拳派的暗器：飛刀、飛鏢等。

此外，民間舞獅（又稱「打獅子」）活動夾雜著民間武術的成分，是民間武術雜技中的一種集體武藝，其中豐城市「岳家獅」當為其中的代表。「岳家獅」發源於豐城市杜市鄉落星橋獅子鄧家村，為明朝著名愛國將領鄧子龍所創。鄧子龍幼年曾師從明嘉靖著名學者、「岳家拳」傳人羅洪先，得「岳家拳」真傳，隨後以「打獅子」的形式，將本地「字門拳」和「岳家手（硬門拳）」有效地糅為一體，創立了「岳家獅」。

「岳家獅」貫穿的民間武術藝海無邊，可謂「獅子一吼，氣壯山河。」 獅舞時，為進一步展示武功，先表演岳家槍、岳家鎚、岳家拳以及各種刀刃、棍棒、九節鞭、板凳等。舞獅之人大都是身懷武術，表演靈活激烈，將武術與藝術糅為一體，兼具民間舞蹈、武術與雜技的風格特徵。

（四）「裝故事」習俗

「裝故事」是一種古老的民間表演形式，是抬著「臺閣」古裝人物踩街、巡游的一種大型民俗活動，具有濃厚的藝術品位，屬於臉譜化、服裝化的娛樂戲，主要反映過去人們生活中所發生的典故、傳奇或具有詩情畫意的事情。千百年來，這種習俗活動一直延續傳承，流行於江西許多地方，特別是客家族群居住地更為盛行。

這種流傳千百年的奇異民俗，是民間吉慶活動的形式，以此祈求風調雨順、國泰民安。因小孩身輕，天真可愛，一般由村裡掌事的長者挑選十歲左右的男孩女孩，裝扮成傳說中神話故事、古典戲曲裡面的人物，化妝後的「故事人物」坐在花布、彩紙、剪彩等吉祥圖案裝飾好的「故事棚」裡，或站在特製的架上表演，由大人抬著游街串巷，成為民間喜聞樂見的傳統習俗。

這種民俗活動在各地稱呼稍有不同，如瑞金縣稱之為「春色」，南康縣稱之為「抬毛老爺」或「扛故事」，寧都縣稱之為「裝故事」、「裝古史」、「樣故史」，樂安縣稱之為「裝故事」，尋烏縣稱之為「抬故事」，等等。其活動日期各地也存在差異，如在寧都、南康、尋烏、瑞金等地一般都是在春節期間主要是在元宵節舉行，而在樂安縣湖坪村則主要是在八月中秋節前後舉行，有些地方在農曆六月初六舉行，等等。明清時期，贛閩粵客家源流區多有立春前一日扮春色、抬故事，作為迎春祭祀巡游活動的前導，後又將該活動延伸到祭祖、打醮、賽會等節日當中。

寧都縣的縣城、田頭鎮、長勝鄉、大布村、小源村、東山壩鄉等都有元宵期間「樣故史」的習俗，尤以田頭最盛行，已經有二百多年的歷史。每年的正月十五元宵節，人們都會用「抬故事」的形式來慶祝元宵節，並以此祈求風調雨順、國泰民安。

「故事」人物概由五到八歲聰明、膽大的男女兒童化妝擔任，妝扮成傳說中神話故事、古典戲曲裡面的「故事人物」造型，或者是戲劇節目中某一情節，如《斷橋》、《牛郎織女》、《孫悟空》、《秋江》、《梁山伯與祝英台》等，坐在彩紙、剪彩等吉祥圖案裝飾好的「故事棚」裡，由大人抬著游街串巷，配以高蹺、花船、蚌殼、鑼鼓、龍燈和樂隊相隨，鑼鼓喧天，熱鬧非凡，時間長達二三小時。

「抬故事」開始的地方是老街上的城隍廟，被選中的「抬故事」孩子們早早化好了妝等在那裡，在游行的過程中還伴有踩高蹺、鑼鼓樂隊。故事「抬」在圩鎮上，每走一段路，隊伍都會停下來一會，為大家表演一些節目，有搖花船、烏龜和河蚌之類的節目。從上午十點左右一直持續到下午一點多鐘，最後返回城隍廟。

樂安縣湖坪鄉湖坪村「裝故事」習俗活動歷史悠久，起源於北宋時期，迄今已有一千多年的歷史，盛行於明萬曆朝以後。由於湖坪村為單一王姓村落，是全縣最大村莊，故其活動也稱為「王氏大湖坪裝故事」。

湖坪村「裝故事」活動從農曆八月初九晚上起開始裝演，白天逢街裝演，一直到八月十五晚上結束。「裝故事」的表現形式是從八月初九至十五，王氏族長和頭人，在本姓家族有一定身份的人家挑選數十名一到三周歲兒童，穿上不同的戲服，戴上所演歷史人物的臉譜，盛妝打扮成「故事戲」主角，分別紮坐在各台木製的「故事」架上。「故事」架分兩層，上層須是女孩，下層男女不限，每台「故事」設一個「故事」架，「故事」架上面由二到三個小孩扮演不同的角色。

「文革」期間，湖坪「裝故事」習俗活動衰敗，改革開放以後，特別是進入新世紀以來，在各地政府的重視和保護下，這項民俗文化活動重放異彩。二〇〇八年六月，湖坪「裝故事」民俗活動已被列入江西省第二批省級非物質文化遺產名錄。

（五）踢毽子

這是江西各地很流行的一種娛樂活動，老少咸宜，少年兒童尤其喜愛，可自娛自樂，可兩人、多人對賽，也可一人對多人競賽，特別在冬天也是一種鍛煉身體的方式，至今在鄉村還較為流行。活動時間長短不限，使用的場地也可大可小。

> （南城）兒童臘月解館，相率剪紙或雞羽、羊皮為毽子，三五團踢，以較勝負。蓋時既寒冽，懼小兒血脈不運，故為此，以動蕩之也。[83]

毽子有用銅錢和雞羽毛紮成的雞毛毽，也有用紙剪成條絲狀後紮成的紙毽。比賽時以毽子不落地，踢得多為勝。在踢時，往往會穿插花樣踢法來增加難度和顯示技巧，增添趣味，如沉、懸、跪、卡、邊、托、尖等踢法，還有左右開門，頭頂手托等技巧。一般用腳踢，也可用手、腳、背、胸、頭、膝蓋、腳尖、腳跟、腳側、腳背等結合交接著踢。各種接傳的姿勢和動作讓小小的毽子在身體前後上下飛舞，趣味盎然。

（六）跳房

也稱為「踢房」，有「手拎子」跳和「腳踢子」跳兩種。這

83 同治《南城縣志》卷一之四《風俗》，同治十二年刊本。

是各地少年兒童喜愛的一種游戲娛樂活動，尤其是在廣大鄉村更為盛行，主要是在秋冬季節玩耍，也是一種鍛煉身體的方式。

在進行游戲前，先用粉筆或泥塊、石子在地上依次連結畫好九個正方形或長方形格子，裡面按順序編上數字一到九，最後在第九個格子後面連結畫一個大圓，上面寫十（天堂）。

跳房用小石子或瓦片作為工具。「手拎子」跳時，其規則主要有以下幾個步驟：（1）站在起跳處，將小石塊丟進數字一的格子裡，丟進去才有資格開始跳。

（2）單腳（另一腳彎起）跳進數字二的格子，然後依格子數一直單腳跳到最後的「天堂」。跳的過程中腳不可以落地，一落地就犯規，不能再跳，只能等下一輪。但是途中如果經過並排的格子以及「天堂」時，可以雙腳著地。

（3）其後以單腳跳方式由「天堂」再依序往回跳。

（4）跳回到格子二時，彎身撿起格子一中的小石塊，接著再依序跳回起點，算跳好了第一間。

（5）再將小石塊丟向數字二的格子裡，丟進了就反覆第一次的動作，若沒丟準或是犯規，就換下一個人玩。

（6）依次跳完九間後，就有權利進行「買房」了，方法是背向格子，把石塊擲入任何一個空格內，該房子即屬於你，寫上自己的名字或代號之後，其他的人在跳躍時就須跳過此格，不可以落腳在你的房子內，但是房子的主人可以兩腳並立。

（7）全部房子都被買完之後，擁有最多間房子的人就是大贏家。

「腳踢子」跳規則與「手拎子」跳相同，唯一不同點是前者要用腳將石子一格一格或者數格連踢，而後者則不需用腳去踢石子（瓦片）。

無論哪種跳法，如果未按順序丟中子，或子壓線、腳踩線，或應單腳跳時另一只腳踏地等，都算跳壞了，應換另一人跳。等輪回到自己跳時，再從跳壞的那間開始接著跳，先跳完者勝。

（七）跳繩

跳繩也是各地青少年喜愛的一種體育游戲活動，常在戶外進行，可分為跳短繩和跳長繩。

跳短繩基本上是個人游戲，也可以一根短繩兩人跳，其中一人是主跳執繩，另一人貼近主跳隨著主跳揮繩節奏在繩圈內跟跳；此游戲最多也可三人跳，即在主跳的身前身後各跟一人合跳。此游戲講究個協調，由於繩圈小，跟跳者必須默契配合，盡量貼近主跳，但又不能靠上，影響起跳。單人跳繩可分賽花式和賽體能：賽花式有正跳、反跳、雙飛、三飛、麻花跳和上面介紹的多人跳等等；賽體能的可以分比速度的計時計數制和比耐力的不計時計數制。

跳長繩是集體游戲，兩人揮繩，參加跳的人數不限。有揮單繩和雙繩之分，雙繩游戲對參跳者難度較大；比賽也可按計時和不計時兩種方法來計數，一般以不踩絆繩，跳得多或跳得久為勝。

（八）打秋千

秋千，又稱「半仙之戲」。秋千相傳是春秋時齊桓公由北方山戎傳入，另一說起源於漢武帝，為漢後庭之戲。隋唐時期，此戲為皇宮內宮女所好，後來在各地民間盛行起來，成為青少年喜愛的一種娛樂游戲。

其構成，在支架或樹枝上懸掛兩繩或藤，有單根、雙根兩種，下掛橫板。活動時，人於橫板上或坐或站，兩手握繩，借勢用力，使之前後擺動，越蕩越高。比賽時以蕩起的次數多少或騰起的高度大小論輸贏。

（九）瞎子捉人

主要是在農村青少年中流行的一種游戲，是為集體游戲，屬於青少年中自娛自樂的活動方式。游戲時，大家先圍成圈，以猜拳或抽簽方式選出一人站入圈內裝瞎子，瞎子要用布條蒙住雙眼，開始後，站在圈上的人跑進圈裡拍瞎子一下，迅速逃離，如被瞎子抓住，被抓人就要去當瞎子；如果沒有抓住，則要罰唱歌等。

另外還有「瞎子摸魚」的游戲形式，眾兒童蹲下圍一圈，一人蒙手帕扮瞎子，用雙手摸到一個人，要從頭摸到腳，並辨認為何人，如一連三次猜不出來，就罰唱歌。如猜出姓名，就輪換這人為瞎子。

（十）捉小偷

是少年兒童之間喜愛的一種游戲活動。游戲時，先在紙上寫好法官、警察、檢察官、布告、小偷、流氓、搶劫犯、騙子等名稱字樣，折疊後內各人「撿勾」，撿到法官者站出來發號施令，其餘則秘而不宣，「法官」先發布「布告」，宣出「檢察官，由其上報說有「小偷（流氓等）」，然後「法官」命令「警察」捉拿「小偷」，「警察」立即應聲出列，用雙眼觀察各人神色，從中判斷誰是「小偷」。各人或躲閃或做各種表情，以迷惑「警察」，如錯捉別人則罰鑽桌子三次等，直到把「小偷」捉到為止。

也有地方游戲名稱為「捉曹操」，游戲規則和「捉小偷」相似，先在紙片寫出孔明、曹操等《三國演義》中的人名，折疊後內各人「撿勾」，撿到孔明者站出來發號施令，命令「關雲長」捉拿「曹操」，「關雲長」立即應聲出列，用雙眼觀察各人神色，從中判斷誰是「曹操」。

（十一）抓子

是少年兒童極為喜愛的一種娛樂游戲，主要在鄉村較為流行。可分為抓五子和抓七子兩種，其玩法相同。以抓七子為例，先找七顆比較光亮圓滑的小石子，然後按以下步驟進行游戲：（1）將手中的七顆小石子隨手撒於地上，然後以一子為母，先拋起母子，同時抓起一顆地上的石子，將抓起的石子放到另一只手中，並接住拋起了的母子，再依次將地上的另外五顆石子一一抓起，完成第一局；

（2）將七顆石子撒於地上，然後拋起母子，同時抓起地上的兩顆石子，將這兩顆石子放到另一只手中，並接住拋起的石子，再依次按兩顆石子的順序依次抓起，完成第二局；

（3）將撒於地上的六顆石子按三顆一次的順序分兩次抓

起，抓法和前兩次相似，完成第三局；

（4）第四局是拋起一顆石子的同時，先抓起地上兩顆石子，然後再一次性抓起其餘四顆石子，抓法和前三局相似；

（5）第五局是要一次性抓起地上的五顆石子，剩餘一顆再分一次抓起，抓法和前面相似；

（6）第六局則是要將地上的六顆石子一次性抓起；

（7）抓完後，將七顆石子合攏反掌「計斤數」，將小石子放在手心內向上拋出，再反手用手背接住，再拋出用手心接住，數手心裡最後的石子數量，誰的多為取勝。

在上面的前六個過程中，如果出現按要求抓起地上的石子或未接住拋起的石子以及碰動別的石子等，都算失敗或違規，要交給另一人玩，等其玩完後或出現失敗後，再從失敗的那一局接著往下玩。

（十二）老虎抓羊

是各地少年兒童普遍玩耍的游戲。玩耍時，一人當老虎，一人當「羊頭」，其餘人牽衣成串，尾隨其後，老虎左右追捕，「羊頭」擴攔抵角相護，老虎一個個捉拉，一直到捉完為止。也可稱之為「老鷹捉小雞」的游戲。

另外還有一種玩耍形式，眾人站一排靠牆上，然後按照某個歌謠歌詞一一依次數大家，最後一個字數到誰身上，誰就站出來扮演老虎，其餘人為羊。扮演的羊人，迅速離牆散開，老虎就追羊，羊回跑靠牆了就不能再捉。如捉到了羊，羊就改任老虎角色。

（十三）抵棍、掰手腕

是老少皆喜歡的游戲娛樂活動。抵棍游戲中，比試者兩人，有抵平棍、紮根、手棍、胯棍多種，如胯棍，將棍置胯下，雙手緊抱棍子，一聲令下，兩人同時用力抵拒，力大而又善於使勁者抵退對方，即勝。

掰手腕游戲中，兩人比試，一人屈肘，另一人用力扳平，如將對方扳直，即為勝，否則為敗；也有兩人都屈肘，兩手相握，用力互相往兩邊扳，扳倒為勝。

此外，江西各地民間還有許多內容豐富、形式多樣的體育、游藝和競技活動項目，如舉重、打陀螺、打珠子、褲襠棋、托板凳、打木球、拔河等。這些活動都根植於民間土壤，不僅是人們休閒娛樂的外在表現，也是地方文化習俗的重要組成部分。

第三節 ▶ 民間舞蹈

中華民族悠久的歷史和民眾數千年的勞動生活，形成和創造了豐富多彩的民間舞蹈。民間舞蹈是人們用以傳情達意的藝術形態之一，它鮮明地反映著人們不同的思想、信仰、追求和審美要求。中國地域廣闊，各地民間的舞蹈形式多樣，如激情奔騰的草原舞蹈、婀娜多姿的傣族孔雀舞、妙趣橫生的壯族火貓舞以及浪漫多情的雲南舞等等。無論哪一種民間舞蹈形式，都是當地文化最生動的體現。

在江西這片地理位置複雜、文化資源豐富的土地上，千百年來，也曾興起過許多能反映贛地文化特徵的民間舞蹈形式，它們或古樸粗獷，或清麗自然，或喜慶熱鬧，又或陽剛稚拙，很生動地闡述了贛鄱文化的內涵。

江西民間舞蹈歷史悠久、源遠流長，分布廣泛、種類繁多。它起源於上古氏族社會時期的圖騰信仰，在流傳過程中又深受楚文化、吳越文化和中原文化等的影響，千百年來形成了內容豐富、風格各異的民間舞蹈。就其時代劃分，主要分為傳統舞蹈和現當代舞蹈；就其演出形式來分，主要包括舞台舞和廣場舞以及將兩者結合的舞蹈等；就其演出性質來說，主要包括宗教祭祀舞、休閒娛樂舞、宗族性質舞和革命政治舞蹈等；就其演出內容來說，主要包括儺舞、獅舞、盾牌舞、採茶舞、燈彩舞和蘇區舞等等。這些舞蹈根植於當地社會，具有很高的藝術價值和文化價值。

一、儺舞

儺在遠古傳說中是一種神鳥，為上古氏族社會中的圖騰信仰神靈，可以「驅逐疫鬼」，故而古人常會舉行祭拜活動，即儺祭——一種較大規模的宗教典禮儀式。儺舞就是從儺祭而舞，以人體舞蹈規範化的寫實方式，直接表現了地域性的宗教觀。這種用單純的宗教情感來闡釋萬物的儺舞，其舞蹈形態明顯不同於其他地區儺舞的舞蹈形態。

儺舞又名「驅鬼舞」，舞者戴上各種儺面具，配上剛勁灑脫的舞蹈動作，以祭儺為目的的祈福納吉，求得風調雨順，五谷豐登，六畜興旺。從舞蹈表現內容上，儺舞大致可以分為：表現神話傳說，宣揚天神降福；表現民間故事，歌頌忠孝節義；表現鎮妖驅鬼，以求天下太平；表現談情求愛，追求生活幸福；取材傳奇小說等。

江西儺舞有著悠久的歷史，是沿襲古代驅鬼逐疫、祈禱豐年的祭典儀式，歷經漫長歲月，不斷改革、創新，逐漸演變而成的民間舞蹈，也是古典舞蹈和彩繪木雕相結合的藝術。舞蹈大多以神話傳說和民間故事為表現內容，具有誇張、粗獷、樸實、簡練的風格，有「中國古代舞蹈活化石」之稱。

民間儺舞最初是作為娛神的一種宗教儀式活動，其後在長期的社會發展過程中，演變成一種人神共娛的民間傳統表演藝術，是江西具有代表意義的一種民間藝術。時至今日，儺舞仍在江西民間廣泛流傳，目前全省二十五個縣（市、區）有儺事活動，主要分布於贛東、北、西部地區，儺舞節目達到近四百個。由於起源不一和各地文化的差異，各地的儺舞表演風格及表演程式各具特色，其中著名的有如南豐儺、宜黃儺、崇仁儺、廣昌儺、萍鄉儺、樂安儺、萬載儺、婺源儺、瑞昌儺、上饒儺等等，形成以贛東北為中心，覆蓋贛西、贛北的儺舞文化網絡。

（一）南豐儺舞

俗稱「跳儺」，其根源於古時「先臘一日，大儺，謂之逐疫」[84]的儺儀。南豐儺舞歷史悠久，據記載早在漢代時就已存在，世

84 《後漢書．禮儀志中》。

代相傳，沿承至今盛行不衰。據南豐縣紫霄鎮余氏重修族譜中的《金沙余氏儺神辯記》中記載，南豐儺舞最初為祭神靖妖驅疫的儀式舞蹈：

宋時邑志舊本載：漢代吳芮將軍封軍山王者……對豐人語曰：「此地不數十年，必有刀兵，蓋由軍峰聳峙，煞氣所鐘，凡爾鄉民一帶介在山陬，必須祖周公之制，傳儺以靖妖氛。」[85]

千百年來，經過歷代不斷的改革和創新，南豐儺舞已逐漸脫離了「逐除」的特徵，超越出巫舞的範疇，演變成為娛神娛人相結合的民間舞蹈，成為如今「中國古代舞蹈活化石」之譽的優秀文化遺產。

南豐跳儺主要在春節期間舉行，每年農曆正月初一開始活動，直至「元宵」日才結束。半月之內，各儺舞班串村過堡，出入城鎮、鄉村，演員身穿彩衣，頭紮布巾，面戴「儺面具」，手持道具，踩著鼓點，隨著鑼鼓、嗩吶吹打表演，場面熱鬧非凡。其內容豐富，形式多樣，地方風味濃郁，文化底蘊深厚，深受民眾的喜愛。

南豐儺舞既有傳統的大儺舞，也有衍生的竹馬、和合、八仙

85 轉引自之凡《南豐儺舞》，《南豐文史資料》第一輯，一九八六年，第111頁。

等雜儺舞，還有儺戲《孟姜女》和儺舞與獅舞結合的《打大獅》等。其內容大多取材古代神話、故事、傳說及歷史典故，既有驅鬼逐疫的《開山》等節目，也有演義傳奇人物的《關公祭刀》等，還有表達農耕文化情結的《獺捉鯉魚精》等。

面具，是儺舞有別於其他民間舞蹈的一大特徵。人們把它稱作「聖像」（也有的叫「神像」）。南豐跳儺面具造型各異，有一八〇種之多，其中包括驅疫神祇、民間俗神、釋道神仙、傳奇英雄、精怪動物、世俗人物等。每個面具都是根據人物的年齡、身份、性格以及在特定環境中的表現而精心設計的，如「紙錢」中捏土造人的女媧，面部不見女性清雋嫵媚之容，卻有一種俊俏之貌。其所用道具法器名物眾多，主要可為五類，兵器軍具類包括斧、刀、槍等，法事器具類包括鐵鏈、桃劍、棕葉等，燈燭炮仗類包括火把、蠟燭等，食物供品類包括三牲（肉、魚、雞）等，生活用具類包括手巾、鏡子、酒杯等。

儺舞多以打擊樂為伴奏樂器，如鑼、鼓、鐃、鈸等，有時也配有一些旋律，近代又加進了吹管和絲竹樂器，如竹笛、胡琴、嗩吶等，並吸收了民間吹打，使伴奏音樂更具特色，曲譜一般採用四分之二，四分之三兩種，有的儺舞節奏獨特，改變了三拍子音樂節奏形態，將原來「強」拍在前的節奏規律，變成「弱，弱，強」的節奏形態。變化多端的鑼鼓點，烘托了舞蹈氣氛，給舞蹈的風格特點增加了古樸粗獷、熱烈威武的表現力。

從儺舞的儀式上看，主要包括「起儺（下殿）」、「演儺（跳儺）」、「搜儺（驅儺、解儺）」和「圓儺（上殿）」四段儀式，每段儀式有規定的禮儀和套數，儺樂、儺服、儺具、儺歌豐富多彩，神詞、贊詩、符咒內容豐富。

「起儺」儀式是指春節期間，儺班弟子將儺神（儺面具）從神台上一一請下，給其淨身（用茶水擦洗）換衣，跪拜請神，然後燃香鳴炮，鑼鼓齊鳴，沿廟參拜；「演儺」是儺祭祀的主要部分，全程共分八個節目：《開山》、《紙錢》、《雷公》、《儺公儺婆》、《跳判》、《雙伯郎》、《祭刀》；「驅儺（搜儺）」主要是儺神挨家挨戶驅「鬼」逐疫；「圓儺」是跳儺的最後儀式，以「參聖像」、「判絞」占卜全村五谷、六畜、生育、疾病等各方面的凶吉情況。整個儀式極其熱烈隆重，配以震人心魄的鼓鉦之樂，給人一種凝重、深沉、神秘和威嚴的感受。

南豐儺舞以山溪鄉石郵村為代表，石郵村距南豐縣城約三十公里，是一個以吳姓家族為主的山區村落，現有人口一三〇〇餘人，村中有一座遠近聞名的儺神廟，每年正月間為期半個月的「跳儺」就是從這裡開始的，世代沿襲，從未間斷。被譽為「中國古代舞蹈活化石」。南豐縣也於一九九二年八月被江西省文化廳命名為江西「儺舞之鄉」，其後在一九九六年十一月又被文化部命名為「中國民間藝術（儺舞藝術）之鄉」。二〇〇六年五、六月，南豐跳儺被列入第一批國家級非物質文化遺產名錄和江西省第一批省級非物質文化遺產名錄。

（二）婺源儺舞

俗稱「鬼舞」或「舞鬼」，主要在該縣段莘鄉慶源村、秋口鄉長徑村和李坑村一帶頗為盛行。婺源儺舞歷史悠久，起源各說不一，其根源可追溯至春秋戰國以前由古山越人代代相傳下來的一種將儺舞與獅舞糅為一體的祭祀舞蹈。傳說古時當地山中有一種形似獅子的獨角怪獸常常出來禍害山民與莊稼，山民便頭戴面具手執長棍去驅趕，這種活動後來逐漸演變為歲時祈豐收的祭祀舞蹈，稱之為「驅儺」。人們在表演時發出的「呵、呵」之聲，其實便是驅趕怪獸吆喝之聲的轉音。

其後隨著社會的開發，獨角怪獸逐漸消亡，儺舞中獨角獸的形象逐漸演變為獅子的形象，「獅儺」的稱呼便由此而生。直至上世紀中期，婺源人包括整個徽州仍然稱儺舞為「獅儺」。

婺源儺舞節目多為神話和民間傳說故事，表演非常古樸、粗獷、誇張、簡練。如《開天辟地》，舞者頭掛「盤古氏」面具，手持大斧，四面砍劈，表現出開創乾坤的盤古勇往直前、無堅不摧的英雄氣概；《判官醉灑》表現判官與小鬼嬉耍鬥酒的酩酊醉態，人物性格鮮明，饒有生活情趣；《舞花》則是一組大型舞劇，表現秦二世胡亥篡奪皇位的歷史故事，氣勢磅礴；等等。

儺舞舞者頭戴的面具，最早為用銅所鑄。相傳，明朝末年，茶戲班一小孩自戴面具玩耍自娛，後取不下來，窒息而悶死，村人將小孩與儺面一同下葬，並從此改為彩繪木製。儺面具有五十多種，工藝精致，手法誇張，神氣活現，其忠奸優劣、老少妍陋無不神似。

舊時鄉民把儺面具奉為「神靈」，開櫥取儺面具時，要由兩位德高望重的老者將繩子綁在櫥門的環把上，站在兩側慢慢拉開櫥門，然後敬重地把儺面具請出，封存儺面具時還要舉行一套奠祀的儀式。

婺源儺舞有獨舞、雙人舞、三人舞、群舞等之分。在表演藝術上仍保留著粗獷、樸實、簡練、誇張、形象、傳神的獨特風格。動作十分豐富，多為順拐、屈膝、下沉、含胸、挺腹，沉而不懈，梗而不僵獨具特色。音樂伴奏均以舞止曲終的原則，由打擊樂、曲牌和唱腔三個部分組成，有專用的鑼鼓譜和曲牌。受到明末盛行的目連戲的影響，有的節目逐漸發展為戲曲形式，除用鑼鼓伴奏，還增加了弦樂和高腔曲調，別具特色。

婺源儺舞曾於一九五三年赴北京參加全國首屆民間音樂舞蹈會演，《丞相操兵》等四個節目入選《中國民族民間舞蹈集成》；二〇〇五年六月參加「中國江西國際儺文化藝術周中外儺藝術展演」，榮獲金獎和優秀表演獎；二〇〇六年五、六月被列入第一批國家級非物質文化遺產名錄和江西省第二批省級非物質文化遺產名錄。現今婺源民間儺舞劇目主要有《開天辟地》、《後羿射日》、《劉海戲金蟾》、《太白金星下凡》、《張天師遣四將》、《判官醉酒》等。

（三）樂安儺舞

樂安儺舞具有濃郁的地方特色，大致分為三大流派：增田鎮東湖村「滾儺神」、牛田鎮流坑村的「戲儺」、鰲溪鎮羅山村儺舞。三大流派的儺舞各有特色，風格各異。

1. 東湖村「滾儺神」。為該村楊姓氏族世代流傳著一種古老的跳儺儀式，此儀式規約森嚴，概不外傳。

該村「滾儺神」已有近千年歷史，其來源於漢代時期「神獸驅逐」的儺儀。樂安縣自古為農業生產地區，其糧食、家畜業較為發達，為保六畜興旺，於是當地便產生了以雞嘴神和豬嘴神等驅儺活動，凡有瘟疫地方，就請東湖村去「滾儺神」，其後被當地作為驅邪納福、保境安民的一種儀式傳承延續至今。

「滾儺神」所戴的面具與其他儺舞不同，不是整個罩住臉部，而是由上額下嘴兩個斷片組合而成，有豬嘴、雞嘴、鵝王、東岳、判官、白虎精、歪嘴婆婆等十八面。伴奏音樂為一鼓一鑼，節奏為反四分之三拍，弱拍在前，強拍在後，很有特色。

東湖村「滾儺神」於每年正月初二開始，十六日結束。其中初二為「起儺」日，初三開始在村中活動，初七外出「跳儺」，一般由七人組成，只跳《雞嘴》與《豬嘴》。儺班頭人先領眾人向四方朝拜，祈求神靈附體顯威。

表演開始，雞嘴神獨舞「挑馬槍」與「托環刀」，豬嘴神上演「打關刀」、「射弓箭」和「玩棍杵」，二神各自顯示武功神威。然後雞嘴與豬嘴神合演《攀探》，似作相互攀附尋找瘟鬼狀。最精彩的表演是最後《踩爆竹》，在急促喧鬧的鑼鼓聲中，村民把點燃的一串串鞭炮丟在雞嘴與豬嘴神腳下，在響聲震耳、硝煙彌漫中，表演者脫掉鞋襪，赤腳踩在不斷炸響的爆竹上，一邊口念禱詞，一邊翻滾手中器械。觀者驚心動魄，舞者泰然自若，瘟疫在二神的驅趕下和鞭炮驚嚇聲中遠走他鄉，村民則得到了心靈慰藉。外村若邀請儺班驅疫，則由十二個人組成，表演全部節目：《七聖》、《收小鬼》、《牛魔王》、《夜叉》、《訓狀元》、《雞嘴》、《豬嘴》、《踩爆竹》。最後由鵝王守門，雞嘴神和豬嘴神持鉞斧進屋「索室逐疫」，將鬼疫驅逐出門。

這種儺舞既有獨舞，也有雙人舞，表演時多持道具，舞蹈動作古樸粗獷，剛中有柔。「滾儺神」中「豬嘴」、「雞嘴」的造型動作及表演風格在中國儺舞中實屬罕見，是至今唯一幸存的最古老的儺儀和儺舞。

2. 流坑村「戲儺」。又稱「玩喜」，是該村董姓氏族舉行的一種驅邪祈福、強身健體的活動。

該村「戲儺」活動起源於北宋時期。據記載，該村北宋徽宗初年進士董敦逸曾奉旨出使契丹議和，被契丹扣押滯留多年，後返朝時把當地的跳儺儀式帶回京城。不久又被奸臣讒言中傷罷官回鄉，回鄉時，他又把儺具帶至家鄉流坑，並向村民傳授跳儺儀式，一直相傳至今。

在小年便開始組織村中青壯年，先行演練儺舞，並兼及習武，大年過後的初二，各房儺戲班先出游一次，走遍全村，即示意當年的儺舞活動正式開始。

表演上分「文場」和「武場」二類，「文場」有二胡、笛子、大小嗩吶等，「武場」則為全套打擊樂器，一如戲曲音樂體制。主要節目有《鐘馗掃台》、《天官賜福》、《走板》、《和尚裝香》、《書生進考》、《跳財神》、《出六將》、《出三官》、《出和合》等。《鐘馗掃台》是開場節目，取材於民間傳說中鐘馗打鬼驅邪，《天官賜福》中的天官則身著龍袍一步一顛，把賜福於民的天官表演得惟妙惟肖。整個「玩喜」活動中，各種裝束面具表演各異，既有京劇的莊重，啞劇的幽默，又有木偶劇的滑稽，採茶劇的歡快，渾然一體，風格古樸粗獷，富有意趣。

3. 羅山村儺舞。俗稱「打戲頭鼓」，主要是為紀念屈原而舉行的活動儀式，在農曆四月十五至五月初五日舉行。

跳儺那天儀式十分隆重肅穆，村裡幾個儺舞班，前一日洗身淨體，身穿夏良（土織布），漁網衫（漁網或披風），衣下擺吊有荷包、香袋、銅錢等物，走起來丁當作響，每個儺神由兩人相扶打扇，過街游市，匯聚在樂安鰲河兩畔。

表演時有八對儺神面具，共十七個儺神角色。八對面戴古代名將或神話傳說人物面具的藝人，伴著鑼鼓的節奏，結合人物的身份，或持刀執劍，翩然起舞，或兵戎相見，激烈對打，賽舞競技，熱鬧非凡。其中鐘馗奉在表演場地的正中央，作為眾神之首，不參與出場表演。儺面具按出場順序為：秦叔寶與尉遲恭、關羽與蔡陽、金吒與木吒、趙公明與馬元帥、龍王與哪吒、千里眼與順風耳、玄母娘與判官、雷震子與元皇。

伴奏樂器主要是鑼與鼓等打擊樂器，曲調快捷、緊張、熱烈，以突出兩軍對陣時的激烈緊張氣氛。配合儺面角色的表演，動作奔放，勇猛剛勁，既有對陣拼殺的武儀戰術氣勢，又有舞台表演姿勢造型的獨特美工效果，是一種典型的武儺戲。

從五月初一開始，羅山村附近各家族儺舞隊還要敲鑼打鼓，走街串巷，挨家挨戶在各家門前表演一番，名為「竄躍」，一直持續到初五。初五這天午時，各儺舞隊必須到縣城大街上進行會演，俗稱「打長街」，所有的儺班都會把最拿手、最精彩的招數拿出來亮相，以示家族武功實力。

二〇〇六年五、六月，樂安儺舞被列入第一批國家級非物質文化遺產名錄和江西省第一批省級非物質文化遺產名錄。

（四）崇仁跳八仙

俗稱「打把戲」，是崇仁縣巴山鎮前河、裡河、詹家三村

（原屬沙堤鄉）楊、詹兩姓氏族祖傳的「跳儺」，屬於儺舞的性質。「跳八仙」是表演八仙傳說的多人舞，但與傳統「八仙」所不同的是，崇仁的「跳八仙」中沒有漢鐘離，而代之以民間另一傳說仙人劉海。

崇仁跳八仙歷來只在前河等三村兩姓間世代秘傳，一般是父傳子，所扮角色形象、動作不得隨意變更。平時面具、道具由各個角色的扮演者自己保管。每逢迎神大賽之年，都要提前一個多月重排，直至動作熟練，父輩點頭，方能在「諸神」之日「開儺」，嚴防變形走樣，可謂慎之又慎。

崇仁跳八仙所用的道具和面具，或選質地堅硬的樟木、雜木雕刻，或集多種竹子製作，工藝都比較複雜。像雕刻八位仙人的形象，以及他們所持的金蟾、拐棍等，一般木工就難勝任；再如笊籬、拂塵、笛子、道情筒、篾片條、芭蕉扇、小花籃等，尋常篾匠也無膽量承攬，非請能工巧匠不可。所以，族人十分愛惜，規定使用者不得損壞，妥為保管。

崇仁跳八仙雖然古樸莊重，卻與日常生活貼近，加之形象惹人捧腹，表演活潑幽默，因而每逢廟會搬演之日，都能招來八方鄉鄰，成為當地的一項流行的民俗舞蹈儀式。該舞蹈儀式於一九八三年被收入全國藝術科學「九五」規劃重點項目《中華舞蹈志·江西卷》，二〇〇六年六月又被列入江西省第一批省級非物質文化遺產名錄。

（五）萬載開口儺

萬載「開口儺」又稱「跳魈」，「跳」有掃的意思，「魈」乃山魅鬼怪，是當地民間驅鬼逐疫、祈福求平安的極具特色的民俗文化活動。民眾「祀楊吳將軍歐陽晃」為儺神，俗稱「歐陽金甲將軍」。

萬載儺舞歷史悠久，約在元末明初就已存在，潭埠鎮沙江橋儺廟於明初始建。明清時期，萬載跳魈之風盛行，活動範圍遍及鄉間、鄰縣。萬載開口儺由儺舞演變而來，既保留了儺舞的藝術特徵又吸收了古老戲曲成分，有向儺戲演變之趨勢。它不同於其他儺舞形式，它每角必唱，唱、做、念、打齊全，但以唱為主，音樂則以打擊樂貫穿始終，保留著古樸的鄉土氣息。

開口儺有簡單的故事情節，角色有生、旦、淨、丑，動作古拙、簡單，面具造型各異、栩栩如生，服裝莊重大方，繡飾龍鳳，顯得悠閒、莊重、輕盈、瀟脫、有力。其共有十六個表演節目，主要敘述《三國演義》中關雲長失荊州的片段故事。《比刀》是其中的重要節目，它既不像戲劇表演的程式化，也不同於武術，而是集結了古代勞動人民日常生活、勞動操作等形體動作之精華，經過歷代藝人加工和完善，逐漸形成了一種強悍、幹練和緊湊的風格。

作為贛儺中的一個重要分支，萬載開口儺體現了當地社會文化發展的面貌，受到廣泛關注，於二〇〇五年六月參加在南昌舉辦的「中國（江西）國際儺文化藝術周」中榮獲「儺文化展金獎」、「中外儺藝術展演銀獎」和「民間藝術表演優秀表演獎」；並於二〇〇六年六月被列入江西省第一批省級非物質文化遺產名錄，其後又於二〇〇八年六月被列入第一批國家級非物質文化遺產擴展項目名錄。

（六）萍鄉儺

萍鄉儺歷史悠久，其根源可追至商周時代的巫祝，民間相傳唐代時萍鄉已建有儺神廟和木雕儺面具，並廣泛流傳著唐宏、葛雍、周武三位儺神驅鬼逐疫的神話故事，現存最久的儺神廟為北宋太平興國年間所建，距今已有一千多年的歷史。

萍鄉儺不僅歷史悠久，流傳亦非常廣泛。有儺即有廟，萍鄉的儺廟遍布東西南北四面八方，尤其以西路的湘東區、北路的上栗縣為最，以至形成了「五里一將軍（廟），十里一儺神（廟）」的獨特景觀，被譽為「中國儺文化之鄉」。長期以來，萍鄉儺一直生存在當地民間鄉裡的各個角落，成為一種地方性、民俗性的鄉俗儺儀，具有濃郁的地方特色和鄉土氣息。

儺面、儺廟、儺舞被公認為萍鄉歷史文化的「三寶」，其中以儺面具最有特色，擁有全國最多的古儺面具，現存七百餘幅，其中一幅出自宋代，是「迄今全國所獨有的文物面具」。現今萍鄉農村仍有不少會雕刻繪制儺面具的工藝師，其中尤以湘東區最為著名，二〇〇六年五、六月湘東儺面具被列入第一批國家級非物質文化遺產名錄和江西省第一批省級非物質文化遺產名錄。

萍鄉儺事活動主要集中在年初春節，儺舞出演時間是正月初二至十五日。在春節期間，儺儀儺祭、儺舞儺戲與其他戲燈彩、歌舞等民俗文藝形式一起展開活動，形成了豐富多彩的新春氣氛。萍鄉上栗縣下埠鄉的儺班從春節開始，出外巡演一百天，直至春耕回歸。

萍鄉民間儺事活動的程序為「出洞」、「掃堂」、「封洞」。「出洞」即啟神出廟；「掃堂」，是指進入民戶中掃蕩鬼疫；「封洞」即歸廟安神。在整個過程中，有一系列的祝詞由司儺人高聲誦念。一般是頭年臘月二十四日即叩請儺神「出洞」，正月十五日「封洞」。「封洞」前演唱的節目主要有：《孟姜女哭長城》、《桃園三結義》、《十月懷胎》、《孔明擺陣》等。《孔明擺陣》中又有「一字長蛇陣」、「八字陣」、「散席麻雀陣」、「龍門陣」等變化。

萍鄉儺受佛、道、儒三教的影響，特別是受當地道教的影響很深，並逐步趨附於道教，宣傳道教思想，處處以道教的教義、宗旨為準則。另外，由於萍鄉儺貼近百姓生活，主要以「驅鬼逐疫、降吉納福和祈求人畜興旺、五谷豐登」為內容，於是就有世俗化的請儺、敬儺的風俗。比如民間新屋落成、建橋竣工、生子賀壽等，請來儺神祭祀，表演儺舞，渲染喜慶氣氛，人們稱之為「喜儺」；也有的去儺廟敬儺神，抽籤問病，求詢藥方等。

二〇一〇年六月，萍鄉市上栗縣儺舞和蘆溪縣南坑車湘儺舞被列入江西省第三批省級非物質文化遺產名錄。

此外，江西各地民間還存在許多儺舞舞蹈，其中不乏一些流傳較廣、影響較大的地方儺舞，作為一種民間習俗儀式，具有深厚的地方文化蘊涵，成為當地社會的傳統文化藝術魅寶，如德安縣布帳儺（又稱潘公戲）、永豐縣儺舞等，分別於二〇〇六年六月和二〇一〇年六月被列入江西省第一批和第三批省級非物質文化遺產名錄，其中德安縣布帳儺在二〇一一年五月又被列入第三批國家級非物質文化遺產擴展項目名錄。

二、燈彩舞

江西民間燈彩活動歷史悠久，負盛名，遍布各城鎮鄉村，是一種主要在春節期間（以元宵節尤為盛行）舉行的較為固定的民俗活動。它是一種集彩燈、舞蹈、燈歌和吹打樂以及傳說故事於一體的藝術整體，多年來一直為人民群眾所喜愛。

舊俗春節期間，特別是初七以後至十五日，江西各地家家張燈結彩，民間燈彩隊伍舉著各式各樣色彩絢麗的彩燈，伴以歡快熱烈、幽默詼諧的舞蹈及龍獅表演，音量宏大的鑼鼓吹打樂以及優美動聽的歌聲，顯現出一幅幅熱鬧非凡的燈節場面。如宜豐縣現存一幅清代木質門圖《元宵燈會》浮雕，圖中刻有九節布龍穿街而舞，鰲魚燈、跳竹馬緊隨其後，還有牌燈、鑼鼓樂隊組成燈彩隊伍，人物生動逼真，場面熱鬧歡快，展示了當時該地民間燈彩活動的場景。此外，在如南昌、撫州、宜春、萍鄉等地一些地方文獻中也都有相關記載。

> （南昌）元夕，鄉間設板燈。其制，像龍頭、龍尾貫於板，板置燈數籠，節節相承，共成一板。[86]
>
> （高安）燈節，自十一至十五日止，張燈門屏，街市侑以簫鼓，小兒則擎蓮花、魚龍諸樣燈游戲。神廟裝樓台、鰲山，或放花爆，制煙火，競賞玩焉。[87]

86 同治《南昌府志》卷八《地理・風俗》，同治十二年刊本。
87 同治《瑞州府志》卷二《地理志二・風俗》，同治十二年刻本。

（吉安）元宵，向有燈節名，然古人所記鰲山諸燈彩不見於邑，唯龍燈盛行。龍首為最麗，尾次之，厥身長短不等，短者舞以七、九人，長者舞以數十人。舞之時，夭矯如生，有能者獻珠於前，迎合之巧，珠幾幾為龍吞；佐以獅燈、魚燈，觀益美焉，而未也；更擇童男女之美者扮「鳳儀亭」、「雷峰塔」、「弄玉跨鳳」、「麻姑晉爵」、「天女散花」諸故事。美童多，則故事之扮以十數計，或數十計，弗自行，舁以人，唯扮漁翁、蚌精者自行。別有武士數十，踏六七尺木腳隨於後。儀仗之盛，綿亙里餘。所過商戶，燃爆竹迎之，隆隆之聲不絕於耳。觀者填街塞巷，遺舃墮釵不知數。[88]

（南城）上元節，自十三日至十六日。神廟、市肆皆張燈放花爆，燈極精巧，裝揑人物皆有機以運之。又裝龍燈、馬燈、獅子燈、花鼓燈，金鼓踏歌，比戶演玩，謂之「鬧元宵」。[89]

（黎川）元宵，自十三日至十六日，人家張燈者鮮，唯城市、鄉村有跳龍燈、跳獅子燈、馬燈者，踏歌金鼓，浪沸喧天，謂之「鬧元宵」，皆游閒子弟為之，常旬有餘日而後已。[90]

88　民國《吉安縣志》卷四《風俗》，民國三十年（1941）鉛印本。
89　同治《南城縣志》卷一之四《風俗》。
90　同治《新城縣志》卷一《地理志・風俗》，同治九年刻本。

（萍鄉）上元張燈，自十三日起，至十六日止。為竹馬、龍燈，鉦鍠導引入人家，與以錢，謂之「代蠟」。[91]

江西燈彩中的彩燈主要有龍燈、鯉魚燈、青獅白象燈、麒麟燈、珍珠燈、荷花燈、車仂燈、茶籃燈、茶花燈等眾多類型。每一種燈彩的背後都有與之有關的民間故事與傳說。如龍燈便與傳說中的龍有關，相傳遠古時期黃帝手下有一條具有蓄水行雨本領的神龍叫「應龍黃」，在黃帝與蚩尤、誇父作戰中曾立下赫赫戰功，後來因得罪了黃帝而不受重用，於是跑到江西南方一個山澤窪地主宰當地降雨。每逢旱年，百姓便祈求它。人們用稻草紮成想像中的「應龍黃」，到田頭地角舞動，並伴以鼓樂之聲，以求降雨救災，這便是最早的龍舞。以後人們又改成用竹篾捆紮做成的骨架，用鮮豔的紅黃藍綠彩紙糊在骨架上，腹內點上油燈，便成為最早的龍燈。其後隨著社會的發展，各地龍燈的造型和名稱不斷豐富，並有所差異，體現出不同的地方性特徵。

這些燈彩或製作精巧，造型別致；或異彩紛呈，氣勢壯觀，主要又可分為觀賞燈和圓場燈兩類。

觀賞燈包括蓮花燈、橋燈、吊絲燈、走曾燈、瓶燈、蚌燈、魚燈、鳳凰燈、青蛙燈、螃蟹燈、花燈、西瓜燈、白菜燈、羅車燈、蝴蝶燈等，其內容沒有具體的情節和含義，主要是用於烘托

91　民國《昭萍志略》卷十二，《風土志．禮俗》，民國二十四年（1935）刊本。

氣勢和制造氣氛；圓場燈包括鯉魚燈、蝦蚣燈、麒麟獅象燈、鰲魚燈、股子燈等，它有內容有意義，表達一定的故事情節，表現人們的美好意願和嚮往。

觀賞燈和圓場燈大都是伴隨龍、獅舞一道活動，組成大型的燈會或一定的場面。觀賞燈主要是用竹篾、彩紙、麻繩等材料製作而成，燈型大多是花、蟲、鳥、獸等，往往排列在龍、獅的前列，起著引路開道的作用，而在表演時則巡場游弋，則起著劃場圈地作用。圓場燈燈型也是以花、蟲、鳥、獸為主，各種圓場燈都是靠表演者來操縱手中的道具，再現各種燈飾的風貌。

龍燈是各地普及盛行的民間舞蹈，主要有布龍、籮俚龍、板凳龍等類。布龍是以一條染色的畫有鱗片的布連綴龍的頭、身、尾部而名的，表演者手持龍的頭、尾、身部的木棍而舞。有「三節龍」、「五節龍」、「七節龍」、「九節龍」，還有多達三十一節、五十一節、二百一十一節的「長龍」。龍為幾節，就由幾人表演。

籮俚龍是以上千個直徑為一尺七寸的竹篾籮（竹圈）用麻繩串聯成龍身而得名的。在竹篾籮組成的龍身上，要黏貼上黃色或紅色的鱗片（用蠟光紙做成魚鱗狀），再在龍脊背上（麻繩連接處）貼上一綠一紅的彩紙為「龍筋」。它主要分為兩種，一種為觀賞性，如「彩龍」；另一種是利用篾籮與篾籮之間的彈性，擺出各種造型和字形。

板凳龍是在一條板凳的兩端，一端紮龍頭，一端紮龍尾而得名的，龍的頭尾有的是用篾紮紙糊，有的是用稻草紮成。舞動時，龍頭的一端由兩人各持一條板凳腳，龍尾隨龍頭而轉，龍頭往右轉時，持龍者用左手持，反之，用右手。三人同時將板凳舉起，或上下滾動，或左右繞轉，或從中穿過。

江西民間燈彩舞蹈主要分為兩類：廣場燈彩舞和舞台燈彩舞，前者舞蹈粗獷有力、動作幅度大，後者則較之優雅精美，兩者均以彩燈為道具，以人的形體動作為載體。

顧名思義，廣場燈彩舞蹈主要是在露天場地舉行，有龍燈、蚌殼燈、跑馬燈、鯉魚燈、茶籃燈以及獅舞等類型，其中又以龍燈為主。在江西，龍燈的種類很多，形態各異，有板凳龍、草龍燈、布龍燈等，長度可分為五節、七節、九節或無固定數，有的節節相連，有的則各節並不相連，無論何種形式，行走表演時都要求連接起來，按照鑼鼓音樂的節奏，步調協調一致。較為著名的有如婺源板凳龍、南昌板凳燈、瑞昌草龍燈、撫州的金閣老龍等等，如南昌板凳燈最長由一千多條板凳組成，有一千多號人，板凳燈起舞時整齊統一，十分壯觀。據說板凳的添加與新戶添丁有關，本族立戶越多，板凳的節數越長，象徵家族勢力也越大。蚌殼燈、跑馬燈、鯉魚燈、茶籃燈等多是跟在龍燈隊伍後面進行，既可在廣場表演，也可在舞台上表演。

這些燈彩經歷時代的變遷逐漸被舞台藝術吸收，而成為舞台燈彩舞。舞台燈彩舞比起廣場燈彩舞顯得更講究，更具有藝術性和表演性，自娛性功能則不如廣場燈彩舞。無論是哪一類燈彩舞蹈，由於它具有江西本土的特色和故事內容，因此普遍受到人民群眾的歡迎。[92]

各地燈彩活動內容豐富，外在表現形態各異，與勞動人民的生活習俗息息相關，不僅為他們提供了審美、娛樂的精神要求，也反映了各地民眾追求美好平安生活的祈願，還展示了各地民眾的傑出創造才華。這些燈彩舞蹈活動代代相傳，沿承至今，逐漸成為當地社會的習俗，形成了一定的程式和規模，又在社會發展過程中不斷增添新的內容和形式，而展現出非凡的魅力。

（一）贛中燈彩

地處江西中部的吉安地區燈彩久負盛名，素以「燈彩之鄉」著稱，並於二〇〇六年六月被列入江西省第一批省級非物質文化遺產名錄。燈彩遍布各城鎮鄉村，尤以吉水、萬安、遂川、泰和、青原、吉安等縣區為甚，它是農村每年元宵節的傳統活動節目，也是民間「鬧元宵」的主要娛樂活動，主要分為燈舞和龍舞兩部分。

該地燈彩歷史悠久，在明清時期各地已十分流行，在各地方文獻中有相關記載：

> （遂川）元宵，好事者先期選俊童扮雜劇，或龍馬跳

92　吳軍行：《江西燈彩及其音樂》，《中國音樂學（季刊）》二〇〇二年第一期。

舞，燈彩輝煌，官署、民祠遍途，至三更乃罷。[93]

（萬安）元宵，百嘉、窯頭兩市，自十三日起有所謂「裝船」，穿袍靴，戴神頭面游行各廟，劃船三次，極熱鬧；而尤莫盛於城內之兒郎燈，每一神護燈，鼓吹者輒數十人。百嘉則有男船、女船之分，裝女船者不載頭面，扮以雜戲，觀者若狂。東村郭氏於十五夜放花架，其架數層，皆係花本，以藥線灼火引之，自下而上，有門處自開，有燭處自燃，花三珠錯，令人目不給賞。十七都之葉塘，二十四都之金灘亦間有之。少年扮燈者，或擎而為龍，或跨而為馬，每到一村，先至神舟所，曰「參神」。罷之日，繞村一周，然後焚燈卸裝，曰「收攝」。[94]

贛中地區較為著名的有吉安「鯉魚燈舞」、「箍俚龍」、「東園龍」、新干「竹馬舞」、泰和「蝦蚣燈」、萬安「麒麟獅象燈」、吉水「鰲魚燈」等十餘種，它們現已大都被列入國家、省、市、縣非物質文化遺產名錄。

1. 吉安「鯉魚燈舞」。是一種流傳於吉安縣固江鎮棚下村的傳統原生態的民間燈彩。固江鎮棚下村位於吉安縣西北的贛江支流瀘水河畔，為清代中期由興國縣移民遷居而建。

93 同治《龍泉縣志》卷五《政事志．風俗．歲時風習》，同治十二年刻本。

94 道光《萬安縣志》卷四《民俗》，道光四年刻本。

鯉魚燈起源於贛南地區，至今已有近千年的歷史。它是從中國古代神話故事發展而來的民間舞蹈，相傳夏禹治平洪水後，各地民眾熱烈慶祝，五尾色彩繽紛的金鯉魚代表水族前來參加慶賀，演繹出「鯉魚燈舞」。清代中期興國移民遷居棚下村後，鯉魚燈也隨他們由贛南傳入，並在原有基礎上加工發展，演變成了吉安鯉魚燈傳承至今。在此過程中，它成為維繫瀘水河沿岸從贛南移民而來的各個「棚下村」人之間的友好親情關係以及促進與當地人之間的交往並最終實現雙方的融合等方面的很好工具。

鯉魚燈表演是由一只外表莊嚴昂揚、內心十分慈愛的鰲魚、九只活潑靈敏的金絲鯉魚和一只天真淘氣的小蝦組成。表演內容是魚蝦相互團結，最終到達「龍門」過程，即「跳龍門」。在前進征途中，它們有時迷失方向，有時遇上敵人烏賊的侵犯，但在鰲魚的帶領下，最終得以成功。

作為當地民眾社會生活習俗一部分的「鯉魚燈」舞在新中國成立後受到重視，屢登藝術舞台的大雅之堂，如上世紀五六十年代，固江鯉魚燈曾參加過全省和全國民間音樂舞蹈匯演並多次獲獎，受到黨和國家領導人的親切接見，曾由中央文工團帶到世界青年聯歡節上演出，一九八四年在華東六省一市舞蹈節上，經江西省歌舞團移植的鯉魚燈又獲一等獎。

進入新世紀後，作為傳統文化藝術重要組成部分之一的固江鯉魚燈舞受到人們的廣泛重視。在二〇〇五年第七屆中國上海國際藝術節「首屆民謠、民樂、民舞博展會」上獲得了「優秀貢獻獎」和「優秀組織獎」；其後又於二〇〇九年江蘇省蘇州市舉行的「首屆中國農民文藝會演」上奪得「豐收杯」大獎。二〇〇八年六月，吉安縣鯉魚燈舞被列入第二批國家級非物質文化遺產名錄。

2. 吉安「籮俚龍」。是吉安市青原區民間傳統舞蹈之一，是一種僅存於吉安縣新圩鎮栗溪村的龍燈，當地人稱作「蛇龍」，因其燈體是由一千多只篾籮連綴而成的而得名。

「籮俚龍」一般在農曆二月初一當地的下元宵節前後表演，以祭祀天地、龍王、祖宗，祈禱來年風調雨順、國泰民安，表達對神明的崇拜和對美好生活的嚮往。從正月二十六日起，村民們便籌備紮燈，待到二月初一午後，人們把龍燈帶到「龍形」山上「請水」、「發龍」。

「籮俚龍」的製作十分精巧，整個龍燈總長二十四米以上，由一千一百多只直徑五十多公分的篾籮連綴而成。龍頭、龍身、龍尾貫穿一氣，看似沒有分節。龍頭金碧輝煌，角豎且堅，舌大能動，眼珠如拳；龍體脊背上飾以一綠二白的龍筋，龍身至龍尾層層疊疊貼上近萬計的黃色和紅色的鱗片，由工匠們一片片紮製而成。

「籮俚龍」以其鮮明的特色而在龍燈中獨樹一幟，二〇一〇年六月被列入江西省第三批省級非物質文化遺產名錄。

3. 吉安「東園龍」。是一種僅在江西省吉安縣永陽鎮東園村傳世的龍燈。東園村始建於北宋末年，坐落於永陽鎮西端，東臨贛江支流禾河，屬典型的灘洲地貌。

「東園龍」源於普通九節布龍，但又與其截然不同。東園村民眾將武術、雜技等融入龍燈表演中，自創了「架天橋」、「架地橋」、「仰倒牌」、「迭腕站」、「登高台」等極具觀賞性、難度極高的精美花節，形成了不同凡響，獨具特色。

「東園龍」是一種隸屬於宗族祠堂的風俗龍燈，從正月初十日開始表演至元宵結束。元宵出燈，要舉行神秘而莊嚴的出燈儀式。平時龍燈外出表演等，也要於祠堂焚香設祭，鼓樂鞭炮送、迎至永陽圩街。

具有深厚民俗文化內涵和高超藝術水平的「東園龍」舞，深受民眾喜愛，在二〇〇〇年獲得江西首屆農民藝術節二等獎，二〇一〇年六月被列入江西省第三批省級非物質文化遺產名錄。

此外，吉安民間還流傳著一些如「觀音坐蓮燈」、「廬陵龍燈」、「故事燈」等具有地方特色的燈彩。「觀音坐蓮燈」是吉安最具特色的擺燈之一，製作精巧、華美。觀音由一著白衣的美麗少女裝扮，所坐蓮花的花瓣用各種瓷碟、磁盤紮成，花莖由瓷匙紮成，花心由瓷杯紮成，各種大小瓷碗紮成荷葉、蓮藕，總共要用各種瓷器上千件。「廬陵龍燈」始於宋代，在城鄉較為流行。龍燈一般由七、九、十一節組成，龍頭張口瞪眼，頭上方有犄角，口下方有紅鬚，龍尾近似魚尾狀，其餘各節用竹篾紮成，並用繪有龍鱗黃布連結。限舞燈人數按龍燈節數而定，每節一人，外有舞珠者一人。表演套路有雙龍出水、上翻下滾、穿花纏繞、盤旋團轉、騰空飛躍、搶抱紅珠、蜷曲成團等。「故事燈」主要由兒童扮演各種戲劇故事人物，如武松打虎、劉海戲蟾、打漁殺家、姜太公釣魚等，以兩三個人物為一組，用鐵棍支撐，豎立於方桌上，由四人抬著游街。[95]

4. 新干「竹馬舞」。又稱「馬舞」、「竹馬燈」、「神馬」、「馬燈」等，主要流行於新干縣境內的一種馬燈道具舞，是深受當地群眾喜愛的一種道具舞，至今已有上百年的歷史。該舞源於北方（河南、山東、安徽等地）的「跑驢、「趕驢」（二人台）活動，玩者扮作各種「神仙」騎在馬上，每逢春節極期間，走村串巷入戶，挨家挨戶進行拜年，向人們送福音、賜吉祥，謂之「神馬送春」。馬是用紙和竹篾紮成，一般只紮馬頭和馬尾，用小繩子綁在人身前後，成騎馬狀，或一或二，有三有五，跳躍表演，表現群馬的生活。

「神馬」又叫「救子馬」，凡是「神馬」到懷孕人家去「賀年」，東家總要請玩「馬」人進他家房間，「五馬」在他家床上各滾一圈，名曰「五馬送子」，萬吉萬福。

竹馬舞一般是五人表演，稱之為五馬，即「赤兔馬」、「萬裡猴」、「月珠馬」、「白龍馬」、「賽鳳駒」。五馬的顏色分為紅、黃、綠、白、黑五種，五個人物（角色）分為小生（公子）、花旦（小姐）、半丑（書童）、貼旦（丫環）、外加一個小丑（家院）。其表演形式主要由一大「五馬送喜」和四小「五馬送子」、「五馬拜壽」、「五馬迎親」、「五馬上梁」一套完整系列組成，喜慶氣氛熱烈，表演風趣、形象。

95 《吉安市志》第二十七篇《文化》第六章《民間文藝》第二節，民間藝術。

竹馬舞的音樂也很有特色。它自始至終沒弦樂，只用打擊樂伴奏。整個舞蹈伴隨鑼鼓點子，跳躍表演，節奏明快，有快有慢，有緩有急、充分烘托了便捷靈活的舞蹈動作，使之形態逼真，氣氛熱烈，有著特別濃厚的民族民間風格。[96]

二〇〇八年六月，新干「竹馬舞」被列入江西省第二批省級非物質文化遺產名錄。

5. 泰和「蝦蚣燈」。出自於泰和縣螺溪鎮舍溪村一帶，據說是在清代嘉慶年間由四川傳入的，也有傳說是從明代正德年間由四川傳入的。由於當時的舍溪村一帶田園平坦肥沃，湖塘清水長流，盛生魚蝦，當地群眾素有捕魚撈蝦換錢的習慣，對蝦十分喜愛，每逢年過節，舍溪村民便聚集一堂，以舞蝦蚣燈慶祝豐收、企盼來年幸福美滿，「蝦蚣燈」。也便以其獨有的民間特色藝術代代相傳。「蝦蚣燈」在吉安也較為流行，又名「蝦公燈」。

每年春節至元宵，全村歡欣鼓舞，人們歡聚在一起，耍舞「蝦蚣燈」，慶豐收、求平安，祈福來年風調雨順。此外，也外出鄰鄉、鄰村、鄰縣表演，不收取錢物，旨在增進友誼，交流感情，深為群眾喜愛。

「蝦蚣燈」由一青一綠兩只大蝦蚣組成，另配有八朵荷花作襯托。製作工藝精巧別致，造型優美，是剪紙、紮作、雕刻、繪畫、裱糊等多種工藝的綜合。每只蝦蚣身長四米有餘，身圍四十

96 傅正生、楊玉麟：《新干縣「民舞」種類簡介》，《新干文史資料》第3輯，新干縣印刷廠一九八七年印刷本，第62-63頁。

公分。分頭、身、尾三部分，各由三名演員撐持表演，模擬蝦蚣在荷塘中自由自在漫游、彈跳、追逐、嬉鬥等活動情狀，並配之以各種民間曲牌和民間的吹打樂伴奏，畫面優美、生動，象徵人們對自由、美好生活的嚮往。

「文革」期間，「蝦蚣燈」遭到禁演逐漸失傳，改革開放後特別是九十年代以來，經過當地廣大文藝工作者的保護性發掘、整理和辛勤製作，泰和民間舞蹈「蝦蚣燈」終於重新搬上了舞台，並於二〇一〇年六月被列入江西省第三批省級非物質文化遺產名錄。

6. 萬安「麒麟獅象燈」：簡稱「獅燈」，是萬安縣民間燈彩，主要流傳於萬安縣澗田、武術、寶山鄉以及興國縣永豐鄉、贛縣田村鄉等地。它是由紙糊篾紮成麒麟、獅子、象等形象的燈具，分別由四人各執一燈進行表演。

麒麟、獅子和大象是古時萬安縣民眾認為的神物，當地自古有「麒麟坐屋頂——壓邪、獅子守大門——繁榮、大象進家門——富貴」的說法。據傳萬安「麒麟獅象燈」起源於唐代時期，傳說有一年萬安上鄉河東一帶久旱無雨，民不聊生。為了求得風調雨順，山民們分別在屋頂中央、祠堂門兩側和屋頂兩角安放麒麟、獅子、大象石像，祈求能降雨，到第二年果然風調雨順、五穀豐登、六畜興旺。此後，山民們就用竹篾紮製了麒麟、獅、象形彩燈掛在廳堂或擎著在屋場舞玩，以表達自己的美好願望，逐漸形成了「麒麟獅象燈」舞，至明清時期已盛行。

「獅燈」由四只彩燈組成：一是紫色麒麟，二是紅色獅子，三是杏色獅子，四是白色大象。有的地方還加上兩只瓶狀彩燈。

獅燈的道具均用竹篾編成骨架，細繩連接而成，製作精巧，舞動起來輕快自如。頭、尾兩處各裝一根用以操作的竹柄，骨架外用彩紙剪成鬃毛粘貼，眼睛用蛋殼或乒乓球做，中間裝一個用電池的小燈泡，使之有神，栩栩如生。

「獅燈」於每年春節期間表演。除在祠堂表演外，還常走村串戶，按吉祥燈、麒麟、綠獅、紅獅（或黃獅）、大象的次序排列。快到村口時，先敲響鑼鼓，村裡的男女老幼聽見後湧到村口鳴鞭炮迎接。

整個表演動作急緩相間，動靜結合，有合有散，形象逼真，動作多變，引人入勝。表演過程中伴隨著打擊樂和萬安鄉土小調等音樂，用大鼓，大、小鈸，大、小鑼，嗩吶，吶子等民間樂器伴奏，吹奏《瓜子仁》、《十杯酒》、《下山虎》等輕鬆活潑的民間曲牌，節奏明快，氣氛十分熱烈。

一九八六年，該節目曾參加全省民間音樂舞蹈表演並獲得優秀表演獎，同年該節目還參加了「江西省首屆廬山藝術博覽會」演出；二〇一〇年六月被列入江西省第三批省級非物質文化遺產名錄。

7. 吉水「鰲魚燈」。是吉水縣盤谷鎮盤谷村的傳統燈彩活動，盤谷村位於贛江西面支流小江之濱，當地有諺曰：「谷村一千煙（戶），代代鰲仔燈」。

盤谷村「鰲魚燈」的起源有兩種傳說，一種傳說是由明崇禎皇帝賜給兵部尚書谷村小祠下人士李邦華家眷回家玩賞的宮廷燈彩，相傳李決心抗敵，為減少拖累，毅然遣回家屬，但其家屬留戀京城燈彩，不願離去，皇帝聞訊後立即賜宮廷燈彩一部，由其家屬回家鄉玩賞；另一種傳說是由清順治皇帝賜給李邦華家眷玩賞的宮廷燈彩，相傳明崇禎皇帝在景山自縊後，兵部尚書李邦華為表忠心也吊死在皇帝腳下，後來清順治帝為攏絡人心，特賜其家眷鰲魚燈等宮廷燈彩一部歸家玩賞。從此，鰲魚燈就在盤古村的小祠下、大元一帶流傳下來。

「鰲魚燈」由麒麟、鰲魚、獅子、黃龍四品組成，每品各兩節共八節。舞者八人，身穿灰藍色鑲白邊布扣的便衣褲，由鰲頭師傅帶領，麒麟、獅子、黃龍同時翩翩起舞，花節有「團龍」、「會圈」、「踩四門」、「踏之字」、「舉龍」、「打龍」、「步樁」、「傳龍」、「戲珠」等，其中「矮步樁」獨具特色。耍燈時配上打擊樂和嗩吶，在《大開門》、《風入松》、《上、下山虎》、《節節高》、《得勝令》等奔放、熱烈的曲牌陪襯下，顯得千姿百態，讓人驚嘆不已。

「鰲魚燈」在盤谷村至今已傳承到十七代，作為當地一種璀璨的傳統文化，二〇一〇年六月被列入江西省第三批省級非物質文化遺產名錄。

8. 遂川「五龍下海」。又叫「五股龍」，是遂川縣民間傳統舞蹈之一，主要分布在遂川縣泉江鎮、珠田鄉、禾源鎮、巾石鄉等鄉鎮。

「五龍下海」舞是由民間藝人根據民間傳說「太子斬蛇尋親」的神話故事改編而成的。相傳古時有一皇帝遇難，在逃難途中皇後生下一太子，寄養在當地一戶老百姓家裡。太子幼時練得一身好劍術，九歲時離家去尋找自己的親生父母。途中遇一神仙，神仙告訴他途中將會遇上三難，前兩難需要退卻，而第三難則需勇往直前。後來太子先後遇上猴子和小鹿擋路，太子按神仙所說選擇了退避，第三次遇上了五條大蛇擋路，他拔劍連砍五劍，一劍砍死一條蛇，每條蛇又砍為五節，其後找到了父母。「五龍下海」燈彩通過全場緊密相銜、變化多端的十二個精彩花節動作，再現出當年太子勇斬五蛇，終於找到了雙親的壯烈情景。

遂川民間在明代就已興行鬧龍燈、香火燈、彩茶燈，至今仍沿襲不衰。燈彩「五龍下海」，由珠田鄉遐富境村鄒氏約在明弘治年間從南康縣移居當地後發展起來的，至今有近四百多年歷史。舞龍燈主要是在正月初一至正月十五鬧元宵期間所舉行的舞蹈，燈彩隊伍走鄉串戶，登門拜年、友誼演出，為歡度新年增色添彩，並祈求民間年年風調雨順，五穀豐登。

獨具特色的「五龍下海」燈彩，全舞聲形並茂，充分體現了當地人民的勤勞勇敢和聰明才智，是當地民眾由龍的傳說發展起來的龍文化藝術，是當地具有較高價值的傳統文化藝術，於二〇一〇年六月被列入江西省第三批省級非物質文化遺產名錄。

另外，贛中地區還流行著許多風格各異的燈彩舞活動，它們的表演範圍有的可能就是在某一個或幾個村落間涉及，有的則可能在數個鄉鎮甚至全縣範圍內都流行，它們深植於地方社會，與當地民眾的欣賞興趣、性格民情、生活習慣、勞動方式和地理環境等因素密切相關，反映了人們對美好生活的願望和追求。作為地方傳統文化藝術的代表，分別被列入縣、市、省級非物質文化遺產，如萬安的「股子燈」、吉安縣「茅田花燈」和峽江縣「蚌殼燈」等，在二〇一〇年六月都被列入江西省第三批省級非物質文化遺產名錄，影響深遠。限於篇幅，不能一一詳述。

（二）贛北燈彩

贛北燈彩內容豐富，千姿百態，流行於人們的節日喜慶中。各種燈彩造型鮮明、色彩燦爛，舞蹈動作絢麗多姿、形態逼真，外加激越抒情的伴奏鼓樂，讓人共享喜慶，感受美意。普遍流傳各地的有採蓮船、蚌殼精、草龍燈、高蹺、孔明燈等，較獨特的有南昌灣裡區「上阪關公燈」、進賢縣「二塘潑蛇燈」、「李渡車仂燈」、「羅家獅舞」、「梅莊花棍」、南昌青雲譜區「城南龍燈」、南昌青山湖區「雙龍戲珠」、「北劉轎舞」等，先後被列入各級非物質文化遺產名錄。

1. 灣里區上阪「關公燈」。又稱「關公龍」，是為紀念關公而設置的彩燈，主要在南昌市灣裡區羅亭鎮上阪村曹家自然村盛行。

上阪「關公燈」做工精細，造型別致，通常表演人數繁多，由型如「豐」字燈頭、燈尾和一條條插著三盞多棱角大燈籠的板凳組成。當地人稱一條板凳為一橋，橋數越多龍身越長，以莊重、熱烈、氣勢磅礴而聞名。

每年的元宵節，每戶人家都自覺接上一橋，故而村莊戶數越多燈身則越長，成為一種宗族性質的板凳燈。每一橋的開支都由自己負責，而龍頭、龍尾則由村裡負責。出燈時，龍頭、龍尾由村裡長老或有威望的村民撐持，前後、左右則有幾個身體健壯的青年護燈。在出燈的整個過程中，都有鼓樂相伴，成為當地最具特色的龍舞。一九八七年已收入江西省民間舞蹈集成卷，二〇〇八年六月被列入江西省第二批省級非物質文化遺產名錄，二〇一一年五月又被列入第三批國家級非物質文化遺產擴展項目名錄。

2. 進賢縣二塘「溌蛇燈」。是流傳於進賢縣二塘地區各村落的民間燈彩，上世紀五十年代還流傳至進賢縣的梅莊、鐘陵、民和等鄉鎮，遠及餘干、東鄉兩縣部分農村。傳說最早於清同治四年（1865）由厚源村文有成、文玉成兄弟創立，至今已有一百四十多年的歷史。

「溌蛇燈」為兩人表演，一人執頭，一人執尾。既有龍燈舞翻、滾、盤繞的特點，又糅合了手搖獅的技法，增加了表演的難度。因其造型上無角無鬚，不像龍而似蛇，加之舞動靈巧活溌，故名「溌蛇燈」。傳說同治四年（1865）春節，厚源村每家都出錢紮龍燈，村裡有一戶貧窮人家，只有文有成、文玉成兄弟二人，因無錢不能參加耍燈活動，但又不甘寂寞，便自己找來草繩，稍加裝飾，舞動起來，大伙都說：「這哪是龍啊，分明像蛇」，但很快人們就發出驚嘆：「不要小看這條蛇燈，還很溌（敏捷）呢」。由此，「溌蛇燈」越耍越溌，世代傳承了下來。

至宣統年間，當地民間藝人對該燈彩加以改進，添置香盞，舞動起來星光點點，更為刺激。民國年間，竹篾匠文成美、表演藝人文維生、文曙生再對「溌蛇燈」進行了改制。改制後的「溌蛇燈」用篾紮而富有彈性，扭動更顯靈活自如，並配有鑼鼓、喇叭、嗩吶伴音，視聽效果更佳。

經過幾代民間藝人的不斷改進，「溌蛇燈」成為了全國獨一無二的民間燈彩藝術。一九五八年，「溌蛇燈」參加宜春地區燈彩大匯演並獲得二等獎；一九九二年參加南昌市民間舞蹈表演比賽並榮獲一等獎；二〇〇八年六月被列入江西省第二批省級非物質文化遺產名錄。

3. 進賢縣李渡「車仂燈」。是流傳於進賢縣李渡的一種獨特民間燈彩，它起源於元末明初，最初只是當作龍燈的陪襯，跟在龍燈後面，聽從龍燈的鼓點節奏指揮。

進賢縣李渡「車仂燈」表演至明末清初，「車仂燈」才有自己獨特的鑼鼓點子，乾隆年間才基本和龍燈分離，形成完整的「車仂燈」燈彩藝術，逢年過節單獨游街表演。清末民初，以周冬和為代表的一批老藝人將「車仂燈」搬上舞台，配有撫州採茶戲為基調的音樂，融李渡民間小調為一體，自創一套「車仂燈」樂譜。

其表演形式既可配合龍燈上街游行，亦可舞台表演。先編好劇本，經過編排，按規定格式說唱表演。李渡「車仂燈」的獨特之處在於以獨輪車為道具，車身經過精心製作，配上假腿，中間站一女士，後面男士推車，女士和諧配合。

如今，作為「千年古鎮」李渡的傳統文化藝術，「車仂燈」於二〇〇六年赴京參加全國第四次社區文藝展演，二〇〇八年六月被列入江西省第二批省級非物質文化遺產名錄。

4. 青山湖區「雙龍戲珠」。是流傳於青山湖區塘山鎮塘山村的一種民間舞蹈。

明末清初，村民用油紙紮龍，後改為板凳龍。光緒年間，又發展為布龍和節龍，由塘山鎮塘山村和湖坊鎮進順村共同表演。民間舞蹈「雙龍戲珠」是在塘山村的龍舞「龍戲珠」的基礎上形成的。「雙龍戲珠」是由兩條九節龍和十六個水族姑娘所組成，整個節目由雙龍出宮、 雙龍戲水、雙龍戲珠、金龍狂舞等十四個主要動作組成，打擊樂伴奏。

一九八五年塘山村表演的「雙龍戲珠」在中央電視台春節專題節目中向全國人民展演。二〇〇七年「雙龍戲珠」代表江西省參加江蘇海安舉行的「龍舞太平」中華經典龍舞展示賽並榮獲金獎。二〇〇八年六月被列入江西省第二批省級非物質文化遺產名錄。

5. 青雲譜區「城南龍燈」。是流傳於青雲譜區城南村的一種民間舞蹈，其起源於城南史家的板凳龍，至今有七百餘年的歷史。

南昌坊間有一句古老的諺語，說的是：「楊家的轎子，聶家的行，史家的板凳愛死人，喻家的燈篙豎半夜，虔（方言，羨慕意）死張王兩姓人。」 轎子、行、板凳、燈篙是本地春節期間的娛樂活動——抬花轎、行會、板凳龍和燈籠，楊聶史喻都是大姓，當中那句「史家的板凳愛死人」，說的即是青雲譜區城南史家的板凳龍。

城南村史氏宗族先民於元朝初期由浙江遷入該地開基籌建，同時也帶來了自己傳統的板凳龍燈彩文化，主要是在春節期間舉行。板凳龍主要是由每個有男丁的家庭提供板凳一條一條地進行連接，再由村裡最有權威的長輩請出廟裡的菩薩作為龍頭，在其前後掛上燈籠，成為「板凳龍」。因此其最初帶有更多的宗親氏族色彩，是鞏固親緣關係、體現氏族興旺發達的重要手段。

後來為了方便表演，原先的板凳龍逐步改為各種色彩繽紛的布龍。每逢祭祀、節日、慶典等場合，家家張燈結彩喜慶豐收，舞龍祈禱來年風調雨順。表演主要是以舞龍燈為主體，配以竹、布（或紙）紮製的採蓮船、花蚌、花籃等表演形式，用於表現人們的生產生活。二〇〇八年六月被列入江西省第二批省級非物質文化遺產名錄。

6. 青山湖區「北劉轎舞」。主要發源於昌東工業園區胡家村北劉自然村，源於抬菩薩轎子，始於清康熙年間。

北劉村民眾每逢春節至元宵組織隊伍表演，男轎領頭，女轎居中，龍燈煞尾。北劉轎舞，每轎抬者四人，主要由「閃轎」、「磨轎」、「翻轎」三個動作組成。一九八五年，轎舞參加青山湖區舞龍大賽並獲一等獎；一九八六年，轎舞代表青山湖區參加南昌市舞龍大賽並獲二等獎；一九八七年，轎舞代表青山湖區參加江西省春節文藝晚會；二〇〇八年六月被列入江西省第二批省級非物質文化遺產名錄。

此外，進賢縣羅家獅舞、梅莊花棍等也是當地影響較大的傳統舞蹈，為當地優秀的民間傳統文化藝術之一，並於二〇一〇年六也被列入江西省第三批省級非物質文化遺產名錄。另外，該地區還存在著眾多市、縣級以及更小規模的民間傳統舞蹈，茲不贅述。

（三）贛西、贛西北燈彩

千百年來，贛西及贛西北地區也流傳著眾多的民間傳統舞蹈，其中以修水縣「全豐花燈」、武寧縣「蛇舞」、蘆溪縣「古城獨角縮龍」、蓮花縣「茶燈舞」、靖安縣「馬燈舞」、「香花和尚舞」、「茶花燈」、宜豐縣「宋家雙獅舞」、「牌樓神獅舞」 、銅鼓縣「跳覡」、「七鯉搶蝦」、「太平燈」、「漁樵耕讀」、高安縣「上湖燈彩」、上高縣「排字舞」等影響深遠，並分別被列入國家或省級非物質文化遺產名錄。

1. 修水縣「全豐花燈」。為修水縣著名的傳統燈彩舞蹈，主要流行於該縣西北部幕阜山下的全豐鎮地區，當地曾有「鑼鼓一響，花燈上場」之說，是一項介於燈、戲、舞之間的藝術表演活動，主要特色是燈隊表演，具有濃厚的民俗色彩。

「全豐花燈」主要是春節等傳統節日的喜慶活動，每年春節元旦起鼓發燈，至元宵止，鄉村各路花燈雲集，燈隊走村串戶，一路上彩燈逶迤、鑼鼓喧天，通宵達旦。燈班進村前，先送燈貼通知對方，出發時，書有「慶祝××娛樂花燈」的牌頭開道，一路上鉦煌導引，男女聚歡，所過村戶，喜爆迎送，有的還款以餅燭。此外，人們在做壽、上梁、婚嫁等喜慶日也都請來花燈表演，以增添喜慶氣氛。

花燈共有八盞（也叫盆燈），其燈工有八種特技，分別號稱「姑嫂推磨」、「老鼠犯梁」、「劉海戲船」、「猴子打兌」、「仁貴射雕」、「姐妹觀花」、「洞賓背劍」、「張三打虎」，全屬玩耍表演。

全豐花燈的演唱形式，有生、旦、丑三行。花燈曲目，皆有簡單情節。雖為單篇，但連場演出便組成一套故事。「全豐花燈」說唱均用地道的西鄉全豐土話，唱詞多襯詞、襯字、襯語，幾乎每一句都出現啦、啊、吧、嘞、喲、喔、喂等襯字。其襯句，如「荷花哩」，「溜子妹」，「牡丹花」等在曲調中起著句間連接、句中擴展、句尾補充的作用。表演中以打擊樂器為主，雲鑼、鑼、小鼓、鈸齊奏；唱腔中合以胡琴、笛子、嗩吶托腔。

自誕生以來，「全豐花燈」深受當地民眾的喜愛，盛行於全縣各地，並一直延續至今，成為當地一項豐富的傳統文化遺產，於二〇〇六年五月被列入第一批國家級非物質文化遺產名錄，二〇〇六年六月被列入江西省第一批省級非物質文化遺產名錄。

2. 武寧縣「蛇舞」：為贛北獨特的民間舞蹈之一，是一種由一人執布紮草「蛇」獨舞的民間舞蹈，於二百年前流行於武寧嚴陽鄉煙溪村。

它源於傳統採茶戲《蠢子接姨娘》，其劇情為流浪漢廖蠢子喜聞其妻郭氏生子，返家後遵妻命接姨娘來吃「三朝飯」。飯前欣喜若狂的廖蠢子以繩裝蛇與小姨逗趣取樂。清光緒以後，角色改由蠢子獨舞，稱為「蛇舞」。

表演時雙手握「蛇」似蛇出洞，表演動作依次為「拜（望）四角」、「出洞」、「翻山」、「穿山」、「盤龍」、「鑽洞」、「穿林」、「追食」、「亮七寸」等十三種舞姿，表演時演員無穩定的節奏速度，用絲鑼伴奏，節奏速度依演員快慢而變，總的趨勢是由慢而快，漸進高潮。高潮時只見蛇舞不見人，其時鑼鼓鏗鏘如風雨，場面甚為熱鬧。

作為贛北獨特的民間舞蹈，武寧「蛇舞」被編入《中國民族民間舞集成（江西分卷）》。

3. 蘆溪縣「古城獨角縮龍」。是濾溪縣獨具特色的影響深遠的民間燈彩，也是全國罕見的燈彩，起源於蘆溪鎮古城村，相傳縮龍源於明代，嚴嵩之子嚴世蕃下野離京返鄉時，帶回宮廷「縮龍製作圖」至分宜縣，後被其族人攜圖遷居到萍鄉市蘆溪鎮下灣村定居，因嚴氏家族勢單力薄，無力發起縮龍表演，遂聯合古城村民一道行事，此後這條縮龍就保留在古城。

蘆溪「縮龍」的製作非常精巧，龍長三十九米，分為十一節，龍頭重五十公斤，張開血盆大口，口含龍珠。喉頭沾著一道符，額頭有王字。頭頂有一獨角（故又稱獨角龍）。龍身可伸可縮，玩龍須一百五十餘人同步進行，其中牌燈手四十個，鼓樂手五十個，執龍表演的約六十人，同時要配七組樂隊，加之魚仔燈、引燈、散燈等全部出動共三百多人，耍法有金龍鬧海、太極圖、小極圖、頭尾繞柱、盤龍、穿龍等。由於龍的身體大，玩耍的人手要多，故而每三年出燈一次，自正月十一始至十六日，出燈時氣勢磅礴，十分壯觀。

在鑼鼓、嗩吶、鞭炮聲中，牌燈手開道，執龍者邊走邊舞，並不時地施放地銃，近十只通紅的小魚燈在黃色的縮龍前後左右上躥下跳，綿延百餘米。縮龍表演分為金龍鬧海、太極圖、小極圖、頭尾繞柱、盤龍、真龍報春、神龍歸位（團龍）等十余個小節。最絕的表演是「團龍」，偌大的一條龍，數十個執龍者層層疊疊如寶塔盤旋而上，龍頭居頂，龍尾在龍頭前舞動，令人贊嘆不已。

具有獨特的審美價值和觀賞價值的蘆溪「縮龍」於二〇〇八年六月被列入江西省第二批省級非物質文化遺產名錄。

4. 蓮花縣「茶燈舞」。又名「茶燈鬧春」，自上世紀三十年代以來在蓮花縣六市、高州、坊樓等鄉鎮廣為流傳。

村民每逢喜慶佳節，常以「茶燈舞」上門祝福。每到一處，主人門外鳴放鞭炮相迎。表演者入堂屋，高喊「恭喜發財」等贊語。該舞蹈由十五人組成男女群舞。它通過各種燈彩的舞姿變化，繪成了「雙龍出水」、「蛟麻花」、「上南天門」、「蛇退殼」、「雙龍擺尾」等一幅幅畫面。其表演形式特點是：畫面多姿，載歌載舞、間有道白、滑稽多趣。

「茶燈舞」的音樂熱烈歡快，茶歌旋律優美動聽，富有濃郁的地方風格，曾多次參加省、市民間藝術節演出，在周邊市縣影響較大，在二〇〇八年六月被列入江西省第二批省級非物質文化遺產名錄。

5. 靖安「馬燈舞」。主要流行於靖安縣璪都一帶，最初起源於唐代，相傳是唐玄宗為悼念忠臣義士而舉行的紀念性娛樂活動。

馬燈先舞後唱，表演內容為走隊形，唱詞為《天官賜福》等。表演者一般為十一人。表演時，由三男三女表演六匹馬，四女孩端花盆走隊形，常用的隊形有「走四角花」、「織籬笆」、「雙交叉」、「雙八字」等，有時六匹馬與四盆花穿梭走動，但又顯得動而不亂。演馬保之人是關鍵人物，需要紮實的「舞功」和「武功」。

馬燈舞風格古樸，歷史久遠，動作規範、活潑，曲調優美抒情，所表現的內容有較深的文化內涵。二〇〇八年六月被列入江西省第二批省級非物質文化遺產名錄。

6. 靖安「香花和尚舞」。主要流行於靖安先璪都、羅灣山區一帶，大約有三百多年的歷史。它是一種佛教法事中由「香花和尚」超度亡靈時所跳的舞蹈，「香花和尚」是指生活在民間不受寺廟清規約束、既有法名又有俗名的鄉野僧人。

「香花和尚舞」一般由四到十人表演，在清亮、悠揚的伴奏音樂（嗩吶、笛子為主吹奏）中，藝人們不斷變換樂器或供具，以加強表演氣氛。該舞主要由「錫杖花」、「穿九燭」、「鐃鈸花」三段小舞蹈組成。「錫杖花」也叫「破地獄」，是根據「目連救母」傳說，用錫杖編出的一套打破「地獄門」的舞蹈動作；「穿九燭」意為香花和尚引領亡靈闖過「鬼門關」，在陰間極樂世界遨游，表演中每人持一樂器或供具，只舞不唱；「鐃鈸花」由「穿九燭」中持鐃的人到主人家門外表演，由「楓樹落葉」等四十八個動作組成，技藝高、難度大。

「香花和尚舞」歷史悠久、內涵豐富，融宗教、民俗、雜技、音樂、舞蹈為一體，具有較高的藝術價值和歷史價值。二〇〇八年六月被列入江西省第二批省級非物質文化遺產名錄。

7. 靖安「茶花燈」。俗稱「文燈」，現主要流布於靖安縣羅灣哨前、官莊及仁首大團一帶，約有六、七百年歷史。

「茶花燈」包括花盆燈、蚌殼燈、船燈等內容，該燈表演形式融說、唱、舞為一體，道具主要有花盆、花船、蚌殼、花牌等。玩燈時一般是花盆走前，表演人員隨後，也有時群燈一起表演，伴奏以笛子、二胡、大小鑼鼓、小鈸、鐺為主。單個品種表演一般為五到六人，整體內容表演則為二十餘人（除樂隊）。

「茶花燈」歷史悠久，內容豐富、古樸，其旋律清新質樸，唱詞通俗悅耳，表演吹樂祥和，能充分活躍農村文化生活，增添喜慶氣氛。二〇〇八年六月被列入江西省第二批省級非物質文化遺產名錄。

8. 萬載「花燈」。是萬載民間燈彩中歷史最悠久的一種歌舞燈，也是當地最具特色和最受群眾喜愛的一種民間燈彩。「花燈」

形式多樣，易唱易跳而在當地廣為流傳延續至今。

萬載民間燈彩藝術比較豐富，風格各異。有花燈、龍燈、魚燈、獅燈、蚌燈、茶燈、車燈、馬燈、船燈（採蓮船）、西瓜燈、扇燈、鼓燈、楊梅燈等十多種，此外還有高蹺、裝擎、打傘、蝦公彈等多種燈藝，異彩紛呈。這些燈彩不但歷史悠久，而且種類繁多，流傳面廣，幾乎全縣每個鄉村都有自己的燈彩，其中以「花燈」最為突出，當地曾有「沒有花燈不成村」之說。

「花燈」的表演形式，一般由十到二十人組成，男女各半，表演者各端兩盆紙紮的花籃並按其出場順序編號，如：頭花、二花、三花、四花、尾花等。表演的基本步法為「採花步」，這是一種輕盈、均勻的舞步，每前進或後退都只能出四分之三腳，雙膝稍屈昂直。「穩、勻、慢」是花燈表演的基礎，因為運作統一，結構嚴謹，所以「準」就是其關鍵，它要求表演者准確記清自己在場上的位置，否則會因一人走錯而造成全場皆亂。

相對步法來說，花籃的端法更加講究。它有龍頭花、攤端花、平端花、一字花、人字花、疊花等十多種端法，而且每交換一種端法，即改變一種隊形。

各地「花燈」表演的風格基本統一，都是「邊舞邊唱、列隊排字」。為了適應「列隊」和「排字」的要求，每段之間均用鑼鼓和吹奏樂器來銜接，每一段完畢後變換另一種隊形和圖案，然後再排一個字，隊形的變換也多種多樣，變幻無窮。「花燈」的曲調和唱詞都取自本地民間小調，村村男女老幼幾乎人人會唱。在演唱上，往往在「重句」或「襯詞句」中加入「幫腔」，這樣擅長於表現勞動人民的勞動熱情和樂觀向上的情緒。

花燈的製作也新穎別致，它採用上等的彩色皺紋紙，紮成各種形狀的花卉，分別插在用青篾編織成的花籃上，花籃的外圍均用彩色宣紙粘封，然後在花籃的中心點上一支明亮的紅蠟燭，製成了一盞鮮豔奪目的「花燈」。二〇〇八年五月，萬載花燈戲被列入江西省第二批省級非物質文化遺產名錄。

（四）贛東、贛東北燈彩

贛東及贛東北地區歷來燈彩活動盛行，各地至今仍流傳著風格各異的燈彩形式，如資溪縣「手搖九節龍」、東鄉縣「羅漢燈」、金溪縣「馬步燈」、崇仁縣相山「板凳龍」萬年縣「跳腳龍燈」等在當地影響較大。

1. 資溪縣「手搖九節龍」。是資溪縣馬頭山鎮昌坪村竹延山村小組獨有的民間舞蹈活動，至今已有三百餘年，在當地世代口傳身教，深受群眾喜愛。

「九節龍」是以參演的龍燈節數為九而得名。道具製作簡單，紮篾簍作骨架，外罩紅布，每節下以一木棍支撐，全龍首尾三丈余，以一粗繩串連，各節間距尺餘，耍龍手每人執一節。

每年春節從正月初二至元宵，竹延山村都要表演手搖九節龍，以祈福祛邪，慶賀新春；還要跋山涉水到更遠的鄉村去作拜年演出。有時逢村中宗祠祭祖、築屋上梁、添丁得子，也會請來「九節龍」表演，以祈福謝神。尤其是農家喜得貴子，必請「九節龍」來賀喜，故「九節龍」又有「九子龍」別稱。龍為水族王，必有蝦兵魚將簇擁，「九節龍」也不例外。

手搖九節龍造型非常簡樸、原始，正是這種拙樸粗獷，更顯憨態可掬，俏皮可愛。二〇〇八年六月，資溪「手搖九節龍」被列入江西省第二批省級非物質文化遺產名錄。

2. 東鄉縣「羅漢燈」。是當地極具濃厚地方特色的民間燈彩，其源自明代，已有五百多年歷史，主要流傳於小璜鎮一帶，其中乂數位居鎮中心地域的孫家圳羅漢燈最具代表性。

「羅漢燈」共由二十八人組成，其中大小羅漢二十人（五個小羅漢），羅漢頭二人，領隊二人，樂隊四人。農閒之時，自練自演，農曆正月外出演出。演出時，前面由羅漢頭表演，由扛壽棍、開門、拜菩薩、肚痛生子及謝天謝地等情節組成，舞姿活潑，風格幽默歡快；後面由大小羅漢表演，通過造型和武打，表現眾羅漢人丁興旺、世代繁榮之景象。主要造型有搭橋、猴子鑽洞、金線吊葫蘆、觀音坐蓮、搖蓮花等高難度技巧組成。

「羅漢燈」的表演集儺舞、民間雜耍、民間武術為一體，是農閒農民自娛自樂的業餘文化生活。二〇〇〇年曾參加江西省首屆農民藝術節並獲一等獎，其後又於二〇〇八年六月被列入江西省第二批省級非物質文化遺產名錄。

3. 金溪縣「馬步燈」。是金溪縣傳統民間燈彩之一，主要流行於雙塘鎮翁塘周家村，相傳「馬步燈」從北宋時期周家村建村伊始就已存在，至今已有上千年歷史。現存兩套節目，一為「三國演義劉關張」，一為「忠勇報國楊家將」，演繹的是仁義道德、忠勇報國的精神氣概。

「馬步燈」用竹篾紥成，分兩節，一節為馬頭及前部，一節為後部及馬尾，外面蒙上顏色布，演員站在兩節中間，走馬時，屁股頂動後面，馬燈的尾部便搖動，十分生動。一般表演為四馬，另要「打城門」三人，穿「兵」、「勇」衣服的馬童四人，「打花缽」四人，掌旗一人。樂隊中有打擊樂和吹奏樂。周家馬步燈的打擊樂節奏鮮明，情緒飽滿昂揚，節奏時快時慢，絢麗多姿，極有地域特色。

「馬步燈」一般正月十三發燈，稱頭燈，十四、十五玩到高潮。二〇〇八年六月被列入江西省第二批省級非物質文化遺產名錄。

4. 崇仁相山「板凳龍」。又叫 「板燈龍」、「板凳燈」、「扭扭龍」、「獨龍」、「橋燈」等，是崇仁縣一種民間傳統燈彩活動，始於明代，至今已有五百多年歷史。原發源於崇仁縣相山鎮林頭村、苕洲村，現亦流行於孫坊、白露、河上等十餘個鄉鎮。

關於「板凳龍」的起源林頭村有兩種傳說，一種是源於「舞龍求雨」的宗教活動，是為紀念東海龍王而產生的。相傳在很久以前崇仁大旱，東海龍王不顧一切躍出水面，帶來一場大雨解除了干旱，龍王卻違反了天條，被剁成一段一段撒向人間，人們便把一段段龍體放在板凳上連接起來，希望它能活下來，後來為了紀念東海龍王，人們每逢新年或宗祀活動就舞起了「板凳龍」。另一種傳說是源於該村的宗族團結活動。相傳明朝初年，林頭村由廣大外地移民遷居建基，人員紛雜，互不往來。當時有一方氏開基人方中鑑卻廣行善事，修廟搭橋，在當地享有盛譽。他發動全村人每戶製作一節「板凳龍」，再串成長龍，每逢宗祠活動，全村人同舞「板凳龍」。林頭村人從此和睦相處，互幫互助。「板凳龍」也傳承下來。

「板凳龍」是用一條長約五尺的木板兩端挖孔，木板上綴四至六個方形燈籠，內燃蠟燭，每人肩扛一條，用木棒把兩板燈的孔洞互相連接，首尾另加紙紮的龍頭和龍尾，像一條紅色透明的長龍，綿延數百米，呈長蛇形狀行進。每年元宵節前後舉行舞板凳龍活動，三四天內游遍全鎮各村，寓意祈禱來年風調雨順、幸福平安。

具有凝聚人心、團結協作功能的「板凳龍」，受到當地民眾的喜愛，成為當地影響深遠的民間傳統燈彩之一，於二〇一〇年六月被列入江西省第三批省級非物質文化遺產名錄。

5. 萬年縣「跳腳龍燈」。是中國獨一無二的舞龍形式，為萬年縣南溪鄉所獨有，因舞龍者兩腳按音樂節拍不停跳動而得名；又因龍燈設計精巧，操龍把柄短小，舞龍時行矮子步，故又稱「矮腳龍燈」。

跳腳龍燈由竹篾紮成，龍身呈圓筒狀，直徑約二十公分，由七到十三節連成，罩之紅布，布面畫或剪貼鱗片成龍形，每節置木棒，表演者持棒而舞，龍頭、龍尾各一人，龍身五到十二人，打元寶二人。

按照風俗，每年的正月初一至元宵期間，在華宗（同姓、同宗的村子表演）和有親戚的村子之間進行表演，表演前先要敬土地神。舞燈時燃燭其中，由元寶燈引導，按傳曲牌邊舞邊跳，整個過程生動形象，描繪了民間想像中龍的生活和戲珠動作。表演完後打全場，一個全場由十六個曲牌（舞蹈中的一節），每個曲牌又有小牌，每個牌子都體現龍的一種動態或戲寶動作，如翻簍子，表現龍發怒全身滚動；師兄背劍，表現龍用頭頂元寶等。

據當地史料記載，南溪「跳腳龍燈」遠在唐代就流行於市井鄉裡，通常在正月裡跳，以祈求神龍賜福，迎來五穀豐登、六畜興旺。新中國成立之初失傳。進入新世紀以來，在當地政府和民眾的努力下，這一獨特的民間傳統舞蹈藝術得到重現，於二〇〇八年九月下旬在首屆中國國際（萬年）稻作文化旅游節上進行了表演並獲得了專家和觀眾的好評，在二〇一〇年六月被列入江西省第三批非物質文化遺產名錄。

（五）贛南燈彩

贛南深厚的客家習俗蘊含著豐富的燈彩活動，各地至今仍流傳著風格各異的燈彩形式，如石城縣「燈會」、於都縣銀坑「甑笊舞」和「茶籃燈」、定南縣「瑞獅」、信豐縣古陂「席獅」和「犁獅」、全南縣「花棍舞」、章貢區民間「高蹺」、崇義縣「告聖」、上猶縣「九獅拜象」、大余縣「南安羅漢舞」、安遠縣「瑞龍」、全南縣「車馬燈」等頗具影響。

1. 石城縣「燈會」。是石城縣客家文化的傳統特色活動項目，其起源於南唐時期，至今已有一千多年歷史。

在石城方言中，燈、丁同音，舞燈有祝願丁口繁盛、丁財兩旺、慶賀吉祥之意。每年農曆正月初一至十五日，民眾都會自發組成許多燈會進村入戶表演燈彩。表演時使用的道具有龍燈、獅燈、馬燈、茶籃燈、蓮花燈、板橋燈等幾十種，除稈龍燈外，其餘燈具均由各色紙張或紗綢經能工巧匠編、紮、畫、剪、貼而成，形象逼真、色彩華麗、巧奪天工。

燈會表演時有樂器伴奏，邊唱邊舞，舞蹈動作豐富，風格多樣：龍燈和獅燈以踏、擺、轉為主，並插以武藝，動作粗獷豪放；茶籃燈和船燈的表演人物有旦、丑之分，其舞蹈動作小旦輕盈活潑，彩旦滑稽潑辣，丑旦詼諧靈活。

石城燈會活動活躍，享有「燈彩之鄉」的美譽。它寄托著當地民眾的神靈崇拜和火神崇拜之俗，人們以此祈求國泰民安、風調雨順、五穀豐登、消災除惡。它是作客他鄉的客家人將中原文化與贛南土著文化、民情民俗結合從而形成的獨特的民間藝術，具有深厚的社會底蘊。二〇〇六年六月，石城燈會被列入江西省第一批省級非物質文化遺產名錄。二〇〇八年六月，被列入第二批國家級非物質文化遺產名錄。

2. 於都縣銀坑「甑笊舞」。主要限於該縣銀坑鎮銀坑村的上營、中營、下圍、撒網形、新屋、老街、有丘、席塘等九座屋場進行表演的民間舞蹈，因起舞時人們手舞「甑笊」又唱又跳而得名，其舞蹈動作與劃船形似，故俗稱「劃龍船」或「唱船歌」。當地將舞蹈與敬神儀式結合在一起，因而也叫「敬神」，迄今已有七百多年歷史。

甑笊舞場面宏大，參與人員不受限制，於每年的正月初六至元宵節時舉行。當地鄉俗每年正月初六，各屋場的頭人都要先集中商議演出順序，定下「坐案」屋場，並由最先演出的屋場準備甑笊等道具。

演出前，先將一張繪有五雷八將（即玉皇大帝、太白仙人、眾位仙家）、兩艘競渡龍船、被驅趕的鬼怪以及眾人齊劃龍船的彩畫張掛在祠堂裡，舞者帶上香燭，燃上，再喝酒。爾後由幾位識字的長者捧著「船歌」本唱船歌，眾人和唱襯詞，唱完一小段後，接贊語，然後起舞。

舞畢，燃一小掛鞭炮，眾舞者疾迅奔出祠堂，觀者緊隨湧出，再反覆唱船歌、贊語及舞蹈，以此反覆十一次，民俗謂之「十一艄」。中途可稍休息片刻，喝一次酒。最後一天（正月十五）時，再舞四十四次。唱完全本船歌，直到次日凌晨。全體舞者和圍觀鄉民敲著鑼鼓，燃起鞭炮，吹著嗩吶，抬著紙糊龍船到河邊，將龍船和全部道具燒掉，謂之「送神」。

隨著濃重的鑼鼓聲奏出鏗鏘的節奏，甑笊整齊的敲擊，吆喝聲一浪高過一浪，旁觀者也為之群情振奮，紛紛拿起甑笊一道起舞，氣氛熱烈。甑笊舞地方特色濃郁，反映了贛南客家人的生產、生活、文化演變，是客家文化中的一朵奇葩。二〇〇八年六月，該舞被列入江西省第二批省級非物質文化遺產名錄。

3. 於都縣「茶籃燈」。主要是當地客家茶農之間流傳的一種反映茶農生產、生活的民間舞蹈，是在茶歌的基礎上發展形成的。

於都縣地處山區，是客家民眾聚居地之一，種茶葉較為流行。茶農在長期的茶山勞作中，為消除疲勞或傳遞情感，常常愛唱茶歌。隨著採茶歌的傳唱，茶農依據茶山勞動動作，增加了紙紮茶籃扇子、手帕，從而變成了載歌載舞的採茶燈，亦名「茶籃燈」。

「茶籃燈」通常為數人或十多人的集體歌舞，表演者身穿彩服，腰繫彩帶，手持紙扇，肩挑茶籃，載歌載舞。表演內容多為種茶的過程，如摘茶、做茶、看茶、稱茶、送茶等。茶籃燈音樂多運用當地的小調歌曲，曲調有《斑鳩調》、《四季對花》、《採茶謠》等，採茶的伴奏樂器有二胡、笛子、嗩吶和大鑼等。過門或過場音樂以嗩吶為主。

「茶籃燈」出現後很快在當地客家民眾中流傳，每逢過年過節或茶山開市，均以「茶籃燈」助興而備受歡迎。隨後又增加了鋤頭、茶籃、手帕等道具，並對原來的眾多茶歌進行改編，如把原來的「十二月採茶歌」改編成《姐妹摘茶》歌舞等，此後又成為地方採茶戲。二〇一〇年六月，寧都「茶籃燈」被列入江西省第三批省級非物質文化遺產名錄。

4. 全南縣「花棍舞」。也稱「點兵棍舞」，主要流行於江西省唯一瑤族少數民族行政村——全南縣陂頭鎮瑤山村，是來源於瑤族民眾「朝皇」儀式中的一種民族舞蹈，也是贛南少數民族的優秀傳統舞蹈之一。

陂頭瑤族屬「過山瑤」系，世代以「陳、林、李」三位女道士為本族的女神，每天清晨點香向女神祈禱許願的民間習俗代代相傳，「朝皇」儀式便是向女神許願或還願的情感表達方式。

表演時，瑤民身穿亮麗的民族服裝，手持點兵棍，青壯年男女群起湧動，圍著篝火載歌載舞。舞蹈有時低沉婉轉、有時高亢激昂，模仿瑤民在生產生活中打獵、篩米、擂茶、挖筍等勞動動作；舞步粗獷大方，節奏複雜多變，時而舒緩柔情，時而激情熱烈。整個舞蹈場面給人一種山野般粗獷、奔放的感覺。

隨著歷史的發展和瑤民社會生活的變遷，「花棍舞」演變成以娛神、娛人為內容，以歌舞、崇祀活動為形式，含歷史、宗教、民俗、藝術等諸多文化內容的傳統民族民間文化活動，並承載著「過山瑤」許多重大文化信息和原始生產、生活記錄，成為其傳統文化得以保存和延續的重要載體。二〇〇八年六月，「花棍舞」被列入江西省第二批省級非物質文化遺產名錄，二〇〇六年六月被列入江西省第一批省級非物質文化遺產名錄。

三、盾牌舞

「盾牌舞」是吉安市永新縣民俗文化中的一枝奇葩，是一種集武術、雜技、舞蹈、音樂等於一體的綜合性民間文化表演藝術樣式，又稱「藤牌舞」或「滾擋牌」，主要流傳於永新縣的龍源口、煙閣等南部鄉鎮地區。永新「盾牌舞」淵源於古代軍中的盾牌戰術。據傳明代抗倭名將戚繼光著的《紀效新書》中的《藤牌總說篇》應為其源頭。[97]

「盾牌舞」傳入江西的時間，至今尚無定論，有一種說法為秦朝黃河流域居民大規模南遷時傳入的；還有一種說法是此舞為三國時期名將黃蓋所創的《團牌武》而來；也有人認為盾牌舞起源於清代，當時太平天國運動失敗後，一部分流落到此地的太平軍將士為了做有力的抵抗，經潛心操練而成。後來，當地一些尚武群眾將它加以提煉完善，逐漸演化成一種既具觀賞價值又能健身娛樂的民間舞蹈。

永新「盾牌舞」有一套傳統的、頗具莊嚴和悲壯色彩的表演形式。盾牌舞風格特點為動作幅度小、頻率快，表演時要掌握「推、擋、搭、架、逼、閃、跌、滾」八字訣，習練前有一套令

97 彭瑞：《國家級非物質文化遺產——永新盾牌舞的體育文化價值》，《農業考古》二〇〇九年第六期。

人肅然的儀式，演練的武士一律頭裹白汗巾，上穿黑色鑲白邊胸雲花對襟短衫，下著黑色緊口褲，腳蹬黃麻草鞋。其中一名手執帶響環的鋼叉，演練將官，其餘則一手持盾，一手握短刀，個個強悍威武。開演儀式莊嚴肅穆，由村裡長者手擎三炷香，率眾向宗主牌三揖首，手刃大公雞，取血酒供奉於案首，再拜，然後在鞭炮聲和鑼鼓、嗩吶的伴奏下出場演練，帶有一種古樸的宗教韻味。其目的是「祈求神靈保佑出征男兒」，當是古代士兵出征前祭祀儀式的遺留。

盾牌舞劇情內容較簡單，主要表演為兩軍對壘破陣，相互攻守，但陣勢變幻莫測。整個表演分八個陣勢，即四角陣、長蛇陣、八字陣、黃蜂陣、龍門陣、荷包陣、打花陣和收式。

盾牌舞的音樂也別具一格，表演時多用民間打擊樂伴奏，繞場子時常採用「翻雞毛」鼓點，有的地方伴奏樂器會加入絲弦樂和吹奏樂，有的地方還加入一種民間特殊的樂器「吶子」，聲音尖細、高昂，極具穿透力。盾牌舞的音樂在打擊樂的基礎上吸取「燈彩」中的嗩吶曲牌「鑼腔」、「戲曲」中長音加花的「南路散板」和「國術」中的快板鑼鼓等，隨著劇情的發展，時如急風暴雨，萬馬奔騰；時如麗日和風，信馬由韁；時如小橋流水，鶯歌燕舞，加上表演過程中不斷響起的鏗鏘的短刀響環聲和演員們「呵呵」的呼喊聲，為熱鬧氣氛的營造起到了很好的作用。

許多盾牌藝人的祖先都是行伍出身的，發展到後來，盾牌舞又被戲劇吸收和改造。表演時舞者左手執盾牌，右手握長或短的兵器。盾牌形狀有圓、橢圓、燕尾、長方等，牌面繪製的圖案，大都是各種動物的首形，呈威武可怖之貌。製作盾牌的材料因地制宜，多為竹、藤編紮，蒙上獸皮後更加堅固。

盾牌舞組織形式為「班」、「隊」，由同姓族人組成，宗族性十分濃厚。該舞在永新一帶家喻戶曉，當地曾有「不練盾牌不是男子漢」之說，特別是元宵「出燈」時更屬必不可少。它集武術、雜耍、舞蹈、造型於一體，動作粗獷、雄健、彪悍，隊形變化奇特、壯美，具有濃郁的民族特色和磅礴的戰斗氣勢，是贛西南山區民俗民風的一個縮影，它體現出一種最原始的民族凝聚力、團隊精神和戰鬥精神。

作為一種極具地方特色的民俗文化表現形式，永新盾牌舞很快受到當地民眾的廣泛歡迎。如今它成為永新乃至井岡山、泰和周邊縣市農民農閒時健身娛樂的絕好形式，成為農村婚嫁、子女升學時加以慶賀的「保留節目」。作為一種非物質文化形態，如今也受到了當地政府的廣泛重視，於二〇〇六年五月被列入第一批國家級非物質文化遺產名錄，二〇〇六年六月被列入江西省第一批省級非物質文化遺產名錄。

四、獅舞

舞獅在中國歷史悠久，從北方到南方，從城市到鄉村，逢年過節及慶典盛世都可以見到歡快的舞獅活動，表達了民眾的歡喜心情。獅舞，又稱「獅子舞」、「獅燈」、「舞獅」、「舞獅子」。獅子在中華各族人民心目中為瑞獸，象徵著吉祥如意，從而在舞獅活動中寄托著民眾消災除害、求吉納福的美好意願。現存獅舞分為南獅、北獅兩大類。

江西獅舞屬於南獅範疇，各地獅舞活動活躍，一般在春節及傳統節日以及重大喜慶活動中流行。在這些節日當中，獅舞活動往往和龍燈等燈彩活動共同舉行，其中豐城「岳家獅」、金溪縣「手搖獅」、定南縣「瑞獅」、信豐縣古陂「席獅」和「犁獅」等為其中的代表。

1. 豐城「岳家獅」。是豐城市影響較大的一種民間舞蹈活動，最早發源於杜市鄉落星橋獅子鄧家村，為明朝著名愛國將領鄧子龍所創。

岳家獅的形成歷史可追溯到宋代，以著名愛國英雄岳飛所創的岳家拳為基礎而得名。相傳岳飛遇害後，岳家軍散兵游勇分布甚廣，在各地傳習岳家拳。[98]明代愛國名將鄧子龍幼年從師明嘉靖著名學者、岳家拳傳人羅洪先，繼承了岳家拳的真傳。明萬曆十七年，羅貶回老家獅子鄧家村，期間以「打獅子」的形式，將本地「學門拳」和「岳家手（硬門拳）」有效地糅為一體，以充分展示岳家拳的威、雄、險特徵，在繼承吸取民間傳統獅舞精華的基礎上，獨創了「岳家獅」，在家鄉鄧家村施教，其後在豐城地區廣泛流傳。

該地獅子有著「烏一黃二花三白四」的說法，其中村莊大、武風濃的地方，通常以打烏獅子見多。用布料、竹篾等紮成的黑獅子全身漆黑，背部紅色長毛，雄壯威武，寓有「精忠報國」之意。獅子舞一般由一對獅子組成，每只獅子中兩人，一個演獅頭

98 劉宇：《論江西豐城岳家獅的武術淵源、功能價值及開發保護》，《農業考古》二〇〇九年第三期。

一個演獅尾。舞獅表演時，以岳家水、火流星開場，先進行一段岳家拳術表演，其後獅子由流星引出，在「雪花蓋頂」、「流星趕月」、「過背」、「連環手」等流星動作的陪襯下，翩翩起舞，表演「引頸」、「伸懶」、「梳須」、「舔塵」、「拜母」等動作。然後「上席」（又叫上山或上桌）表演「飲水」、「釣魚」。下席後，便「咆哮」、「滾翻」、「發躁」、「狂舞」、「張牙舞爪」凶狠無比。「臥地」稍息片刻後，再次「梳洗舔塵」，躍上第二席。如此往返，一層層往上加，一次次向上攀，顯示出不畏艱險氣勢。

雄獅登上最後一層後，破獅人（亦叫帶獅人）上場，「起樁」，用岳家拳中的「鐵板大手」左右將人推開，展開人與雄獅搏鬥的激烈情景。破獅人引獅「下山」後，抓住獅頭，人獅共舞；雄獅掙脫，沖上「高山」（方桌），破獅人翻越群山（穿桌），再次與獅爭鬥。最後人獅再次共舞，和睦共處。

此外也有「追四向」表演，由兩只獅子在八仙桌上相互追逐，表演「獅子吊水」等一系列高難度動作，神態威武奇險；往後還有「破獅子」表演，兩只獅子激烈爭鬥，從桌上跳到地上激烈打滾廝鬥，最後由有武功的「老座」來破獅子，把它們分開使其和好，達到同舟共濟、和諧共處的目的，神態剛柔並濟。舞蹈內容以岳飛的《滿江紅》為基調，將武術舞美糅為一體。

豐城「岳家獅」創立後，廣泛流傳於高安、奉新、新建、安義、撫州、樟樹、新干等地，享譽省內外，並於二〇〇六年六月被列入江西省第一批省級非物質文化遺產名錄，其後又於二〇〇八年六月被列入第一批國家級非物質文化遺產擴展項目名錄。

2. 金溪縣「手搖獅」。是金溪縣傳統民間燈彩之一，最早起源於琅琚鄉楊村一帶，其後流傳至楓山鄉城上胡家村等村。

「手搖獅」是通過兩獅格鬥，中間以舉燈尊老的調和等動作，使兩獅和好如初的模擬過程。其起源於一段爭水鬥爭的傳說，相傳明末清初，琅琚鄉水源緊缺，人們常因水鬥搶，有時在禾田，板凳椅子也成為械鬥之物。有一次，兩村看水員忽然發生爭執，惡語一番，便用所坐條凳較量起來，彼此凳上都雕有一獅圖樣。後來爭水風波平息了，村民習武的傳統卻保留下來。他們在看水員板凳相鬥的動作上，參照民間獅燈耍弄動作，以一位尊老在其中調和、兩獅格斗的基礎上，創造出三人板獅節目。通過漫長的演變，人們以色彩鮮豔的獅的雛形取代雕獅板凳，成為現在的手搖獅燈。[99]

「手搖獅」全場共分引獅下山、雙獅撓癢、單球表演、雙獅撲球四階段，其動作簡單易跳、乾脆利落，造型美觀、色彩鮮豔，表演過程中喜、怒、歡、親等神情活靈活現，給人以喜慶、吉祥之感，是當地群眾喜聞樂見的主要民間舞蹈之一。二〇〇八年六月，「手搖獅」被列入江西省第二批省級非物質文化遺產名錄。

3. 定南縣「瑞獅」。是定南縣民間傳統舞蹈之一，主要流行於該縣九曲河兩岸的鄉村。據記載在明代隆慶二年（1569），該縣歷市鎮富田村瑤前小組武秀才張贊香和獅隊將原來的單獅改為

99 《金溪縣志》第十八篇《文化》第二章《文化藝術》第一節，群眾文化，新華出版社一九九二年版。

雙獅，以描寫唐僧西天取經片段「沙和尚引獅」為主要內容，反映唐僧師徒四人及白龍馬在西去取經途中喜氣的片段，初步形成了現今特有的以群獅（通常為八大獅，八小獅）表演形式的「定南瑞獅」。

在當地，人們把瑞獅表演叫做「引獅」，意思是在開春時想方設法通過引誘和挑逗把獅子引下山來驅除瘟疫。其表演內容一是「進門獅」，二是「會獅」，三是「瑞獅吐珠」。表演動作有「驚獅、探獅、馴獅、耍獅、騎獅」等，配合打擊樂的程式化表演，在陣陣鑼鼓聲中，瑞獅合著節拍騰、撲、閃、挪，一招一式，細膩嚴謹、神氣威猛，栩栩如生，很受群眾歡迎。表演時打擊樂配以嗩吶等多種樂器，以鼓指揮，以鼓振節。

「瑞獅」伴隨著當地民俗活動產生和發展，是當地民間一種優秀傳統舞蹈之一，二〇〇八年六月被列入江西省第二批省級非物質文化遺產名錄。

4. 信豐縣古陂「席獅」和「犁獅」。主要流行於該縣古陂鎮一帶，其中「席獅」由該鎮謝氏宗族於明末清初時創立，「犁獅」則是由該鎮黎姓宗族於清光緒年間創立。兩種獅舞都是屬於香火獅的性質，反映的是宗族發展和團結的因素，都與農家生活生產緊密相連。

「席獅、犁獅」，屬民間舞蹈中的歲時節令舞蹈。相傳明末清初古陂鎮謝氏宗族建成氏族祠堂後，為舉辦慶典而發明了這種像龍又像獅的「香火獅」，由於當地「謝」與「席」諧音（念qia，洽），也因為這種獅燈是用兩條草席連接而成的，故命名為「席獅」。由於演出的隊伍較龐大，耗用人力物力較多，所以每年只在農曆正月十三至十五日演出三夜。

至清光緒年間，古陂黎姓農民黎聲亮、黎有德等人在看了「席獅」之後，創作出的一種代表黎姓的「獅燈」。由於這種獅燈是以犁田的勞動場景為舞蹈主線的，其道具也是以牛和犁為主，而且當地方言中黎與犁同音，遂命名為「犁獅」。最初只是有一頭大牛，其後增加了一頭小牛，再後又增加了三條香火龍來伴演，還有四塊用香火插示的「春牛耕田」的字牌。

「犁獅」表演時，兩人舞一頭大牛，一人舞一頭小牛，一人扮農民扶犁，一人扮「回回」引路。再有幾組人舉著用芋頭、番薯插著香的「香火龍」扮著滾滾而開的泥浪，使得整個犁田舞蹈熱烈歡快，形象詼諧。尤其是扮演小牛的演員，生性好動，把「小牛」表現得活靈活現，調皮搗蛋。一會兒走遠了，「母牛」則一定停下不走，高聲叫喚，直到小牛跳回母牛身邊親暱，母牛才願繼續「犁田」。其舞蹈深情優美，極具民俗特色，問世後受到當地民眾歡迎。

「席獅」、「犁獅」的演出隊伍都較龐大，耗用人力物力較多，所以平常不大演，每年只在農曆正月十三至十五日演出三夜。

「席獅」、「犁獅」分別有數百年的歷史，除了表達祈吉求福、驅瘟避邪的願望之外，更重要的是起著自娛自樂、凝聚宗族人心、增強團結的功能，包含著極為豐富的地方文化藝術色彩。兩舞於二〇〇八年六月被列入江西省第二批省級非物質文化遺產名錄，其後於二〇一〇年六月又被列入第三批國家級非物質文化遺產擴展項目名錄。

五、採茶歌舞

六山一水三分田的江西多山的地理特點，使山區人民的生活與「茶」息息相關，山是形成「茶」文化的基地，而茶樹則是孕育「茶」文化的母體。茶農在長期的勞動中，創造了通俗易懂的舞蹈語言，美觀瀟灑的舞蹈動作，熱情激昂的茶歌音樂，妙趣橫生的茶戲表演，使茶藝術形式，具有綜合性特點，包括：歌（採茶歌）、舞（燈舞）、戲（三腳班）三者有機和諧，相互結合，形成歌聲中有伴舞的風采，舞動中有戲的情趣，戲劇中有歌的深情，而贛南採茶的風格尤為鮮明獨特，其主要動作形式有「矮子步」、「單袖筒」、「扇子花」。

「矮子步」來源於挑擔上山，由登山步發展而產生，又因茶樹不高，茅棚住屋低矮，形成雙膝彎曲，抬頭直腰的體態。矮子步又分高樁——半蹲四十五度，中樁——大半蹲、但不起腳跟。矮樁（低樁）——全蹲立腳跟。老藝人形象地總結了「矮子步」的動律特點為「老虎頭、鯉魚腰、雙手娥眉月，下身輕飄飄，腰腹緊穩住，膝頭定三樁」。

「單袖筒」舞動時左手穿上比手臂長出六十釐米以上的袖子，配合動作表演而揮動，其具體動態有甩袖、拋袖、拂袖、抖袖、揮袖、擺袖、繞袖、挽袖、捧袖、拽袖、撣袖、抓袖、圈袖、纏袖、卷袖、撩袖、劃袖、飄袖、撲袖、搭袖、旋袖、扛袖、落袖、拉袖、捅袖等等。單袖筒舞時，形成剛勁，柔勁、韌勁、脆勁、艮勁等鮮明的動律特點，老藝人將這種動律總結為「袖花的動律在於甩，動作連貫手臂帶，胸前繞袖飄身後，舞姿甩袖力平衡」。

「扇子花」女性多用雙扇，有內繞花，外翻花、八字花、平翻花、車輪花、一指花等。男性多用單扇，包括五花指、四指花、三指花、二指花等，以扇帶袖，以袖助扇，融合矮步，三者合一的美妙流暢舞態，使江西採茶形成獨特一扭、二擺、三搖、四俏的美學特徵。「茶籃燈」、「踩台」是採茶歌舞的最初的雛形，由茶燈發展而來，表現採茶時，愉快歡樂和豐收的喜悅心情。

六、蘇區歌舞

江西是紅色革命的發源地之一，這裡曾是紅色革命的搖籃、人民軍隊的搖籃、共和國的搖籃，在長期艱苦卓絕的革命鬥爭過程中，當地軍民一起創作和傳播了眾多的反映時代風貌的歌舞，也即為蘇區歌舞，又稱「紅色歌舞」。

蘇區歌舞在特定的政治環境條件下產生，在火熱的鬥爭生活中成長，採用群眾喜聞樂見、容易接受的大眾化表現方法，具有形式多樣、形象生動、舞蹈語言樸實，處理方法簡潔，而又緊密結合鬥爭形勢，密切配合蘇維埃政府的政治教育工作等特點，起到煥發革命精神，鼓舞革命鬥志，促進革命勝利的作用。

在井岡山革命根據地創建和發展過程中，當時紅軍一方面要戰鬥，一方面要向群眾宣傳黨的革命方針。為形勢所需，紅軍中開始有了化裝宣傳。為加強宣傳效果，先敲鑼鼓吸引群眾圍起場子，然後化裝演講、教唱歌及編演簡單的話報（融歌、舞、詩、劇於一體的通俗藝術形式），如教唱《國際歌》、《工農兵聯合歌》、《紅軍紀律歌》及山歌等，並在表演唱歌時加上簡單的動作，很好地將黨和紅軍的方針與政策在當地廣泛宣傳。

一九三一年夏，工農紅軍在毛澤東、朱德的指揮下，粉碎了國民黨的第三次「圍剿」，使贛南、閩西革命根據地連成一片，以贛南瑞金為中心，建立了中央蘇區革命根據地。此外，在贛東北的弋陽、景德鎮等地，方志敏、邵式平等領導建立了贛東北革命根據地。在廣大革命根據地地區，當地民眾為抒發自己當家做主的喜悅和擁護共產黨、紅軍的感情，開始用傳統民歌、山歌填上新詞，加上自己熟悉的本地區民間舞，或配上燈彩邊歌邊舞，成為一種嶄新的革命歌舞，如反映井岡山會師的《朱德來會毛澤東》、鼓勵民眾參軍的《送郎當紅軍》、《武裝上前線》、《擴大紅軍》、《紅色五月》、《當兵就要當紅軍》以及表現蘇區軍民反「圍剿」英勇鬥爭情景的《四破鐵網》等歌舞。

在贛南中央蘇區根據地，第三次反「圍剿」勝利後，成立了紅軍學校。該校成立時集中了一些文藝骨幹，建立了俱樂部。俱樂部設立文化、體育、戲劇管理委員會，每周舉行一次文藝晚會，演出革命戲劇。一九三一年十一月「一蘇大」召開前，由李伯釗、趙品三、劉月華等旅蘇的革命文藝工作者來到瑞金，負責大會籌備文藝小組的組織工作。大會期間演出了話劇《最後的晚餐》、《農奴》等節目。大會閉幕後不久，成立了中央蘇區革命根據地的第一個劇團——「八一」劇團，次年又創辦了工農劇社。

在李伯釗、劉月華、石聯星三人的倡導和影響下，以前蘇聯革命文藝形態的舞蹈動作為基本舞蹈動作，創作排演了一大批獨具蘇區特色的舞蹈如《工人舞》、《農民舞》、《團結舞》、《馬刀舞》、《紅纓槍舞》、《海軍舞》、《軍事演習舞》、《慶祝紅軍勝利》、《工農團結起來》、《台灣草裙舞》、《黑人舞》及《國際歌舞》等，凡慶祝大會、游藝晚會、祝捷晚會必有演出，他們除在瑞金公演外，還到鄉村和前線出演，鼓舞蘇區軍民鬥志。

其後在長征路上，以及一系列艱苦革命鬥爭途中，江西蘇區歌舞成為廣大軍民戰勝惡劣自然環境、團結抗戰、慶祝勝利等方面都發揮了重要的作用。如抗日戰爭中，由江西蘇區傳至陝北的《紅軍舞》、《海軍舞》、《烏克蘭舞》、《兒童舞》、《工人舞》、《農民舞》、《國際歌舞》等舞蹈廣泛演出於邊區民眾和軍隊當中，成為鼓舞軍民抗日鬥爭的有力思想武器。

蘇區歌舞伴著中國人民革命的腳步，用文藝的形式教育人民，宣傳革命真理，為人類的進步事業服務，發揮了它的功不可沒的歷史作用。蘇區舞蹈藝術的產生、形成和蓬勃發展，對長征和抗日戰爭時期各抗日根據地歌舞活動有很大影響，也為中國新舞蹈事業打下了堅實的基礎，是中國現代舞蹈史上光輝的一頁。[100]

100 黃文華：《贛南蘇區舞蹈藝術探析》，《贛南師範學院學報》二〇一〇年第二期。

結語

璀璨奪目、多元並存的江西民俗，包括物質文明的積累和精神文明的沉淀，是江西傳統文化的重要組成部分，它在江西民眾長期的生產生活實踐中被創造出來，具有鮮明的地方特色，成為我們認識和了解江西歷史文化的重要途徑。

江西民俗具有豐富的內涵。它不僅是江西社會發展歷史積存的重要體現，也是江西各地民眾社會教育的重要途徑，還是各地民眾審美娛樂的重要方式。江西民俗事象是地域社會文化發展的「活化石」，是各歷史階段民眾生產生活的記錄和縮影。民俗文化通過民眾的頭口、行為和心理予以表現，借助文字、行為和藝術等手段得以記錄，承載著地域社會發展的歷史內涵，體現了地域社會演變的規律和特徵。江西民俗也是贛鄱民眾集體智慧的結晶和創造，是江西人共同的行為規範和最生動的社會教育方式，正是在其中江西地域的文化認同得以強化。江西民眾享用著獨特的江西民俗，形成豐富多彩的娛樂意識和審美情趣，尤其是節日、宗教、競技、文學與藝術等民俗事象更是如此。

江西民俗在發展過程中，由於受到不同時期政治、經濟、科技和自然環境等因素的影響，其內容和形式表現不可避免地發生一定的變化，這賦予民俗文化明顯的時代烙印。如景德鎮製瓷技藝，清代時以「高嶺土」為主要原料，在一七一二年由法國傳教士傳至西方而享譽世界；各地農業生產較早就形成了以水稻生產種植技術及其農事祭祀習俗相結合的農耕文化；等等。唐宋以後，江西社會經濟快速增長，社會文化逐趨繁榮，至明清時期，江西繼續保持經濟繁榮、文化興盛的局面，在全國處於重要地位。發達的農耕、手工業和商業生產與貿易形成了濃厚的農耕、手工業和商業習俗文化。近代以來，江西社會經濟生產方式發生轉折，由此導致社會生產習俗也出現相應的變化。八一起義、井岡山革命根據地創建和贛南中央蘇區開闢，使江西成為新民主主義革命中心地區，這也引起社會風俗出現新的變化，諸如反映社會主義革命和建設的新民歌、新文學、新禮俗等社會習俗開始湧現，就有鮮明的時代文化特徵。

江西民俗包含著不同層次的地域民俗文化。地域性包括地理性或民族性，可以表現為一兩個村寨、鄉鎮或者縣市，也可以表現為某個族群或者民族。在江西民俗的整體框架下，存在著眾多次級地域民俗文化，如贛東、贛南、贛西、贛中、贛北等地域民俗，其下還可以包含更多次級地域民俗，以至形成一縣一市或一鄉一鎮甚至一村一寨獨有的民俗事象。這些不同次級的地域民俗文化的同時存在，是「多元一體」的中華傳統文化在江西地區的具體表現。

江西民俗文化內容豐富、類型眾多，包含了物質生產、消費和社會組織、禮儀以及精神、思想等各方面，較為系統、全面地反映了江西傳統文化的全貌。江西民俗作為廣大民眾長期社會生產和生活實踐的歷史積累，既是廣大民眾歷史上認識自然、改造自然的經驗總結，也是影響和制約著廣大民眾當前社會生產和生活實踐的重要文化規範。一些歲時、氣象和生活謠諺如今仍然在許多地區流傳，許多非物質文化遺產延續至今，成為一種「活著的傳統」，是江西民眾與傳統文化之間血脈相連的文化見證。

在深入總結中華民族文化遺產，努力推動中國傳統文化新發展的當前，客觀上要求我們從文化發展的歷史傳承的角度入手，充分認識和考察傳統文化各層面的具體狀態、歷史演變及其本質特徵，努力深入觸及和理解民族靈魂的文化底蘊。民俗文化作為人類物質文化和精神文化的重要載體，理應得到高度的重視。研究江西民俗文化，對於探討江西地域文化的產生與形成機制，釐清江西地域文化與社會變遷之間的複雜關係，為當前江西經濟社會的快速發展提供參考借鑑，都具有重要的意義。

「一方水土養一方人，一方水土育一方情」，產生於江西這片熱土上的民俗代表著江西歷史文化的過去，也必將在當前與今後的社會文化發展中生生不息，繼續發揮其重要作用。本書通過梳理文獻資料，深入發掘和整理江西民俗文化，展現了一幅獨具特色的江西民俗歷史圖像，目的是希望推動各界更加關注江西民俗的歷史、現在與未來，使江西民俗這一文化瑰寶綻放出更加絢麗的姿彩。

江西省第一批國家級非物質文化遺產名錄（共19項，2006年5月）

項目種類	序號	編號	項目名稱	申報地區或單位
民間音樂	39	Ⅱ—8	興國山歌	興國縣
民間舞蹈	110	Ⅲ—7	儺舞（南豐跳儺、婺源儺舞、樂安儺舞）	南豐縣、婺源縣、樂安縣
	113	Ⅲ—10	永新盾牌舞	永新縣
傳統戲劇	149	Ⅳ—5	弋陽腔	弋陽縣
	150	Ⅳ—6	青陽腔	湖口縣
	158	Ⅳ—14	廣昌孟戲	廣昌縣
	173	Ⅳ—29	徽劇	婺源縣
	182	Ⅳ—38	宜黃戲	宜黃縣
	209	Ⅳ—65	採茶戲（贛南採茶戲）	贛州市
民間美術	336	Ⅶ—37	婺源三雕	婺源縣
	344	Ⅶ—45	萍鄉湘東儺面具	萍鄉市
傳統手工技藝	357	Ⅷ—7	景德鎮手工製瓷技藝	景德鎮市
	379	Ⅷ—29	景德鎮傳統瓷窯作坊營造技藝	江西省
	416	Ⅷ—66	鉛山連四紙製作技藝	鉛山縣
	424	Ⅷ—74	歙硯製作技藝	婺源縣
	426	Ⅷ—76	金星硯製作技藝	星子縣
民俗	500	Ⅸ—52	全豐花燈	修水縣

江西省第一批國家級非物質文化遺產擴展項目名錄（共 10 項，2008 年 6 月）

項目種類	序號	編號	項目名稱	申報地區或單位
傳統音樂	58	Ⅱ-27	薅草鑼鼓（武寧打鼓歌）	武寧縣
	68	Ⅱ-37	嗩吶藝術（於都嗩吶公婆吹、萬載得勝鼓）	於都縣、萬載縣
傳統舞蹈	108	Ⅲ-5	獅舞（豐城岳家獅）	豐城市
傳統戲劇	233	Ⅳ-89	儺戲（萬載開口儺）	萬載縣
傳統美術	315	Ⅶ-16	剪紙（瑞昌剪紙）	瑞昌市
	350	Ⅶ-51	竹編（瑞昌竹編）	瑞昌市
傳統技藝	436	Ⅷ-86	煙火爆竹製作技藝（萬載花炮製作技藝、萍鄉煙花製作技藝）	萬載縣、上栗縣
民俗	508	Ⅹ-60	藥市習俗（樟樹藥俗）	樟樹市

江西省第二批國家級非物質文化遺產名錄（共 6 項，2008 年 6 月）

項目種類	序號	編號	項目名稱	申報地區或單位
傳統舞蹈	642	Ⅲ-45	燈舞（鯉魚燈舞）	吉安縣
曲藝	756	Ⅴ-63	萍鄉春鑼	萍鄉市
傳統美術	830	Ⅶ-54	草編（湖口草龍）	湖口縣
	865	Ⅶ-89	瓷板畫	南昌市
傳統技藝	885	Ⅷ-102	夏布織造技藝	萬載縣
民俗	988	Ⅹ-81	燈會（石城燈會）	石城縣

江西省第三批國家級非物質文化遺產名錄（共 3 項，2011 年 5 月）

項目種類	序號	編號	項目名稱	申報地區或單位
傳統音樂	1071	Ⅱ-141	九江山歌	九江縣
傳統戲劇	1106	Ⅳ-144	贛劇	省贛劇院
	1107	Ⅳ-145	西河戲	星子縣

江西省第三批國家級非物質文化遺產擴展項目名錄（共 8 項，2011 年 5 月）

項目種類	序號	編號	項目名稱	申報地區或單位
傳統舞蹈	108	Ⅲ-5	獅舞（古陂蓆獅、犁獅）	信豐縣
傳統戲劇	209	Ⅳ-65	採茶戲（高安採茶戲、撫州採茶戲）	高安市、撫州市臨川區
	233	Ⅳ-89	儺戲（德安潘公戲）	德安縣
傳統美術	315	Ⅶ-16	剪紙（新干剪紙）	新干縣
傳統技藝	910	Ⅷ-127	漆器髹飾技藝（鄱陽脫胎漆器髹飾技藝）	鄱陽縣
民俗	978	Ⅹ-71	元宵節（上阪關公燈）	南昌市灣裡區
	991	Ⅹ-84	廟會（西山萬壽宮廟會）	新建縣

江西省第一批省級非物質文化遺產名錄（共計 62 項，2006 年 6 月）

項目種類	序號	編號	項目名稱	申報地區或單位
民間文學（共計 2 項）	1	Ⅰ-1	麻姑仙女傳說《滄海桑田》	撫州市南城縣
	2	Ⅰ-2	毛衣女下凡神話傳說	新余市仙女湖風景名勝區管理委員會
民間音樂（共計 3 項）	3	Ⅱ-1	興國山歌	贛州市興國縣
	4	Ⅱ-2	於都嗩吶《公婆吹》	贛州市於都縣
	5	Ⅱ-3	萬載得勝鼓	宜春市萬載縣
民間舞蹈（共計 8 項）	6	Ⅲ-1	南豐跳儺	撫州市南豐縣
	7	Ⅲ-2	婺源儺舞	上饒市婺源縣
	8	Ⅲ-3	樂安儺舞	撫州市樂安縣
	9	Ⅲ-4	永新盾牌舞	吉安市永新縣
	10	Ⅲ-5	吉安燈彩	吉安市
	11	Ⅲ-6	德安潘公戲（布帳儺）	九江市德安縣
	12	Ⅲ-7	崇仁跳八仙	撫州市崇仁縣
	13	Ⅲ-8	萬載開口儺	宜春市萬載縣

傳統戲劇（共計 7 項）	14	Ⅳ-1	弋陽腔	上饒市弋陽縣
	15	Ⅳ-2	青陽腔	九江市湖口縣
	16	Ⅳ-3	廣昌孟戲	撫州市廣昌縣
	17	Ⅳ-4	婺源徽劇	上饒市婺源縣
	18	Ⅳ-5	宜黃戲	撫州市宜黃縣
	19	Ⅳ-6	贛南採茶戲	贛州市
	20	Ⅳ-7	寧都中村儺戲	贛州市寧都縣
曲藝（共計 6 項）	21	Ⅴ-1	武寧打鼓歌（鋤山鼓）	九江市武寧縣
	22	Ⅴ-2	新干搖錢樹（蓮花落）	吉安市新干縣
	23	Ⅴ-3	於都古文	贛州市於都縣
	24	Ⅴ-4	萍鄉春鑼	萍鄉市
	25	Ⅴ-5	宜春評話	宜春市袁州區
	26	Ⅴ-6	永新小鼓	吉安市永新縣
雜記與競技（共計 1 項）	27	Ⅵ-1	豐城岳家獅	宜春市豐城市
民間美術（共計 4 項）	28	Ⅶ-1	婺源三雕	上饒市婺源縣
	29	Ⅶ-2	萍鄉湘東儺面具	萍鄉市湘東區
	30	Ⅶ-3	南昌瓷板畫	南昌市
	31	Ⅶ-4	瑞昌剪紙	九江市瑞昌市
傳統手工技藝（共計 19 項）	32	Ⅷ-1	景德鎮手工製瓷技藝	景德鎮市
	33	Ⅷ-2	景德鎮傳統瓷窯作坊營造技藝	江西省文物保護中心
	34	Ⅷ-3	鉛山連四紙製作技藝	上饒市鉛山縣
	35	Ⅷ-4	歙硯製作技藝	上饒市婺源縣
	36	Ⅷ-5	金星硯製作技藝	九江市星子縣
	37	Ⅷ-6	樂平古戲台建築工藝	景德鎮市樂平市
	38	Ⅷ-7	瑞昌竹編技藝	九江市瑞昌市
	39	Ⅷ-8	會昌滕器製作技藝	贛州市會昌縣
	40	Ⅷ-9	上栗傳統煙花製作技藝	萍鄉市上栗縣
	41	Ⅷ-10	鄱陽脫胎漆器製作工藝	上饒市鄱陽縣
	42	Ⅷ-11	萬載花炮製作技藝	宜春市萬載縣
	43	Ⅷ-12	宜春袁州區脫胎漆器製作工藝	宜春市袁州區

傳統手工技藝（共計 19 項）	44	Ⅷ-13	湖口草龍製作技藝	九江市湖口縣
	45	Ⅷ-14	萬載夏布製作技藝	宜春市萬載縣
	46	Ⅷ-15	進賢文港毛筆製作技藝	南昌市進賢縣
	47	Ⅷ-16	南豐蜜橘栽培技藝	撫州市南豐縣
	48	Ⅷ-17	李渡燒酒釀造技藝	南昌市進賢縣
	49	Ⅷ-18	萍鄉花果手工工藝	萍鄉市安源區
	50	Ⅷ-19	安義黃洲宗山米粉製作技藝	南昌市安義縣
民俗（共計 12 項）	51	Ⅸ-1	全豐花燈	九江市修水縣
	52	Ⅸ-2	景德鎮瓷業習俗	景德鎮市
	53	Ⅸ-3	樟樹藥俗	宜春市樟樹市
	54	Ⅸ-4	鄱陽湖傳統漁業生產習俗	上饒市鄱陽縣
	55	Ⅸ-5	萬年稻米習俗及貢米生產技術	上饒市萬年縣
	56	Ⅸ-6	贛南客家民俗	贛州市
	57	Ⅸ-7	贛南客家圍屋習俗	贛州市龍南縣
	58	Ⅸ-8	上猶客家門匾習俗	贛州市上猶縣
	59	Ⅸ-9	婺源茶藝	上饒市婺源縣
	60	Ⅸ-10	石城燈會	贛州市石城縣
	61	Ⅸ-11	東林寺淨土宗	九江市廬山區
	62	Ⅸ-12	婺源鄉村文化	上饒市婺源縣

江西省第二批省級非物質文化遺產名錄（共計 102 項，2008 年 5 月）

項目種類	序號	編號	項目名稱	申報地區或單位
民間文學（共計 3 項）	1	Ⅰ-1	景德鎮民間故事—瓷窯的傳說	景德鎮市
	2	Ⅰ-2	豐城劍的傳說	宜春市豐城市
	3	Ⅰ-3	百丈山的傳說	宜春市奉新縣
民間音樂（共計 10 項）	4	Ⅱ-1	萬載紙棚山歌	宜春市萬載縣
	5	Ⅱ-2	鄉射遺樂	撫州市樂安縣
	6	Ⅱ-3	靖安打鼓鑼山歌	宜春市靖安縣
	7	Ⅱ-4	南鄉大堂音樂	贛州市安遠縣

民間音樂（共計 10 項）	8	Ⅱ-5	豐城花鈸鑼鼓	宜春市豐城市
	9	Ⅱ-6	銅鼓客家山歌	宜春市銅鼓縣
	10	Ⅱ-7	安義瑣吶	南昌市安義縣
	11	Ⅱ-8	姚金娜民歌	上饒市信州區
	12	Ⅱ-9	九江山歌	九江市九江縣
	13	Ⅱ-10	二塘長工山歌	南昌市進賢縣
民間舞蹈（共計 21 項）	14	Ⅲ-1	銀坑曾瓦儂舞	贛州市於都縣
	15	Ⅲ-2	上扳關公燈	南昌市灣裡區
	16	Ⅲ-3	青山湖雙龍戲珠	南昌市青山湖區
	17	Ⅲ-4	新干竹馬舞	吉安市新干縣
	18	Ⅲ-5	手搖獅	撫州市金溪縣
	19	Ⅲ-6	蘆溪古城獨角縮龍	萍鄉市蘆溪縣
	20	Ⅲ-7	瑞獅	贛州市定南縣
	21	Ⅲ-8	古陂「煎獅」「梨獅」	贛州市信豐縣
	22	Ⅲ-9	靖安馬燈舞	宜春市靖安縣
	23	Ⅲ-10	靖安香花和尚舞	宜春市靖安縣
	24	Ⅲ-11	城南龍燈	南昌市青云譜區
	25	Ⅲ-12	北劉轎舞	南昌市青山湖區
	26	Ⅲ-13	單貢區民間高蹺	贛州市草貢區
	27	Ⅲ-14	羅漢燈	撫州市東鄉縣
	28	Ⅲ-15	馬步燈	撫州市金溪縣
	29	Ⅲ-16	手搖九節龍	撫州市資溪縣
	30	Ⅲ-17	靖安茶花燈	宜春市靖安縣
	31	Ⅲ-18	二塘潑蛇燈	南昌市進賢縣
	32	Ⅲ-19	李渡車偽燈	南昌市進賢縣
	33	Ⅲ-20	花棍舞	贛州市全南縣
	34	Ⅲ-21	蓮花茶燈舞	萍鄉市蓮花縣
傳統戲劇（共計 17 項）	35	Ⅳ-1	贛劇	江西贛劇研究中心（江西省贛劇院、江西省藝術研究院）
	36	Ⅳ-2	南昌採茶戲	南昌市南昌縣
	37	Ⅳ-3	横峰愧倘戲	上饒市横峰縣

傳統戲劇（共計 17 項）	38	Ⅳ-4	寧都採茶戲	贛州市寧都縣
	39	Ⅳ-5	玉山班演藝	上饒市玉山縣
	40	Ⅳ-6	武寧採茶戲	九江市武寧縣
	41	Ⅳ-7	瑞昌採茶戲	九江市瑞昌市
	42	Ⅳ-8	高安採茶戲	宜春市高安市
	43	Ⅳ-9	東河戲	贛州市贛縣
	44	Ⅳ-10	西河戲	九江市星子縣
	45	Ⅳ-11	修水寧河戲	九江市修水縣
	46	Ⅳ-12	九江採茶戲	九江市九江縣
	47	Ⅳ-13	手端木偶戲	贛州市信豐縣
	48	Ⅳ-14	萬載花燈戲	宜春市萬載縣
	49	Ⅳ-15	撫州採茶戲	撫州市臨川區
	50	Ⅳ-16	永新三角班	吉安市永新縣
	51	Ⅳ-17	上栗牛帶茶燈	萍鄉市上栗縣
曲藝（共計 5 項）	52	Ⅴ-1	彼貴林南昌諧謔故事	南昌市西湖區
	53	Ⅴ-2	上高道情	宜春市上高縣
	54	Ⅴ-3	寧都鼓子曲	贛州市寧都縣
	55	Ⅴ-4	高安道情	宜春市高安市
	56	Ⅴ-5	鄱陽漁鼓	上饒市鄱陽縣
民間美術（共計 4 項）	57	Ⅶ-1	景德鎮民窯陶瓷美術	景德鎮市
	58	Ⅶ-2	新千剪紙	吉安市新千縣
	59	Ⅶ-3	「龍風呈祥」福字彩繪及雕版	宜春市靖安縣
	60	Ⅶ-4	宜春版畫	宜春市
傳統手工技藝（共 24 項）	61	Ⅷ-1	景德鎮傳統青花瓷製作技藝	景德鎮市
	62	Ⅷ-2	浮梁功夫紅茶製作技藝	景德鎮市浮梁縣
	63	Ⅷ-3	景德鎮傳統制瓷柴窯燒成技藝	景德鎮市
	64	Ⅷ-4	遂川狗粘腦茶的製作工藝	吉安市遂川縣
	65	Ⅷ-5	金溪雕版印刷手工技藝	撫州市金溪縣
	66	Ⅷ-6	廣昌白蓮生產技藝與習俗	撫州市廣昌縣
	67	Ⅷ-7	奉新土紙製作技藝	宜春市奉新縣

傳統手工技藝（共24項）	68	Ⅷ-8	安福火腿的製作技藝	吉安市安福縣
	69	Ⅷ-9	安義匾額書法雕刻技藝	南昌市安義縣
	70	Ⅷ-10	石城硯製作技藝	贛州市石城縣
	71	Ⅷ-11	金溪藕絲糖傳統手工技藝	撫州市金溪縣
	72	Ⅷ-12	南豐泥爐製作工藝	撫州市南豐縣
	73	Ⅷ-13	夏布製作工藝	上饒市信州區
	74	Ⅷ-14	永新和子四珍的製作技藝	吉安市永新縣
	75	Ⅷ-15	吉安荷酥餅的製作工藝	吉安市吉州區
	76	Ⅷ-16	蓮花打錫手工工藝	萍鄉市蓮花縣
	77	Ⅷ-17	峽江米粉的製作工藝	吉安市峽江縣
	78	Ⅷ-18	手工藝術模具雕刻鋼模技藝	贛州市瑞金市
	79	Ⅷ-19	龍溪祝氏宗祠建造技藝	上饒市廣豐縣
	80	Ⅷ-20	瑞金傳統竹編工藝	贛州瑞金市
	81	Ⅷ-21	黃連麻糍製作技藝	宜春市奉新縣
	82	Ⅷ-22	永新紅軍斗笠的製作技藝	吉安市永新縣
	83	Ⅷ-23	安義糕點印模雕刻技藝	南昌市安義縣
	84	Ⅷ-24	荷塘鄉手工竹編技藝	景德鎮市昌江區
傳統醫藥（共3項）	85	Ⅸ-1	建昌幫藥業	撫州市南城縣
	86	Ⅸ-2	挑積	贛州市尋烏縣
	87	Ⅸ-3	胡卓人薪蛇藥酒的製作技藝	吉安市吉州區
民俗（共計15項）	88	Ⅹ-1	三僚堪輿文化	贛州市興國縣
	89	Ⅹ-2	西山萬壽宮廟會	南昌市新建縣
	90	Ⅹ-3	萬壽宮文化	南昌市西湖區
	91	Ⅹ-4	一聖仙娘花燈	九江市修水縣
	92	Ⅹ-5	義門陳	九江市德安縣
	93	Ⅹ-6	裝故事	撫州市樂安縣
	94	Ⅹ-7	樟村板燈民俗	上饒市玉山縣
	95	Ⅹ-8	石上曾坊橋幫燈	贛州市寧都縣
	96	Ⅹ-9	安福吃新節	吉安市安福縣
	97	Ⅹ-10	洛口南雲竹籬火龍	贛州市寧都縣
	98	Ⅹ-11	香火龍	贛州市龍南縣

民俗（共計15項）	99	X-12	湖口耙俗	九江市湖口縣
	100	X-13	齊客過年風俗	南昌市青山湖區
	101	X-14	南昌祭轎	南昌市南昌縣
	102	X-15	豐城梅燭	宜春市豐城市

江西省第三批省級非物質文化遺產名錄（共計206項，2010年6月）

項目種類	序號	編號	項目名稱	申報地區或單位
民間文學（共計20項）	1	Ⅰ-1	南昌蕭峰蕭史吹簫引鳳故事	南昌市新建縣
	2	Ⅰ-2	歐陽修故事	吉安市
	3	Ⅰ-3	文天祥故事	吉安市
	4	Ⅰ-4	安福武功山傳說	吉安市安福縣
	5	Ⅰ-5	泰和白鳳仙子傳說	吉安市泰和縣
	6	Ⅰ-6	歐母畫荻教子故事	吉安市永豐縣
	7	Ⅰ-7	陶母教子故事	吉安市新干縣
	8	Ⅰ-8	楊萬裡故事	吉安市吉水縣
	9	Ⅰ-9	解縉故事	吉安市吉水縣
	10	Ⅰ-10	永新石灰腦傳說	吉安市永新縣
	11	Ⅰ-11	宜春慈化寺傳說	宜春市
	12	Ⅰ-12	袁州譙樓傳說	宜春市
	13	Ⅰ-13	宜豐洞山傳說	宜春市宜豐縣
	14	Ⅰ-14	宜豐恆白話故事	宜春市宜豐縣
	15	Ⅰ-15	靖安客家童謠	宜春市靖安縣
	16	Ⅰ-16	豐城許真君傳說	宜春市豐城市
	17	Ⅰ-17	德安八景傳說	九江市德安縣
	18	Ⅰ-18	潯陽八景傳說	九江市潯陽區
	19	Ⅰ-19	都昌老爺廟傳說	九江市都昌縣
	20	Ⅰ-20	彭澤小姑與彭郎傳說	九江市彭澤縣
傳統音樂（共計13項）	21	Ⅱ-1	南昌胡華鑼鼓十八番	南昌市南昌縣
	22	Ⅱ-2	新建得勝鼓	南昌市新建縣
	23	Ⅱ-3	井岡客家山歌	吉安市井岡山市
	24	Ⅱ-4	鄱陽漁歌	上饒市鄱陽縣

傳統音樂（共計 13 項）	25	Ⅱ-5	鉛山盒族民歌	上饒市鉛山縣
	26	Ⅱ-6	崇義竹洞俞族山歌	贛州市崇義縣
	27	Ⅱ-7	龍虎山正一天師道道教音樂	鷹灘市
	28	Ⅱ-8	奉新山歌	宜春市奉新縣
	29	Ⅱ-9	宜春三星鼓	宜春市袁州區
	30	Ⅱ-10	九江秧號	九江市九江縣
	31	Ⅱ-11	永修吳城排工號子	九江市永修縣
	32	Ⅱ-12	瑞昌秧號	九江市瑞昌市
	33	Ⅱ-13	楚調唐音歌吟	省社會科學院語言文學研究所
傳統舞蹈（共計 39 項）	34	Ⅲ-1	進賢羅家獅舞	南昌市進賢縣
	35	Ⅲ-2	進賢梅莊花棍	南昌市進賢縣
	36	Ⅲ-3	臨川火老虎燈	撫州市臨川區
	37	Ⅲ-4	東鄉車馬燈	撫州市東鄉縣
	38	Ⅲ-5	崇仁相山板凳龍	撫州市崇仁縣
	39	Ⅲ-6	蘆溪南坑車湘儺舞	萍鄉市蘆溪縣
	40	Ⅲ-7	上栗儺舞	萍鄉市上栗縣
	41	Ⅲ-8	永豐儺舞	吉安市永豐縣
	42	Ⅲ-9	峽江打蚌殼	吉安市峽江縣
	43	Ⅲ-10	吉安茅田花燈	吉安市吉安縣
	44	Ⅲ-11	萬年太平跳腳龍燈	上饒市萬年縣
	45	Ⅲ-12	崇義告聖	贛州市崇義縣
	46	Ⅲ-13	上猶九獅拜象	贛州市上猶縣
	47	Ⅲ-14	大余南安羅漢舞	贛州市大余縣
	48	Ⅲ-15	於都茶籃燈	贛州市於都縣
	49	Ⅲ-16	安遠瑞龍	贛州市安遠縣
	50	Ⅲ-17	全南車馬燈	贛州市全南縣
	51	Ⅲ-18	貴溪俞族馬燈舞	鷹潭市貴溪市
	52	Ⅲ-19	龍虎山正一天師道齋醮科儀	鷹潭市
	53	Ⅲ-20	渝水風凰舞	新余市渝水區
	54	Ⅲ-21	渝水觀巢推車燈	新余市渝水區

傳統舞蹈（共計39項）	55	Ⅲ-22	仰天崗雙獅舞	新余市仰天崗管委會
	56	Ⅲ-23	宜豐宋家雙獅舞	宜春市宜豐縣
	57	Ⅲ-24	銅鼓跳現	宜春市銅鼓縣
	58	Ⅲ-25	銅鼓七鯉搶蝦	宜春市銅鼓縣
	59	Ⅲ-26	銅鼓太平燈	宜春市銅鼓縣
	60	Ⅲ-27	銅鼓漁樵耕讀	宜春市銅鼓縣
	61	Ⅲ-28	高安上湖燈彩	宜春市高安市
	62	Ⅲ-29	宜豐牌樓神獅舞	宜春市宜豐縣
	63	Ⅲ-30	上高排字舞	宜春市上高縣
	64	Ⅲ-31	都昌打岔傘	九江市都昌縣
	65	Ⅲ-32	萬安麒麟獅象燈	吉安市萬安縣
	66	Ⅲ-33	泰和蝦蛉燈	吉安市泰和縣
	67	Ⅲ-34	遂川五龍下海	吉安市遂川縣
	68	Ⅲ-35	萬安股子燈	吉安市萬安縣
	69	Ⅲ-36	吉安東園龍	吉安市吉安縣
	70	Ⅲ-37	青原篩俚龍	吉安市青原區
	71	Ⅲ-38	吉水鰲魚燈	吉安市吉水縣
	72	Ⅲ-39	吉水長龍	吉安市吉水縣
傳統戲劇（共計11項）	73	Ⅳ-1	萍鄉採茶戲	萍鄉市
	74	Ⅳ-2	蘆溪上埠牛帶茶	萍鄉市蘆溪縣
	75	Ⅳ-3	吉安採茶戲	吉安市
	76	Ⅳ-4	鄱陽饒河戲	上饒市鄱陽縣
	77	Ⅳ-5	玉山提線木偶戲	上饒市玉山縣
	78	Ⅳ-6	安遠九龍山採茶戲	贛州市安遠縣
	79	Ⅳ-7	興國提線木偶	贛州市興國縣
	80	Ⅳ-8	袁河鑼鼓戲	宜春市袁州區
	81	Ⅳ-9	永修丫丫戲	九江市永修縣
	82	Ⅳ-10	德安西河大戲	九江市德安縣
	83	Ⅳ-11	武寧戲社火	九江市武寧縣
曲藝（共計7項）	84	Ⅴ-1	南昌清音	南昌市東湖區
	85	Ⅴ-2	進賢李渡道情	南昌市進賢縣
	86	Ⅴ-3	萍鄉蓮花落	萍鄉市

曲藝（共計7項）	87	V-4	萬年串堂班	上饒市萬年縣
	88	V-5	南康古文	贛州市南康市
	89	V-6	宜春春鑼	宜春市袁州區
	90	V-7	都昌鼓書	九江市都昌縣
雜技與競技（共計5項）	91	VI-1	井岡山全堂獅燈	吉安市井岡山市
	92	VI-2	分宜洋江賽龍舟	新余市分宜縣
	93	VI-3	袁州南廟武術	宜春市袁州區
	94	VI-4	高安字門拳	宜春市高安市
	95	VI-5	蘆溪年豐獅	萍鄉市蘆溪縣
傳統美術（共計8項）	96	VII-1	進賢文港微雕	南昌市進賢縣
	97	VII-2	南豐儺面具雕刻	撫州市南豐縣
	98	VII-3	章貢客家竹雕	贛州市章貢區
	99	VII-4	大余核微雕技藝	贛州市大余縣
	100	VII-5	宜豐根雕	宜春市宜豐縣
	101	VII-6	樟樹剪紙	宜春市樟樹市
	102	VII-7	豐城掛聯剪紙	宜春市豐城市
	103	VII-8	豐城木雕	省博物館
傳統技藝（共62項）	104	VIII-1	南昌汪山土庫古建營造技藝	南昌市
	105	VIII-2	進賢張公夏布製作技藝	南昌市進賢縣
	106	VIII-3	進賢白圩木板活字印譜	南昌市進賢縣
	107	VIII-4	南昌塔城豆鼓製作技藝	南昌市南昌縣
	108	VIII-5	東湖贛發繡技藝	南昌市東湖區
	109	VIII-6	臨川蔑編技藝	撫州市臨川區
	110	VIII-7	金溪滸灣油面製作技藝	撫州市金溪縣
	111	VIII-8	永新牛川草席製作技藝	吉安市永新縣
	112	VIII-9	遂川珊田架花製作技藝	吉安市遂川縣
	113	VIII-10	吉州窯木葉紋黑釉瓷製作技藝	吉安市吉安縣
	114	VIII-11	井岡翠綠茶製作技藝	吉安市井岡山市
	115	VIII-12	井岡山竹編技藝	吉安市井岡山市
	116	VIII-13	吉安堆花酒釀造技藝	吉安市吉州區
	117	VIII-14	永豐玉扣紙製作技藝	吉安市永豐縣

傳統技藝（共62項）	118	Ⅷ-15	鉛山河紅茶製作技藝	上饒市鉛山縣
	119	Ⅷ-16	鄱陽灌芯糖製作技藝	上饒市鄱陽縣
	120	Ⅷ-17	戈陽大禾米粿製作技藝	上饒市飛陽縣
	121	Ⅷ-18	鉛山柳木蒸籠製作技藝	上饒市鉛山縣
	122	Ⅷ-19	横峰葛粉製作技藝	上饒市横峰縣
	123	Ⅷ-20	横峰興安酥製作技藝	上饒市横峰縣
	124	Ⅷ-21	龍南楊村米酒釀造技藝	贛州市龍南縣
	125	Ⅷ-22	定南客家酸酒鴨製作技藝	贛州市定南縣
	126	Ⅷ-23	定南客家酸菜製作技藝	贛州市定南縣
	127	Ⅷ-24	定南客家灰水板製作技藝	贛州市定南縣
	128	Ⅷ-25	大余南安板鴨製作技藝	贛州市大余縣
	129	Ⅷ-26	崇義黃姜豆腐製作技藝	贛州市崇義縣
	130	Ⅷ-27	崇義米灑釀制技藝	贛州市崇義縣
	131	Ⅷ-28	全南客家熏雞製作技藝	贛州市全南縣
	132	Ⅷ-29	全南藍巾帕製作技藝	贛州市全南縣
	133	Ⅷ-30	興國魚絲製作技藝	贛州市興國縣
	134	Ⅷ-31	崇義龍燈製作技藝	贛州市崇義縣
	135	Ⅷ-32	贛縣田村花燈製作技藝	贛州市贛縣
	136	Ⅷ-33	南康夭車製作技藝	贛州市南康市
	137	Ⅷ-34	瑞金魚圓製作技藝	贛州市瑞金市
	138	Ⅷ-35	瑞金岡面車燈製作技藝	贛州市瑞金市
	139	Ⅷ-36	石城肉丸製作技藝	贛州市石城縣
	140	Ⅷ-37	景德鎮傳統粉彩瓷製作技藝	景德鎮市
	141	Ⅷ-38	景德鎮傳統顏色釉瓷燒制技藝	景德鎮市
	142	Ⅷ-39	景德鎮雕塑瓷手工製作技藝	景德鎮市
	143	Ⅷ-40	景德鎮瓷用毛筆製作技藝	景德鎮市
	144	Ⅷ-41	貴溪捺菜	鷹潭市貴溪市
	145	Ⅷ-42	貴溪燈芯糕	鷹潭市貴溪市
	146	Ⅷ-43	新余夏布刺繡	新余市渝州繡坊
	147	Ⅷ-44	分宜夏布製作技藝	新余市分宜縣

傳統技藝（共62項）	148	Ⅷ-45	分宜湖澤木砦製作技藝	新余市分宜縣
	149	Ⅷ-46	樟樹四特酒製作技藝	宜春市樟樹市
	150	Ⅷ-47	宜豐天寶羅酒製作技藝	宜春市宜豐縣
	151	Ⅷ-48	宜豐徽豆腐製作技藝	宜春市宜豐縣
	152	Ⅷ-49	袁州松花皮蛋製作技藝	宜春市袁州區
	153	Ⅷ-50	袁州夏布製作技藝	宜春市袁州區
	154	Ⅷ-51	豐城凍米糖製作技藝	宜春市豐城市
	155	Ⅷ-52	萬載羅城扎粉製作技藝	宜春市萬載縣
	156	Ⅷ-53	高安腐竹製作技藝	宜春市高安市
	157	Ⅷ-54	奉新釀飯蛇製作技藝	宜春市奉新縣
	158	Ⅷ-55	永修楊氏彈花技藝	九江市永修縣
	159	Ⅷ-56	九江桂花茶餅製作技藝	九江市
	160	Ⅷ-57	星子鍋石技藝	九江市星子縣
	161	Ⅷ-58	湖口豆鼓製作技藝	九江市湖口縣
	162	Ⅷ-59	修水哨子製作技藝	九江市修水縣
	163	Ⅷ-60	修水貢硯製作技藝	九江市修水縣
	164	Ⅷ-61	蓮花血鴨烹調技藝	萍鄉市蓮花縣
	165	Ⅷ-62	傳統水力機械和手工技藝制茶	江西省中國民俗文化研究中心
傳統醫藥（共8項）	166	Ⅸ-1	萬年張氏中醫藥燒燙療法	上饒市萬年縣
	167	Ⅸ-2	信州火針	上饒市信州區
	168	Ⅸ-3	於都敦本堂熊氏民間中醫	贛州市於都縣
	169	Ⅸ-4	定南挑積	贛州市定南縣
	170	Ⅸ-5	豐城諶母醫藥療法	宜春市豐城市
	171	Ⅸ-6	樟樹中藥材炮制技藝	宜春市樟樹市
	172	Ⅸ-7	樟樹藥都藥膳製作技藝	宜春市樟樹市
	173	Ⅸ-8	九江王萬和中醫藥療法	九江市九江開發區
民俗（共計33項）	174	Ⅹ-1	新建石崗梅燭燈	南昌市新建縣
	175	Ⅹ-2	青云譜版王廟龍舟賽	南昌市青雲譜區
	176	Ⅹ-3	安義安家開大爐踩金磚	南昌市安義縣
	177	Ⅹ-4	南豐妝迎	撫州市南豐縣
	178	Ⅹ-5	樂安羅陂廟會	撫州市樂安縣

民俗（共計33項）	179	X-6	資溪含族祭祀儀式	撫州市資溪縣
	180	X-7	吉安敦厚元宵燈會	吉安市吉安縣
	181	X-8	吉安干麥船	吉安市吉安縣
	182	X-9	青原渼陂彩擎	吉安市青原區
	183	X-10	青原喊船	吉安市青原區
	184	X-11	安福垌雲火把節	吉安市安福縣
	185	X-12	安福中秋燒塔	吉安市安福縣
	186	X-13	上饒石人殿廟會	上饒市上饒縣
	187	X-14	上饒石人橋燈	上饒市上饒縣
	188	X-15	鉛山石塘橋燈	上饒市鉛山縣
	189	X-16	鄱陽湖鴻鵝捕魚習俗	上饒市余干縣
	190	X-17	婺源豆腐架	上饒市婺源縣
	191	X-18	婺源抬閣	上饒市婺源縣
	192	X-19	廣豐五都蠟燭會	上饒市廣豐縣
	193	X-20	定南客家哭嫁習俗	贛州市定南縣
	194	X-21	龍南楊村龍舟賽	贛州市龍南縣
	195	X-22	寧都石上割雞擔燈	贛州市寧都縣
	196	X-23	南康鯉魚燈	贛州市南康市
	197	X-24	安遠欣山上刀山	贛州市安遠縣
	198	X-25	全南中寨香火龍	贛州市全南縣
	199	X-26	崇義舞春牛	贛州市崇義縣
	200	X-27	定南客家服飾	贛州市定南縣
	201	X-28	章貢客家菜	贛州市章貢區
	202	X-29	鷹潭水曲果偽	鷹潭市月湖區
	203	X-30	宜豐風水獅	宜春市宜豐縣
	204	X-31	高安土城鬥牛	宜春市高安市
	205	X-32	靖安草龍燈習俗	宜春市靖安縣
	206	X-33	彭澤板龍	九江市彭澤縣

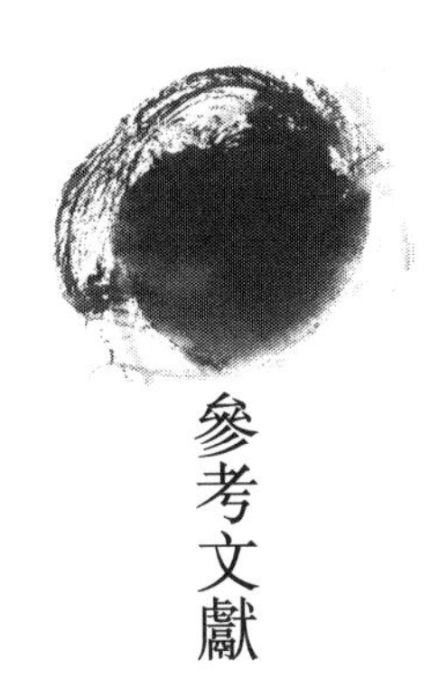

參考文獻

一、正史、政書類

1. （清）孫希旦：《禮記集解》，中華書局 1989 年。
2. 《易經》，蘇勇點校，：《墨子校注》，孫啟治點校，中華書局 1993 年。
3. 程樹德：《論語集釋》，程俊英、蔣見元點校，中華書局 1990 年。
4. 程俊英、蔣見元：《詩經注析》，中華書局 1991 年。
5. 吳毓江：《墨子校注》，孫啟治點校，中華書局 1993 年。
6. （清）王先慎：《韓非子集解》，鐘哲點校，中華書局 1998 年。
7. （漢）韓嬰：《韓詩外傳集釋》，許維遹校釋，中華書局 1980 年。
8. （漢）司馬遷：《史記》，中華書局 1982 年。

9. （漢）戴德：《大戴禮記》，中華書局 1985 年。
10. （漢）班固：《漢書》，上海古籍出版社 2003 年。
11. （晉）袁宏：《後漢紀》，上海書店 1989 年。
12. （梁）沈約：《宋書》，中華書局 1974 年。
13. （唐）李延壽：《南史》，中華書局 1975 年。
14. （唐）魏徵等：《隋書》，中華書局 1973 年。
15. （唐）李吉甫：《元和郡縣圖志》，中華書局 1983 年。
16. （唐）李肇：《唐國史補》，中華書局 1991 年。
17. （後晉）劉煦：《舊唐書》，中華書局 1975 年。
18. （宋）李昉等：《太平御覽》，中華書局 1960 年影印本。
19. （宋）李昉等：《太平廣記》，中華書局 1961 年。
20. （宋）歐陽修、宋祁：《新唐書》，中華書局 1975 年。
21. （宋）王存：《元豐九域志》，中華書局 1984 年。
22. （宋）樂史：《太平寰宇記》，中華書局 2007 年。
23. （宋）陳均：《九朝編年備要》，《景印文淵閣四庫全書》第 328 冊，台灣商務印書館 2008 年。
24. （元）脫脫等：《宋史》，中華書局 1977 年。
25. 《明實錄》，台灣中央研究院歷史語言研究所校印本 1962 年。
26. （明）李賢等：《大明一統志》，《景印文淵閣四庫全書》第 473 冊，台灣商務印書館 2008 年。
27. 《欽定授時通考》，《景印文淵閣四庫全書》第 732 冊，台灣商務印書館 2008 年。
28. 《欽定大清會典事例》，商務印書館光緒三十四年石印本。

29. （清）佚名輯：《西江政要》，道光三、四、五年合抄本。
30. （清）徐松輯：《宋會要輯稿》，中華書局 1957 年。
31. （清）張廷玉等：《明史》，中華書局 1974 年。
32. 《清實录》，中華書局 1986、1987 年。
33. （清）董誥：《全唐文》，上海古籍出版社 1990 年。
34. （清）凌燽：《西江視臬紀事》，顧廷龍主編《續修四庫全書》第 882 冊，上海古籍出版社 2002 年。
35. （清）彭定求等編：《全唐詩》，中州古籍出版社 2008 年。

二、地方志

1. （明）姚汀等修，嚴嵩纂，正德《袁州府志》，《天一閣藏明代方志選刊》，上海古籍書店 1963 年。
2. （明）陳霖纂修，正德《南康府志》，《天一閣藏明代方志選刊》，上海古籍書店 1964 年。
3. （明）鄺璠修，熊相纂：《瑞州府志》，《天一閣藏明代方志選刊續編》，上海書店 1990 年。
4. （明）夏良勝纂修，正德《建昌府志》，《天一閣藏明代地方志選刊》，上海古籍書店 1964 年。
5. （明）張士鎬修，（明）江汝璧纂，嘉靖《廣信府志》，《天一閣藏明代方志選刊續編》，上海書店 1990 年。
6. （明）秦鎰修，（明）饒文璧纂，嘉靖《東鄉縣志》，《天一閣藏明代地方志選刊》，上海古籍書店 1963 年。
7. （明）林庭棉，（明）周廣纂修，嘉靖《江西通志》，台灣成文出版社 1989 年。
8. （明）劉昭文纂修，嘉靖《南康縣志》，《天一閣藏明代方志選刊續編》，上海書店 1990 年。
9. （明）馮曾修纂，嘉靖《九江府志》，《天一閣藏明代方志選刊》，上海古籍書店 1962 年。
10. （明）王宗沐纂修，嘉靖《江西省大志》，嘉靖三十五年刊本。
11. （明）管大勳修，隆慶《臨江府志》，《天一閣藏明代地方志選刊》，上海古籍書店 1962 年。
12. （明）葉朝榮修，戴震亨纂，萬曆《彭澤縣志》，萬曆十年刊本。
13. （明）笪繼良、柯仲炯等纂修：《鉛書》，萬曆四十六刊本。
14. （明）孫文龍纂修，萬曆《承天府志》，萬曆三十年刻本。
15. （明）秦鏞纂修，崇禎《清江縣志》，順治二年刊本。
16. （清）祝天壽、張映雲等纂修，順治《定南縣志》，順治十四年刊本。
17. （清）江般道等修、張秉鉉等纂，康熙《九江府志》，康熙十二年刻本。
18. （清）范之煥、陳啟禧等纂，康熙《湖口縣志》，康熙十二年刊本。

19. （清）胡亦堂等修，謝元鐘等纂，康熙《臨川縣志》，康熙十九年刊本。
20. （清）陳湞等修，鄧㷆等纂，康熙《浮梁縣志》，康熙二十一年刊本。
21. （清）王運禎等纂修，康熙《永新縣志》，康熙二十二年刻本。
22. （清）吳啟新等修，葉友柏等纂，康熙《德興縣志》，康熙二十二年刊本。
23. （清）於成龍等修，杜果等纂，康熙《江西通志》，康熙二十二年刊本。
24. （清）張四教修，增大升纂，康熙二十七年《撫州府志》，康熙廿七年刊本。
25. （清）曾王孫修，徐孟深等纂，康熙《都昌縣志》，康熙三十三年刊本。
26. （清）江為龍修，李紹蓮等纂，康熙四十七年《宜春縣志》，康熙四十七年刊本。
27. （清）白潢等修，查慎行等纂：《西江志》，康熙五十九年刊本。
28. （清）謝旻等修，雍正《江西通志》，雍正十年刻本。
29. （清）羅福晉等修、李茹旻等纂，雍正《撫州府志》，雍正七年刊本。
30. （清）方懋祿、李珥修，夏之翰纂，乾隆《新城縣志》，乾隆十六年刻本。
31. （清）游法珠修，楊廷為等纂，乾隆《信豐縣志》，乾隆十六年刻本。

32. （清）朱崧等修，周立愛等纂,乾隆《瀘溪縣志》，乾隆十六年刊本。

33. （清）戴體仁等修，吳湘臬纂,乾隆《會昌縣志》，乾隆十六年刊本。

34. （清）冉棠修，沈瀾纂，乾隆《泰和縣志》，乾隆十八年刊本。

35. （清）吳會川修，何炳奎纂，乾隆《彭澤縣志》，乾隆二十一年刊本。

36. （清）沈均安修，黃世成、馮渠纂，乾隆《贛縣志》，乾隆二十一年刻本。

37. （清）陳廷枚等修，熊曰華等纂，乾隆《袁州府志》，乾隆二十五年刻本。

38. （清）李其昌纂修，乾隆《蓮花廳志》，乾隆二十五年刻本。

39. （清）王謨：《江西考古錄》，乾隆三十二年刻本。

40. （清）朱昕、劉霖纂修，乾隆《定南廳志》，乾隆四十四年刊本。

41. （清）高植、沈錫三等纂修，乾隆《德化縣志》，乾隆四十五年刊本。

42. （清）朱扆等修，林有席等纂，乾隆《贛州府志》，乾隆四十七年刊本。

43. （清）鄧廷輯修，熊為霖纂，乾隆《清江縣志》，乾隆四十五年刊本。

44. （清）程廷濟修，凌汝綿纂，乾隆《浮梁縣志》，乾隆四十八年刊本。
45. （清）鄒應元修，盛大謨纂，乾隆《武寧縣志》，乾隆二十九年刻本。
46. （清）楊柏年修，黃鶴雯纂，乾隆《石城縣志》，乾隆四十六年刊本。
47. （清）宋庚修，洪宗訓纂，嘉慶《湖口縣志》，嘉慶二十三年刻本。
48. （清）周岩等修，劉瀓等纂，嘉慶《彭澤縣志》，嘉慶二十四年刊本。
49. （清）蔣方增纂修，道光《瑞金縣志》，道光二年刻本。
50. （清）蔣啟　等修，余廷愷等纂,道光《德興縣志》，道光三年刊本。
51. （清）歐陽輯瑞等修，道光《上猶縣志》，道光三年刊本。
52. （清）石家紹修，徐恩諫纂，道光《龍南縣志》，道光四年刊本。
53. （清）蔣敍倫等修，（清）蕭朗峰等纂，道光《興國縣志》，道光四年刊本。
54. （清）鄭祖琛等修，項紳等纂，道光《寧都直隸州志》，道光四年刊本
55. （清）曾暉春修，冷玉光纂，道光《義寧州志》，道光四年刊本。
56. （清）徐清選修，毛輝鳳纂，道光《豐城縣志》，道光

五年刊本。

57. （清）崔登龍、彭宗岱修，涂蘭玉纂,道光《新建縣志》，道光二十九年刊本。

58. （清）時式敷修，廖連纂，道光《南城縣志》，道光六年刊本。

59. （清）喬溎修，賀熙齡纂，道光《浮梁縣志》，道光十二年補刻本。

60. （清）陳喬樅纂修，咸豐《袁州府志》，咸豐十年刊本。

61. （清）黃家駒：《重刊麻姑山志》，同治五年刊本。

62. （清）李大觀修，劉傑光纂，同治《信豐縣志續編》，同治六年補刻本。

63. （清）汪寶樹修，胡友梅纂，同治《崇義縣志》，同治六年刊本。

64. （清）曾毓璋等修纂，同治《廣昌縣志》，同治六年刊本。

65. （清）李士棻等修，胡業恆等纂，同治《東鄉縣志》，同治八年刊本。

66. （清）何慶朝纂修，同治《武寧縣志》，同治九年刊本。

67. （清）董萼榮等修，汪元祥等纂，同治《樂平縣志》，同治九年刊本。

68. （清）潘懿修，朱孫詔纂，同治《清江縣志》，同治九年刊本。

69. （清）陳紀麟等修，劉於潯等纂，同治《南昌縣志》，同治九年刻本。

70. （清）程芳修，鄭浴修等纂，同治《金溪縣志》，同治九年刊本。
71. （清）劉昌岳修，鄧家祺纂，同治《新城縣志》，同治九年刻本。
72. （清）馮蘭森等修，羅作霖等纂，同治《上高縣志》，同治九年刊本。
73. （清）徐家瀛修，舒孔恂等纂，同治《靖安縣志》，同治九年刊本。
74. （清）童范儼等修，陳慶齡等纂，同治《臨川縣志》，同治九年刊本。
75. （清）劉昌岳等修，鄧家祺纂，同治《新城縣志》，同治十年刊本。
76. （清）杜林修，彭斗山纂,同治《安義縣志》，同治十年刊本。
77. （清）項珂修，劉馥桂等纂，同治《萬年縣志》，同治十年刻本。
78. （清）江璧等修，胡景辰等纂，同治《進賢縣志》，同治十年刻本。
79. （清）沈建勳等修，程景周等纂，同治《德安縣志》，同治十年刊本。
80. （清）承霈修，杜友棠、（清）楊兆崧纂，同治《新建縣志》，同治十年刊本。
81. （清）藍煦等修，曹徵甲等纂，同治《星子縣志》，同治十年刊本。

82.（清）暴大儒等修，廖其觀等纂，同治《峽江縣志》，同治十年刻本。

83.（清）姚暹等修，馮士傑等纂，同治《瑞昌縣志》，同治十年刻本。

84.（清）德馨，朱孫詒等纂，同治《臨江府志》，同治十年刻本。

85.（清）張興言修，謝煌纂，同治《宜黃縣志》，同治十年刻本。

86.（清）呂懋先等修，帥方蔚纂，同治《奉新縣志》，同治十年刻本。

87.（清）俞致中修，汪炳熊纂，同治《弋陽縣志》，同治十年刻本。

88.（清）王恩溥等修，李樹藩等纂，同治《上饒縣志》，同治十一年刊本。

89.（清）陳鼒修，黃鳳樓纂，同治《德化縣志》，同治十一年刻本。

90.（清）錫榮纂修，《萍鄉縣志》，同治十一年刊本。

91.（清）狄學耕等修，黃昌蕃等纂，同治《都昌縣志》，同治十一年刊本。

92.（清）劉長景修，陳良棟、王驤纂，同治《會昌縣志》，同治十一年刻本。

93.（清）沈恩華等修，盧鼎峋等纂，同治《南康縣志》，同治十一年刊本。

94.（清）丁珮等修，黃瑞圖等纂，同治《安遠縣志》，同治十一年刻本。

95. （清）張繡中等纂修，同治《安福縣志》，同治十一年刊本。

96. （清）區作霖纂修，同治《余干縣志》，同治十一年刻本。

97. （清）邵子彝等修，魯琪光等纂，同治《建昌府志》，同治十一年刊本。

98. （清）崔國榜等纂修，同治《興國縣志》，同治十一年刊本。

99. （清）黃德溥等修，褚景昕等纂，同治《贛縣志》，同治十一年刊本。、

100. （清） 王大枚等修，黃正琅纂，同治《定南廳志》，同治十一年刻本。

101. （清） 盛元等纂修，同治《南康府志》，同治十一年刻本。

102. （清）譚尚書纂修輯，《禾川書》，同治十一年刊本。

103. （清） 張廷珩修，華祝三纂，同治《鉛山縣志》，同治十二年刊本。

104. （清）盛銓修，黃炳奎纂同治《崇仁縣志》，同治十二年刻本。

105. （清）趙宗耀等修，歐陽燾等纂，同治《彭澤縣志》，同治十二年刻本。

106. （清）李人鏡等修，梅體萱等纂，同治《南城縣志》，同治十二年刊本。

107.（清）王肇渭等修，郭崇輝等纂，同治《龍泉縣志》，同治十二年刻本

108.（清）文聚奎等修，吳增逵等纂，同治《新喻縣志》，同治十二年刊本。

109.（清）許應鑅等修，曾作舟等纂，同治《南昌府志》，同治十二年刊本。

110.（清）王肇賜等修，陳錫麟等纂，同治《新淦縣志》，同治十二年刻本。

111.（清）黄廷金修，蕭浚蘭等纂，同治《瑞州府志》，同治十二年刻本。

112.（清）歐陽駿等修，周之鏞等纂，同治《萬安縣志》，同治十二年刻本。

113.（清）魏瀛修，鐘音鴻纂，同治《贛州府志》，同治十二年刊本。

114.（清）黄壽祺修，吳華辰等纂修，同治《玉山縣志》，同治十二年刊本。

115.（清）蔣繼洙等修，李樹藩等纂，同治《廣信府志》，同治十二年刊本。

116.（清）李賓暘修，趙扶友等纂，同治《興安縣志》，同治十二年刊本。

117.（清）王家傑修，周文鳳纂，同治《豐城縣志》，同治十二年刻本。

118.（清）王維新等修，涂家傑等纂，同治《義寧州志》，同治十二年刊本。

119. （清）雙全等修，顧冬生纂，同治《廣豐縣志》，同治十三年刻本。
120. （清）楊輔宜等纂修，同治《永寧縣志》，同治十三年刊本。
121. （清） 達春布修，黃鳳樓纂，同治《九江府志》，同治十三年刊本。
122. （清） 殷禮、張興言修，同治《湖口縣志》，同治十三年刊本。
123. （清）王穎等修，何戴仁等纂，同治《雩都縣志》，同治十三年刊本。
124. （清）王建中等修，劉繹等纂，同治《永豐縣志》，同治十三年刻本。
125. （清）駱敏等修，蕭玉銓等纂，同治《袁州府志》，同治十三年刊本。
126. （清）蕭玉春等修，李煒等纂，同治《永新縣志》，同治十三年刻本。
127. （清）楊纂修，光緒《南安府志補正》，光緒元年刻本。
128. （清）張國英修，陳芳等纂，光緒《瑞金縣志》，光緒元年刻本。
129. （清） 彭際盛等修，胡宗元纂，光緒《吉水縣志》，光緒元年刻本。
130. （清）許應修、謝煌纂修，光緒《撫州府志》，光緒二年刻本。
131. （清）定祥修，劉繹纂，光緒《吉安府志》，光緒二年刊本。

132.（清）胡洪澤修，鐘益馭纂，光緒《龍南縣志》，光緒二年刊本。

133.（清）沈鎔經修，黃光祥纂，光緒《長寧縣志》，光緒七年刻本。

134.（清）宋瑛、蕭鶴齡修，彭啟瑞纂，光緒《泰和縣志》，光緒四年刻本。

135.（清）吳鶚修，汪正元纂，光緒《婺源縣志》，光緒九年刻本。

136.（清）葉滋瀾修，李臨馴纂，光緒《上猶縣志》，光緒七年修十九年重訂本。

137.（清）廖鼎璋、張伯勳等纂修，光緒《崇義縣志》，光緒二十一年刊本。

138.（清）劉坤一等修，光緒《江西通志》，光緒七年刊本。

139. 胡思敬，民國《鹽乘》，民國六年（1917）刻本。

140. 沈良弼修，董鳳笙纂，民國《德興縣志》，民國八年（1919）刻本。

141. 王補等纂修，民國《盧陵縣志》，民國九年（1920）刊本。

142. 吳寶炬等修，民國《大庾縣志》，民國十二年（1923）刻本。

143. 包發鸞修，趙惟仁纂，民國《南豐縣志》，民國十三年（1924）鉛印本。

144. 葛韻芬等修，江峰青纂，民國《重修婺源縣志》，民國十四年（1925）刻本。
145.（清）江召棠修，魏元曠纂，光緒《南昌縣志》，民國八年（1919）刊本。
146. 劉洪辟修，李有鋆等纂，民國《昭萍志略》，民國二十四年（1935）刊本。
147. 鄧南驤修，鄒代藩纂；丁國屏續修、陳家駿續纂，民國《寧岡縣志（後志）》，民國二十六年（1937）刊本。
148. 謝祖安修、蘇玉賢纂，民國《宜春縣志》，民國二十九年（1940）刊本。
149. 蕭家修等修，歐陽紹祁纂，民國《分宜縣志》，民國二十九年（1940）刊本。
150. 龍賡言纂修，民國《萬載縣志》，民國二十九年（1940）刊本。
151. 李正誼等修，鄒鵠纂，民國《吉安縣志》，民國三十年（1941）刊本。
152. 張愷修，陳建中纂，民國《贛縣新志稿》，民國三十五年（1946）鉛印本。
153. 江西省樂平縣地方志編纂委員會：《樂平縣志》，上海古籍出版社 1987 年。
154. 江西省萬載縣地方志編纂委員會：《萬載縣志》，江西人民出版社 1988 年。
155. 江西省興國縣地方志編撰委員會：《興國縣志》，興國縣印刷廠印刷 1988 年。
156. 江西省進賢縣地方志編纂委員會：《進賢縣志》，江西人民出版社 1989 年。
157. 江西省蓮花縣地方志編纂委員會：《蓮花縣志》，江西人民出版社 1989 年。
158. 江西省豐城縣縣志編纂委員會：《豐城縣志》，上海人民出版社 1989 年。
159. 江西省清江縣地方志編纂委員會：《清江縣志》，上海古籍出版社 1989 年。
160. 江西省靖安縣地方志編纂委員會：《靖安縣志》，江西人民出版社 1989 年。
161. 江西省東鄉縣地方志編纂委員會：《東鄉縣志》，江西人民出版社 1989 年
162. 江西省崇義縣地方志編纂委員會：《崇義縣志》，海南人民出版社 1989 年。
163. 江西省銅鼓縣地方志編纂委員會：《銅鼓縣志》，南海出版公司 1989 年。
164. 江西省宜春市地方志編纂委員會：《宜春市志》，南海出版公司 1990 年。
165. 江西省石城縣地方志編纂委員會：《石城縣志》，書目文獻出版社 1990 年。
166. 江西省崇仁縣地方志編纂委員會：《崇仁縣志》，江西人民出版社 1990 年。
167. 江西省鉛山縣地方志編纂委員會：《鉛山縣志》，南海出版公司 1990 年。
168. 江西省安義縣地方志編纂委員會：《安義縣志》，南海

出版公司出版 1990 年。

169. 江西省景德鎮市地方志編纂委員會:《景德鎮市志》,中國文史出版社 1991 年。

170. 江西省弋陽縣縣志編纂委員會:《弋陽縣志》,南海出版公司 1991 年。

171. 江西省奉新縣地方志編纂委員會:《奉新縣志》,南海出版公司 1991 年。

172. 江西省贛縣地方志編纂委員會:《贛縣縣志》,新華出版社 1991 年

173. 江西省金溪縣地方志編纂委員會:《金溪縣志》,新華出版社 1992 年。

174. 江西省黎川縣地方志編纂委員會:《黎川縣志》,黃山書社 1993 年。

175. 江西省臨川縣地方志編纂委員會:《臨川縣志》,新華出版社 1993 年。

176. 江西省都昌縣地方志編纂委員會:《都昌縣志》,新華出版社 1993 年。

177. 江西省宜黃縣地方志編纂委員會:《宜黃縣志》,新華出版社 1993 年。

178. 江西省泰和縣地方志編纂委員會:《泰和縣志》,中共中央黨校出版社 1993 年。

179. 江西省新余市方志編纂委員會:《新余市志》,漢語大詞典出版社 1993 年。

180. 江西省會昌縣地方志編纂委員會:《會昌縣志》,方志

出版社 1993 年。

181. 江西省廣昌縣地方志編纂委員會：《廣昌縣志》，上海社會科學出版社 1994 年。
182. 江西省南豐縣地方志編纂委員會：《南豐縣志》，中共中央黨校出版社 1994 年。
183. 江西省贛州地區方志編纂委員會：《贛州地區志》，新華出版社 1994 年。
184. 江西省地方志編纂委員會：《江西省水利志》，江西科學技術出版社 1995 年。
185. 江西省萍鄉市地方志編纂委員會：《萍鄉市志》，方志出版社 1996 年。
186. 江西省贛州市地方志編纂委員會：《贛州市志》，中國文史出版社 1999 年。
187. 江西省九江縣地方志編纂委員會：《九江縣志》，新華出版社 2001 年。
188. 江西省景德鎮縣地方志編纂委員會：《景德鎮市志》，方志出版社 1996 年。
189. 江西省吉安市方志編纂委員會：《吉安市志》，珠海出版社 1997 年。
190. 江西省上饒地區方志編纂委員會：《上饒地區志》，方志出版社 1997 年。
191. 江西省井岡山市地方志編纂委員會：《井岡山志》，新華出版社 1997 年。
192. 江西省浮梁縣地方志編纂委員會：《浮梁縣志》，方志出版社 1999 年。
193. 江西省上栗縣地方志編纂委員會：《上栗縣志》，方志出版社 2005 年。
194. 《上饒市農業志》編纂委員會：《上饒市農業志》，方志出版社 2005 年。
195. 江西省安源縣地方志編纂委員會：《安源區志》，方志出版社 2006 年。
196. 江西省蘆溪縣地方志編纂委員會：《蘆溪縣志》，方志出版社 2006 年。
197. 江西省月湖區地方志編纂委員會：《月湖區志》，方志出版社 2007 年。
198. 江西省瑞昌市地方志編纂委員會：《瑞昌市志》，方志出版社 2009 年。
199. 江西省瑞昌市地方志編纂委員會：《修水縣志》，海天出版社 1991 年。
200. 江西省分宜縣地方志編纂委員會：《分宜縣志》，檔案出版社 1993 年。
201. 江西省貴溪縣地方志編纂委員會：《貴溪縣志》，中國科學技術出版社 1996 年。
202. 江西省宜黄縣地方志編纂委員會：《宜黄縣志》，三秦出版社 2008 年。

三、文集、筆記、小說類

1. （漢）王逸：《楚辭章句．九歌章句第二》，《景印文淵閣四庫全書》，台灣商務印書館股份有限公司 2008 年。

2. （晉）郭璞傳，（清）郝懿行箋疏：《山海經箋疏》，阮氏琅環館嘉慶十四年刻本。
3. （晉）干寶：《搜神記》，商務印書館 1957 年。
4. （晉）陶潛：《陶淵明集》，人民文學出版社 1957 年。
5. （晉）崔豹：《古今注》，台灣商務印書館 1986 年。
6. （晉）嵇含：《南方草木狀》，《景印文淵閣四庫全書》第 589 冊，台灣商務印書館股份有限公司 2008 年。
7. （晉）葛洪：《神仙傳校釋》，胡守為校點，中華書局 1991 年。
8. （南朝梁）宗懍：《荊楚歲時記》，山西人民出版社 1987 年。
9. （南朝宋）釋慧遠：《廬山記略》，上海鴻文書局光緒十五年石印本。
10. （唐）陸羽：《茶經》，中國紡織出版社 2006 年。
11. （唐）柳宗元：《柳河東集》，上海古籍出版社 2008 年。
12. （唐）段成式：《酉陽雜俎》，方南生點校，中華書局 1981 年。
13. （宋）吳自牧：《夢粱錄》，照曠閣嘉慶十年刻本。
14. （宋）黃庭堅：《山谷集》，《景印文淵閣四庫全書》第 1113 冊，台灣商務印書館股份有限公司 2008 年。
15. （宋）陸游：《劍南詩稿》，《景印文淵閣四庫全書》第 1162 冊，台灣商務印書館股份有限公司 2008 年。
16. （宋）沈括：《夢溪筆談》，中華書局 2009 年。

17. （宋）周密：《志雅堂雜鈔》，鄧子勉校點，遼寧教育出版社 2000 年。
18. （宋）周密：《癸辛雜識》，吳企明點校，中華書局 2001 年。
19. （宋）周密：《武林舊事》，浙江人民出版社 1984 年。
20. （宋）范成大：《范成大筆記六種》，孔凡禮點校，中華書局 2002 年。
21. （宋）李之彥：《硯譜》，台灣商務印書館影印本 1986 年。
22. （宋）唐積：《歙州硯譜》，台灣商務印書館影印本 1986 年。
23. （宋）朱彧：《萍洲可談》，上海古籍出版社 1989 年。
24. （宋）高承：《事物紀原》，上海古籍出版社 1990 年。
25. （宋）周是非：《嶺外代答》，中華書局 1999 年。
26. （宋）陸九淵：《象山先生全集》，中華書局 1980 年。
27. （宋）洪邁：《夷堅三志》，中華書局 1981 年本。
28. （宋）歐陽修：《歐陽文忠全集》，台灣中華書局 1936 年。
29. （元）吳澄：《月令七十二候集解》，齊魯書社 1997 年。
30. （元）王禎：《農書》，中國戲劇出版社 1999 年。
31. （元）秦子晉：《新編搜神廣記》後集，上海古籍出版社 1990 年。
32. （元）陶宗儀：《說郛》，《景印文淵閣四庫全書》第 879 冊，台灣商務印書館 2008 年。

33. （明）湯顯祖：《湯顯祖集》，徐朔方箋校，中華書局 1962 年。
34. （明）趙廷瑞輯：《南滁會景編》，《四庫全書存目叢書》，齊魯書社 1997 年。
35. （明）顧炎武：《肇域志》，上海古籍出版社 2004 年。
36. （明）李維楨：《大泌山房集》，齊魯書社 1997 年。
37. （明）王士性：《廣志繹》，呂景琳點校，中華書局 1981 年。
38. （明）湯顯祖：《湯顯祖全集》，上海古籍出版社 1982 年。
39. （明）張瀚：《松窗夢語》，盛冬鈴點校，中華書局 1985 年。
40. （明）顧起元：《客座贅語》，譚棣華、陳稼禾點校，中華書局 1987 年。
41. （明）馮時化：《酒史》，齊魯書社 1997 年。
42. （明）謝肇淛：《五雜俎》，上海書店出版社 2001 年。
43. （明）沈德符：《萬曆野獲篇》，中華書局 2004 年。
44. （明）高濂：《遵生八箋》，甘肅文化出版社 2005 年。
45. （明）許次紓：《茶疏》，卡卡譯注，中國紡織出版社 2006 年。
46. （明）宋應星：《天工開物》，江西人民出版社 2010 年。
47. （明）胡銓：《胡澹庵先生文集》，清道光十三年刻本。
48. （明）艾南英：《天傭子集》，艾為珖編輯，康熙三十八年刊本。

49. （明）陸深：《豫章漫抄摘錄》，中華書局 1991 年。
50. （明）沈節甫編：《紀錄匯編》，上海涵芬樓出版社 1938 年。
51. （清）魯士驥：《山木居士外集》，嘉慶二年刻本。
52. （清）梁章，《文選旁證》，道光間刻本。
53. （清）陳文瑞：《南安竹枝詞》，道光三年刊本。
54. （清）陳文瑞：《瘦松柏齋初集》，道光三年刻本。
55. （清）陳弘謀輯：《五種遺規．訓俗遺規》，中華書局 1936 年。
56. （清）張應昌輯：《詩鐸》，中華書局 1960 年。
57. （清）錢泳：《履園叢話》，中華書局 1979 年。
58. （清）蒲松齡：《聊齋志異》，齊魯書社 1981 年。
59. （清）富察敦崇：《燕京歲時記》，北京古籍出版社 1981 年。
60. （清）袁枚：《新齊諧——子不語》，齊魯書社 1986 年。
61. （清）吳之振輯：《宋詩鈔》第 3 冊，《朝天續集鈔》，台灣商務印書館 1986 年。
62. （清）陳衍輯：《元詩紀事》，上海古籍出版社 1987 年。
63. （清）阮元輯：《宛委別藏．揅經室外集卷二》，江蘇古籍出版社 1988 年。
64. （清）百一居士：《壺天錄》，上海古籍出版社 1995 年。
65. （清）吳省欽：《白華前稿》，乾隆刻本。
66. （清）藍浦撰，鄭廷桂補輯：《景德鎮陶錄》，歐陽琛、周秋生點校，江西人民出版社 1996 年。

67. （清）袁枚：《隨園食單》，別曦注釋，三秦出版社 2005 年。
68. （清）孫承澤：《春明夢余錄》，《景印文淵閣四庫全書》第 868 冊，台灣商務印書館 1983 年。
69. （清）朱炎：《陶說》，杜斌校注，山東畫報出版社 2010 年。
70. 魯迅：《且介亭雜文二集》，人民文學出版社 2006 年。

四、資料集、史料匯編類

1. （漢）許慎著：（清）段玉裁注，《說文解字注》，上海古籍出版社 1988 年。
2. （清）賀長齡輯：《皇朝經世文編》，光緒十七年刻本。
3. （清）傅春官：《江西農工商礦紀略》，光緒丙午年（1906 年）刊本。
4. （清）王謨撰：《江西考古錄》，光緒十七年刊本。
5. 江西省政府統計室編：《江西年鑑》（第一回），江西全省印刷所民國二十四（1935）年。
6. 《江西省政府經濟委員會業刊》，南昌新記合群印刷公司，民國二十三年（1934 年）。
7. 《江西之茶》，《江西省政府經濟委員會叢刊》第四種，民國二十三年（1934）。
8. 江西省圖書館地方文獻編輯組編：《江西近現代地方文獻資料匯編》，江西省圖書館地方文獻編輯組 1984 年。
9. 國民黨南京行政院新聞局：《茶葉產銷》，國民黨南京行政院新聞局民國三十六年（1947）十一月。

10. 王松年：《江西之特產》（第一版），聯合徵信所南昌分所，民國三十八年（1949）。
11. 彭澤益編：《中國近代手工業史資料》第一卷，中華書局 1962 年。
12. 姚賢鎬編：《中國近代對外貿易史資料（1840-1895）》，中華書局 1962 年。
13. 李華編：《明清以來北京工商會館碑刻資料選編》，文物出版社 1980 年。
14. 蘇州博物館等合編：《明清蘇州工商業碑刻集》，江蘇人民出版社 1981 年。
15. 徐珂：《清稗類鈔》，中華書局 1984 年。
16. 江西省情匯要編輯委員會：《江西省情匯要（1949—1983）》，江西人民出版社 1985 年。
17. 胡朴安：《中華全國風俗志》（下編），河北人民出版社 1986 年。
18. 《通制條格》，黄時鑑點校，浙江古籍出版社 1986 年。
19. 陳星：《江西通觀》，人民日報出版社 1987 年。
20. 江西省社會科學院歷史研究所編：《江西近代貿易史資料》，江西人民出版社 1988 年。
21. 彭雨新：《清代土地開墾史資料匯編》，武漢大學出版社 1992 年。
22. 楊一凡、劉海年合編：《中國珍稀法律典籍集成》乙編，科學出版社 1994 年。

23. 前南京國民政府司法行政部編：《民事習慣調查報告彔》，胡旭晟等點校，中國政法大學出版社 2000 年。
24. 張智主編：《中國風土志叢刊》第 34 冊，廣陵書社 2003 年。
25. 中國人民政治協商會議新干縣委員會文史資料研究委員會：《新干文史資料》第 1 輯，新干縣印刷廠 1987 年印刷本。
26. 中國戲曲志江西卷編輯部編：《江西戲曲志資料》第一期，江西文藝印刷廠 1986 年印刷本。
27. 中國人民政治協商會議贛州市委員會文史資料研究委員會：《贛州文史資料選輯》第 4 輯，贛州印刷廠 1988 年印刷本。
28. 中國人民政治協商會議南豐縣委員會文史資料研究委員會：《南豐文史資料》第 6 輯，1986 年。
29. 中國人民政治協商會議武寧縣委員會文史資料研究委員會：《武寧文史資料》第 5 輯，1985 年。
30. 中國人民政治協商會議九江市委員會文史資料研究委員會：《九江文史資料選輯》第 1 輯，1984 年。
31. 中國人民政治協商會議江西省委員會文史資料研究委員會：《江西文史資料（舞台經歷集錦）》第 24 輯，江西省委黨校印刷廠 1987 年印刷本。
32. 中國人民政治協商會議江西省委員會文史資料研究委員會：《江西文史資料》第 2 輯，南昌市紅星印刷廠 1993 年印刷本。

33. 中國人民政治協商會議江西省委員會文史資料研究委員會：《江西文史資料選輯》第 40 輯，南昌市印刷三廠 1987 年印刷本。
34. 中國人民政治協商會議江西省委員會文史資料研究委員會：《江西文史資料（景德鎮陶瓷古今談）》第 42 輯，中國文史出版社 1991 年版。
35. 中國人民政治協商會議景德鎮市委員會文史資料研究委員會：《景德鎮文史資料》第 8 輯，樂平縣印刷廠 1992 年印刷本。
36. 民建江西省委員會、江西省工商業聯合會編：《江西工商史料匯編》第 1 輯，1987 年。
37. 中國人民政治協商會議安義縣委員會文史資料研究委員會：《安義文史資料》第 3 輯，安義縣印刷廠 1992 年印刷本。
38. 中國人民政治協商會議峽江縣委員會文史資料研究委員會：《峽江文史資料》第 1 輯，1989 年。
39. 中國人民政治協商會議蘆溪縣委員會文史資料研究委員會：《蘆溪文史資料（工商史料特輯）》總第 4 輯，萍鄉市第二印刷廠 1990 年印刷本。
40. 中國人民政治協商會議瑞昌縣委員會文史資料研究委員會：《瑞昌文史資料》第 3 輯，1992 年。
41. 中國人民政治協商會議南康縣委員會文史資料研究委員會：《南康文史資料》第 1 輯，南康縣印刷廠 1987 年印刷本。

42. 中國人民政治協商會議遂川縣委員會文史資料研究委員會：《遂川文史資料（遂川風物）》第 5 輯，遂川縣印刷廠 1993 年印刷本。
43. 中國人民政治協商會議婺源市委員會文史資料研究委員會：《婺源文史資料》第 1 輯，1986 年。
44. 中國人民政治協商會議鷹潭市委員會文史資料研究委員會：《鷹潭文史資料》第 2 輯，1986 年。
45. 中國人民政治協商會議萍鄉市委員會文史資料研究委員會：《萍鄉文史資料》第 1 輯，萍鄉市蘆溪區印刷廠 1994 年印刷本。
46. 中國人民政治協商會議永豐縣委員會文史資料研究委員會：《永豐文史資料》第 4 輯，永豐縣印刷廠 1989 年印刷本。
47. 中國人民政治協商會議龍南縣委員會文史資料研究委員會：《龍南文史資料》第 1 輯，龍南縣印刷廠 1988 年印刷本。
48. 中國人民政治協商會議南昌市委員會文史資料研究委員會：《南昌文史資料》第 1 輯，靖安印刷廠 1983 年印刷本。

五、家譜類

1. （清）楊如沄等修，《清江永濱楊氏三修族譜》，嘉慶七年（1802）活字本。
2. （清）楊式站等纂修，《清江楊氏五修族譜》不分卷，光緒二十三年（1897）木活字本。
3. （清）聶典順、聶凌漢等修，《清江湖莊聶氏四修族譜》二卷，光緒二十四年（1898）肇修堂活字本。
4. （清）聶志劍纂，《清江城西香田聶氏重修族譜》三卷，光緒二十八年（1902）三禮堂木刻本。
5. （江西蓮花縣）良坊唐賀侯憑公族九修族譜編撰委員會，《良坊唐賀侯憑公族九修族譜（總卷）》，2002年。

六、報紙、雜志類

1. 《工商通訊》1937年第19期。
2. 《申報》光緒七年四月初五日。
3. 《申報》光緒十年三月二十八日。
4. 《申報》光緒三十四年十月十七日。
5. 《申報》光緒三十四年二月十一日。
6. 《申報》光緒三十五年四月二十日。
7. 《申報》宣統元年七月七日。
8. 《申報》宣統二年十二月五日。
9. 《商務官報》光緒三十二年九月。

七、今人著作

（一）專著

1. 吳仁敬、辛安潮：《中國陶瓷史》，商務印書館1936年。

2. 中國戲曲研究院編：《中國古典戲曲論著集成》第八冊，中國戲劇出版社 1982 年。
3. 中國戲曲研究院編：《中國古典戲曲論著集成》第三冊，中國戲劇出版社 1982 年。
4. （德）馬克思：《資本論》第 3 卷，人民出版社 1975 年。
5. 張庚、郭漢城主編：《中國戲劇通史》，中國戲劇出版社 1980 年。
6. 中國硅酸鹽學會編：《中國陶瓷史》，文物出版社 1982 年。
7. 鄧富民、余壽祥、張海雲編：《樟樹中藥傳統炮制法》，江西人民出版社 1983 年。
8. 吳承明：《中國資本主義與國內市場》，中國社會科學出版社 1985 年。
9. 萬建中、劉筱蓉：《贛江流域的民俗與旅游》，旅游教育出版社 1986 年。
10. 葉大兵、烏丙安主編：《中國風俗辭典》，上海辭書出版社 1990 年。
11. 毛澤東：《毛澤東選集》，人民出版社 1991 年。
12. 周汶、徐國成編：《古今藥都說》，河北人民出版社 1991 年。
13. 上海民間文藝家協會編：《中國民間文化——稻作文化與民間信仰調查》，學林出版社 1992 年。
14. 魯克才主編：《中國民族飲食風俗大觀》，世界知識出版社 1992 年。
15. 張海鵬、張海瀛主編：《中國十大商幫》，黃山書社 1993 年
16. 虞和平：《商會與中國早期現代化》，上海人民出版社 1993 年。
17. 安徽省藝術研究所編纂：《古腔新論》，安徽文藝出版社 1994 年。
18. 魏嵩山、肖華忠：《鄱陽湖流域開發探源》，江西教育出版社 1995 年。
19. 王日根：《鄉土之鏈明清會館與社會變遷》，天津人民出版社 1996 年。
20. 許懷林：《江西史稿》，江西高校出版社 1998 年。
21. 中華文化通志編委會編：《中華文化通志·服飾志》，上海人民出版社 1998 年。
22. 萬振凡、吳小衛：《近代江西農村經濟研究》，江西高校出版社 1998 年。
23. 周文英：《江西文化》，遼寧教育出版社 1998 年。
24. 高丙中撰：《民間風俗志》，上海人民出版社 1998 年
25. 費成康主編：《中國的家法族規》，上海社會科學院出版社 1998 年。
26. 王文寶等編：《江紹原民俗學論集》，上海文藝出版社 1998 年。
27. 向柏松：《中國水崇拜》，上海三聯書店 1999 年。
28. 李鴻主編：《江西飲食文化與風情》，新華出版社 1999

年。

29. 蔡鴻源主編：《民國法規集成》，黄山書社 1999 年。
30. 梁從誡編：《林徽因文集》，百花文藝出版社 1999 年。
31. 謝振民：《中華民國立法史》，中國政法大學出版社 2000 年。
32. 秦永洲：《中國社會風俗史》，山東人民出版社 2000 年。
33. 張軒主編：《九江市風俗志》，九江市文化局 2000 年。
34. 張濤主編：《中國歌謠集成·江西卷》，中國 ISBN 中心 2003 年。
35. 程建軍主編：《風水與建築》，中國建材工業出版社 2003 年。
36. 龔國光：《江西戲劇文化史》，江西人民出版社 2003 年。
37. 江西省文物考古研究所、南豐縣博物館：《江西南豐白舍窯——饒家山窯址》，文物出版社 2004 年。
38. 舒信波主編：《中國諺語集成·江西卷》，新華書店出版社 2003 年。
39. 李國強、傅伯言主編：《贛文化通志》，江西教育出版社 2004 年本。
40. 余悦主編：《江西民俗》，甘肅人民出版社 2004 年。
41. 李豆羅主編：《南昌歷史文化叢書》，百花洲文藝出版社 2004 年。
42. 尹玲玲：《明清長江中下游漁業經濟研究》，齊魯書社

2004 年。

43. 章文煥：《萬壽宮》，華夏出版社 2004 年。

44. 李先逵：《干欄式苗居建築》，中國建築工業出版社 2005 年。

45. 汪雙武：《宏村西遞》，中國美術學院出版社 2005 年。

46. 蓋建民：《道教科學思想發凡》，社會科學文藝出版社 2005 年。

47. 童書業：《中國手工業商業發展史》，童教英校訂，中華書局 2005 年。

48. 杜福祥、王九柱編著：《指點天下美食》，旅游教育出版社 2005 年。

49. 鄭小江、王敏主編：《草根南昌——豫章風物尋蹤》，學苑出版社 2006 年。

50. 黎明中主編：《江西古村古民居》，江西人民出版社 2006 年。

51. 陳竟：《中國民俗剪紙史》，北京大學出版社 2007 年。

52. 程建平：《上饒頌》，江西人民出版社 2008 年。

53. 梅聯華：《圖說南昌民俗》，江西美術出版社 2008 年。

54. 政協樂平市委員會編：《中國樂平古戲台》，江西人民出版社 2008 年。

55. 黄漢民：《福建土樓》，三聯書店 2009 年。

56. 陳波主編：《中國飲食文化》，電子工業出版社 2010 年。

（二）論文

1. 肖豫授：《南昌市私營茶葉貿易》，《中國茶訊》1951年第12期。
2. 江西省博物館：《江西南城明代朱厚燁墓發掘簡報》，《文物》1959年第1期。
3. 紅中：《江西南昌青雲譜漢墓》，《考古》1960年第10期。
4. 陳文華：《江西新建明朱權墓發掘》，《考古》1962年第4期。
5. 江西省博物館：《江西修水山背地區考古調查與試掘》，《考古》1962年第7期。
6. 劉玲、關節：《江西修水西漢墓清理》，《考古》1962年第4期。
7. 黃萬坡、計宏祥：《江西樂平「大熊貓－劍齒象」化石及其洞穴堆集》，《古脊椎動物與古人類》1963年第2期。
8. 陳柏泉：《南昌東郊發現一座東漢墓》，《南方文物》1965年第1期。
9. 程應林：《江西瑞昌馬頭西晉墓》，《考古》1974年第1期。
10. 黃頤壽：《江西清江武陵東漢墓》，《考古》1976年第5期。
11. 江西省文物管理委員會：《江西萬年大源山仙人洞洞穴

遺址試掘》，《考古學報》1963 年第 1 期。

12. 薛堯：《江西南城、清江和永修的宋墓》，《考古》1965 年第 11 期。
13. 吳恩裕：《曹雪芹的佚著和傳記材料的發現》，《文物》1973 年第 2 期。
14. 陳文華：《江西南城益王朱祐檳墓發掘簡報》，《文物》1973 年第 3 期。
15. 江西省博物館等：《江西清江吳城商代遺址發掘簡報》，《文物》1975 年第 7 期。
16. 唐山：《南昌塘山東漢墓》，《南方文物》1976 年第 5 期。
17. 江西省博物館：《江西萬年大源山仙人洞洞穴遺址第二次發掘報告》，《文物》1976 年第 12 期。
18. 陳文華、許智范：《江西南昌商墓》，《考古》1977 年第 6 期。
19. 許智范：《又一批青瓷器出土——記南昌京家山西晉墓》，《南方文物》1978 年第 3 期。
20. 李玉林、彭適凡：《新干縣發現西周墓葬出土一批珍貴青銅器》，《江西歷史文物》1978 年第 3 期。
21. 江西省博物館、清江縣博物館：《江西清江吳城商代遺址第四次發掘的主要收獲》，《文物》1979 年第 2 期。
22. 程應林、劉詩中：《江西貴溪崖墓發掘簡報》，《南方文物》1980 年第 11 期
23. 何其榮、曾向榮：《宜春脫胎漆器》，《企業經濟》1981

年第 6 期。

24. 傅衣凌：《明清封建各階級的社會構成》，《中國社會經濟史研究》1982 年第 1 期。
25. 范崔生：《「藥不過樟樹不齊」和「藥不過樟樹不靈」──我國古代藥都樟樹鎮發展史的調查報告》，《江西中醫藥》1982 年第 2 期。
26. 黃譔彬：《南康縣清理一座西漢墓》，《南方文物》1982 年第 2 期。
27. 薛翹：《贛縣南朝齊墓》，《江西歷史文物》1982 年第 4 期。
28. 曹樹基：《〈禾譜〉及其作者研究》，《中國農史》1984 年第 3 期。
29. 李科友、梅紹裘：《江西九江市、樂安縣發現宋墓》，《考古》1984 年第 8 期。
30. 余家棟：《洪州窯的歷史地位及其與唐代各名窯的相互關係》，《江西歷史文物》1985 年第 1 期。
31. 陳定榮：《江西南豐白舍窯調查紀實》，《考古》1985 年第 3 期。
32. 楊赤宇：《湖口縣象山東漢紀年墓》，《南方文物》1986 年第 1 期。
33. 陳定榮、詹開遜：《樂平壁畫墓》，《南方文物》1987 年第 2 期。
34. 李家和、楊巨源、黃水根：《鷹潭角山商代窯址試掘簡報》，《南方文物》1987 年第 2 期。

35. 贛州地區及贛縣博物館：《贛縣儲潭發現南朝宋墓》，《江西歷史文物》1987 年第 2 期。
36. 江西省文物考古工作隊、清江縣博物館：《清江吳城遺址第六次發掘的主要收獲》，《江西歷史文物》1987 年第 2 期。
37. 江西省文物考古工作隊、九江縣文物管理所：《九江神墩遺址發掘簡報》，《江漢考古》1987 年第 4 期。
38. 王洪軍：《唐代的茶葉生產——唐代茶業史研究之一》，《齊魯學刊》1987 年第 6 期。
39. 許懷林：《「天工開物」對稻種記述的得失》，中國科技出版社《〈天工開物〉 研究》1988 年 12 月。
40. 盧文清：《江南藥都——樟樹》，《中國中藥雜志》1989 年第 2 期。
41. 丁茂松：《彭澤清理一座明監察御史墓》，《江西文物》1990 年第 1 期。
42. 蕭放：《明清時代樟樹藥業發展初探》，《中國社會經濟史》1990 年第 1 期。
43. 暨遠志：《唐代茶文化的階段性——敦煌寫本〈茶酒論〉研究之二》，《敦煌研究》1991 年第 2 期。
44. 陳定榮、詹開遜：《江西樂平宋代壁畫墓》，《文物》1990 年第 3 期。
45. 江西省文物考古研究所、新干縣博物館：《江西新干大洋洲商墓發掘簡報》，《文物》1991 年第 10 期。
46. 李學勤：《新干大洋洲商墓的若干問題》，《文物》1991

年第 10 期。

47. 劉隆祥、詹成業：《「婺綠」茶史考》，《農業考古》1992 年第 2 期。

48. 方健：《唐代茶產地和產量考》，《中國社會經濟史研究》1993 年第 2 期。

49. 江西省文物考古研究所、樟樹市博物館：《樟樹吳城遺址第七次發掘簡報》，《文物》1993 年第 7 期。

50. 江西省文物考古研究所、樟樹市博物館：《江西樟樹吳城商代遺址第八次發掘簡報》，《南方文物》1995 年第 1 期。

51. 江西省文物考古研究所、德安縣博物館：《江西德安縣陳家墩遺址發掘簡報》，《南方文物》1995 年第 2 期。

52. 陳愛中：《清代婺源茶商管窺》，《農業考古》1994 年第 4 期。

53. 張新斌：《輝縣固圍村戰國墓國別問題討論》，《中原文物》1994 年第 2 期。

54. 江西省社會科學院客家問題研究課題組：《江西客家概述》，《江西社會科學》1995 年第 2 期。

55. 黃積安：《近百餘年江西的茶葉（1886-1990 年）》，《農業考古》1995 年第 4 期。

56. 方木：《水神崇拜的末流——談明清河員的迷信》，《四川水利》1995 年第 2 期。

57. 陶思炎：《祈雨掃晴摭談》，《農業考古》1995 年第 3 期。

58. 章文煥：《中華人傑許真君》，《江西科技師範學院學報》1995 年第 3 期。
59. 劉詩中：《江西仙人洞和吊桶環發掘獲重要進展》，《中國文物報》1996 年 1 月 28 日。
60. 唐廷猷：《中國古代的藥市與當代的藥交會》，《中國藥學雜志》1997 年第 3 期。
61. 周暘：《江西德安南宋周氏墓絲綢文物的清洗與加固》，《南方文物》1997 年第 3 期。
62. 宋之琪：《中國藥學史研究進展》，《中國藥學雜志》1997 年第 11 期。
63. 王超偉：《煙花、爆竹史話》，《中州統戰》1997 年 9 期。
64. 廖奔：《戲曲：一種文化審視的對象》，《中國文化報》1997 年 11 月 25 日。
65. 劉詩中、盧本珊：《江西銅嶺銅礦遺址的發掘與研究》，《考古學報》1998 年第 4 期。
66. 黃積安：《江西茶葉歷史與現狀》，《蠶桑茶葉通訊》1998 年第 4 期。
67. 楊明、周暘、周迪人：《江西德安南宋周氏墓紡織品殘片種類與工藝》，《南方文物》1998 年第 4 期。
68. 吳濤、周中健：《劉猛將軍信仰與吳中稻作文化》，《農業考古》1998 年第 1 期。
69. 張濤：《江西民歌源遠流長，紅色歌謠尤為魁寶》，《創作平譚》1999 年第 2 期。

70. 徐長青、余志忠、楊明：《江西德安陳家墩遺址第二次發掘簡報》，《東南文化》2000 年第 9 期。

71. 黃美翠：《江西上饒出土宋代文物》，《南方文物》2000 年第 2 期。

72. 李衛東、昌慶鐘、饒武元：《清代江西經濟作物的發展及其局限》，《中國農史》2001 年第 4 期。

73. 任放：《二十世紀明清市鎮經濟研究》，《歷史研究》2001 年第 5 期。

74. 王東林：《「鐵柱」、「玉隆」關係考辨——談鐵柱萬壽宮的祖庭地位》，《江西社會科學》2001 年第 5 期。

75. 肖倩：《清代江西民間溺女與童養》，《無錫輕工大學學報》（社會科學報）2001 年第 3 期。

76. 曹萍、梅開豐：《江西建昌藥幫的歷史考證》，《江西中醫學院學報》2002 年第 2 期。

77. 李平亮：《明後期南昌西山萬壽宮的重興與地方社會權力體系的演變》，《江西社會科學》2003 年第 9 期。

78. 樊昌生等：《李渡（無形堂）燒酒作坊遺址考古取得重大突破》，《農業考古》2003 年第 1 期。

79. 衣萍：《採茶戲的名與實——採茶戲若干問題辨析》，《農業考古》2003 年第 2 期。

80. 魏佐國：《江西古代釀酒業一瞥》，《南方文物》2003 年第 4 期。

81. 劉禮純：《江西瑞昌朱湖古墓群發掘簡報》，《南方文物》2003 年第 3 期。

82. 楊軍、劉淑華：《李渡無形堂燒酒作坊遺址——探索中國白酒起源之謎》，《南方文物》2003 年第 4 期。
83. 何財山：《江西安福楓田清理東漢墓》，《南方文物》2004 年第 1 期。
84. 鐘傳志、郭曉鶯：《中國茶歌考》，《農業考古》2004 年第 4 期。
85. 陳政：《府城石阡萬壽宮》，《貴州文史叢刊》2004 年第 2 期。
86. 周文水、俞宏章：《藥都樟樹千年舊曲譜新韻》，《時代潮》2004 年第 21 期。
87. 廖祥年：《江西名戲——東河戲》，《華夏文化》2004 年第 4 期。
88. 郭儀：《淺談江西客家「字門拳」和「硬門拳」》，《搏擊》2004 年第 12 期。
89. 劉亢：《定南民間剪紙藝術》，《美術之友》2004 年第 6 期。
90. 吳曉琪：《禮制．祭祀．合院民居——浙江民居建築室內構成綱要》，《新美術》2004 年第 3 期。
91. 陳東有、曹雪稚：《中國傳統建築文化中的規定與通變—以江西景德鎮瑤裡鎮程氏宗祠為例》，《江西財經大學學報》2004 年第 3 期。
92. 陳立立：《江右商與萬壽宮》，《江西科技師範學院學報》2005 年第 2 期。
93. 張芳霖：《清末江西創辦商務總會考述》，《江西社會科學》2005 年第 3 期。

94. 陳金鳳：《唐代江西茶葉經濟述論》，《古今農業》2005 年第 4 期。

95. 劉清榮：《宋代江西農業的進步及原因分析》，《江西社會科學》2006 年第 2 期。

96. 王寧：《吉州永和窯瓷塔》，《南方文物》2006 年第 4 期。

97. 陳木川：《中國古代民居中的建築風水文化——江西萬載周家大屋考察》，《華東交通大學學報》2006 年第 4 期。

98. 李江：《鄱陽湖漁歌的內涵及藝術特色》，《農業考古》2007 年第 6 期。

99. 劉錫濤：《宋代江西道教發展狀況》，《井岡山學報》2007 年 1 月。

100. 陳道龍、王飛凱：《淺析婺源古建築「三雕」興盛的原因》，《美術大觀》2007 年第 5 期。

101. 潘瑩、施瑛：《論江西傳統聚落布局的模式特徵》，《南昌大學學報》2007 年第 3 期。

102. 陳琦：《中國古建築尋「禮」》，《浙江工藝美術》2007 年第 1 期。

103. 李云潔、朱春娜：《江西民歌小調的形成、種類與藝術特徵》，《農業考古》2007 年第 3 期。

104. 李錦偉、張明富：《明清農村生活消費觀念演變因素新探——以江西地區為例》，《貴州社會科學》2007 年第

11 期。
105. 李豔：《論贛南客家民間工藝的傳承與創新》，《贛南師範學院學報》2007 年第 5 期。
106. 湯光華：《吉安採茶戲的音樂及文化意義》，《藝海》2007 年第 5 期。
107. 龔千鋒、祝婧、周道根：《樟樹藥幫的歷史與特色》，《江西中醫學院學報》2007 年第 4 期。
108. 方根寶：《徽派建築元素——馬頭牆的作用與演變》，《黃山學院學報》 2008 年第 5 期。
109. 周克修、馬志明：《瑤里古鎮的木雕藝術》 ，《美術大觀》2008 年第 4 期。
110. 李田：《驛前名千古建築雕飾文化探幽》，《江西社會科學》2008 年第 10 期。
111. 董茜、李金燕：《禮制思想在中國傳統建築裝飾中的體現》，《山西建築》2008 年第 25 期。
112. 劉宇：《論江西豐城岳家獅的武術淵源、功能價值及開發保護》，《農業考古》2009 年第 3 期。
113. 鄭亦平：《國家級非物質文化遺產之樂清細紋刻紙》，《浙江工藝美術》2009 年第 2 期。
114. 吳敬：《江西地區宋代墓葬的分期研究》，《南方文物》2009 年第 4 期。
115. 湯志紅、湯志平：《江西高安道情初探》，《江西教育學院學報》（綜合）2009 年第 6 期。
116. 譚黎明：《論明清時期農業科學技術的發展》，《安徽農業科學》2009 年第 10 期。

117. 陳廷龍：《茶商左成憲與「國保」石阡萬壽宮》，《茶世界》2009 年第 11 期。

118. 高平、張小谷、張子娟：《鄱陽湖地區明清時期的漁業狀況》，《安徽農業科學》2010 年第 29 期。

119. 田禾：《九江——我國最早的天然魚苗生產基地》，《九江日報》2009 年 4 月 21 日。

120. 李啟福、李上：《廣昌「孟戲」的考察與研究》，《中國戲劇》2009 年第 10 期。

121. 王貴祥：《中國古代建築為何以木建築結構為主》，《中州建設》2009 年第 5 期。

122. 陳廷龍：《茶商左成憲與「國保」石阡萬壽宮》，《茶世界》2009 年第 11 期。

123. 王小洋、張景麗：《唐代花卉鏡藝術特徵探討》，《榮寶齋》2010 年第 1 期。

124. 申永峰、劉中偉：《唐代金銀平脫工藝淺析》，《中原文物》2010 年第 2 期。

125. 安尼瓦爾·哈斯木，艾尼瓦爾·艾合買提：《吐魯番阿斯塔那墓葬出土剪紙綜述》，《新疆地方志》2010 年第 3 期。

126. 王意樂、劉金成、肖發標：《江西高安市華林造紙作坊遺址發掘簡報》，《考古》2010 年第 8 期。

127. 蔡勳：《剪出萬物四時同——瑞昌剪紙》，《創作評譚》2011 年第 1 期。

128. 徐蕾、嚴琦、胡根文：《關於江右商幫酒業老字號的品牌文化分析——以臨川貢酒為例》，《老區建設》2011年第6期。
129. （日）藤井宏：《新安商人的研究》，《東洋學報》第36卷第1—4期，1953—1954年。

（三）未刊學位論文

1. 羅輝：《清代清江商人研究》，南昌大學歷史系碩士學位論文，1999年。
2. 袁平：《試論江西民歌的演唱風格》，西南師範大學音樂學院碩士學位論文，2002年。
3. 楊印民：《元代酒俗、酒業和酒政》，河北師範大學歷史系碩士學位論文，2005年。
4. 王宇揚：《贛南興國山歌的歷史源流與演唱藝術研究》，武漢音樂學院音樂教育學院碩士學位論文，2005年。
5. 汪媛：《撫州採茶戲音樂研究》，江西師範大學音樂學院碩士學位論文，2006年。
6. 劉強：《樟樹藥交會與藥材市場》，南昌大學歷史系碩士學位論文，2007年12月。
7. 熊小玉：《新干「蓮花落」研究》，江西師範大學音樂學院碩士學位畢業論文，2008年。
8. 晏敏：《流淌在紅土遠山上的一支鄉音——江西吉安採茶戲音樂的傳承發展研究》，江西師範大學音樂學院碩士學位論文，2009年。

9. 廖紅：《高安採茶戲音樂研究》，江西師範大學碩士學位論文，2009 年。
10. 張崇旺：《明清時期自然災害與江淮地區社會經濟的互動研究》，廈門大學歷史系博士學位論文，2004 年。

（四）其他

1. 龔讀法：《良渚文化玉架山遺址出土冠狀器等 50 餘件玉器》，中國新聞網 2008 年 12 月 14 日，網址 http://news.qq.com/a/20081214/001392.htm
2. 江西省文化廳主辦，中國江西網，網址 http://wh.jxcn.cn/show.asp?id=579
3. 中國非物質文化遺產名錄數據庫系統，網址 http://fy.folkw.com/view.asp?id=1926
4. 中航傳媒網，網址 http://airchinanews.com/imerl/article/20110504/237616
5. 中國非物質文化遺產名錄數據庫系統，網址 http://fy.folkw.com/view.asp?id=1926

《江西民俗》是「贛文化通典」系列叢書之一。本書著力於對江西民俗歷史文獻的搜集和解讀，以時間和地域為經緯，在對江西歷史上的民俗資料進行編集的基礎上進行分析和歸納，力圖一方面展現江西民俗的時間性和區域性特徵，另一方面凸顯江西地區歷史上民俗的延承和變遷。

按照這一思路，本書對現存江西民俗資料進行了大量搜集，具體可分為兩部分：一是歷史文獻，主要包括地方史志資料、名人文集、筆記和詩歌、正史政書、檔案資料以及民間譜牒、碑刻資料等；二是現當代文獻資料，主要包括當代地方志書、相關論著、文史資料、非物質文化遺產申報資料以及口述資料等。

全書由張芳霖教授主編，負責謀篇布局、提出要求、督促檢查，並參與具體寫作和統稿工作等；羅桂林、廖豔彬博士擔任副主編，石力、劉鳳、朱琳、趙治花、隋大鵬、謝賢強、李大鵬等參與了相關工作。具體分工為：第一、三、四章——張芳霖；第二、九、十二章——廖豔彬；第八、十、十一章——羅桂林；第五章——張芳霖、趙治花、朱琳；第六章——劉鳳、石力、廖豔彬；第七章——羅桂林、隋大鵬、謝賢強。

在本書的編寫過程中，大量參考了已有的相關研究成果，許多未能一一注明，在此一並表示衷心的感謝！另外，本書的編寫得到了南昌大學社科處、人文學院和歷史系的大力支持；余讓堯教授承擔了全書的審閱工作，鄒錦良博士也參與了部分內容的校對工作；江西人民出版社副社長游道勤先生、陳子欣編輯為本書的編輯付出了辛勤的勞動，保證了本書的順利出版，這裡一並致以誠摯的謝意！

當然，由於我們的水平有限，加上時間比較倉促，書中難免存在一些疏漏、錯訛和不妥之處，敬請各位專家、同仁及廣大讀者批評指正！

編者 二〇一三年九月一日

江西文庫 A0701B38

贛文化通典（民俗卷） 第六冊

主　　編　鄭克強
版權策畫　李　鋒
責任編輯　楊家瑜

發 行 人　陳滿銘
總 經 理　梁錦興
總 編 輯　陳滿銘
副總編輯　張晏瑞
編 輯 所　萬卷樓圖書股份有限公司
排　　版　菩薩蠻數位文化有限公司
印　　刷　維中科技有限公司
封面設計　菩薩蠻數位文化有限公司

出　　版　昌明文化有限公司
桃園市龜山區中原街 32 號
電話 (02)23216565
發　　行　萬卷樓圖書股份有限公司
臺北市羅斯福路二段 41 號 6 樓之 3
電話 (02)23216565
傳真 (02)23218698
電郵 SERVICE@WANJUAN.COM.TW
大陸經銷　廈門外圖臺灣書店有限公司
電郵 JKB188@188.COM

ISBN 978-986-496-358-4

2018 年 1 月初版

定價：新臺幣 380 元

如何購買本書：

1. 轉帳購書，請透過以下帳戶
   合作金庫銀行 古亭分行
   戶名：萬卷樓圖書股份有限公司
   帳號：0877717092596
2. 網路購書，請透過萬卷樓網站
   網址 WWW.WANJUAN.COM.TW

大量購書，請直接聯繫我們，將有專人為您服務。客服：(02)23216565 分機 610

如有缺頁、破損或裝訂錯誤，請寄回更換

國家圖書館出版品預行編目資料

贛文化通典. 民俗卷 / 鄭克強主編. -- 初版. -- 桃園市：昌明文化出版；臺北市：萬卷樓發行, 2018.01

冊；　公分

ISBN 978-986-496-358-4 (第六冊：平裝). --

1.民俗 2.江西省

672.408　107002014

本書為金門大學華語文學系產學合作成果。　　校對：陳裕萱